UNRAVEL

KNITWEAR IN FASHION

TRICOT IN DE MODE

LANNOO

TABLE OF CONTENTS

7   INTRODUCTION
    UNRAVEL.
    KNITWEAR IN FASHION
    Kaat Debo

11 FOREWORD
    UNRIVALLED.
    KNITWEAR IN FASHION
    Hilary Alexander

13–30 UNRAVELLING THE STATUS OF KNITWEAR IN FASHION
    DROP ONE, PICK UP
    TWO, DROP ONE
    Emmanuelle Dirix

39–45 MILITARY CHIC IN FASHION KNITWEAR
    KNITTING
    FOR VICTORY
    Jane Tynan

47–57 MANUFACTURERS AND DESIGNERS
    KNITWEAR IN ITALIAN
    HIGH FASHION
    Maria Luisa Frisa & Elda Danese

61–75 A COMPARISON BETWEEN REGIONAL
    AND MANUFACTURING MODELS
    HIGHLY CREATIVE
    ITALIAN KNITWEAR
    Federico Poletti

77–80 FROM REI KAWAKUBO TO MARK FAST
    THE VOID IN KNITTING
    OR HOW FORMLESSNESS SHAPED UP
    Jonathan Faiers

85–89 MACHINE KNITTING IN THE 17TH TO 19TH CENTURIES
    BETWEEN LUXURY
    TRADE AND MASS
    PRODUCTION
    Frieda Sorber

91–104 THREE INTERVIEWS WITH YOUNG KNITWEAR TALENTS
    YOUNG, HOT AND...
    KNITTING
    Karen Van Godtsenhoven

111–119 THE CULTURE OF THE TWINSET
    TWINSET AND MATCH
    Alistair O'Neill

121–128 FROM GABRIELLE CHANEL TO SONIA RYKIEL
    KNITWEAR IN
    FRENCH FASHION
    Lydia Kamitsis

131–137 FASHIONABLE AND
    HISTORIC HOSIERY
    IN THE MOMU COLLECTION
    Wim Mertens

141–150 GEEK CHIC AND THE SIGNIFICANCE OF THE CARDIGAN
    IN CONTEMPORARY MENSWEAR
    DRESSING LIKE
    GRANDAD
    Joanne Turney

153–181 NEDERLANDSE TEKSTEN

182–184 CREDITS & COLOPHON

The 'Excellent Bodymap look': silhouette consisting of garments from Bodymap collections 1984–86, *Cat in the Hat takes a Rumble with a Techno Fish, Barbie takes a Trip around Nature's Cosmic Curves* and *Halfworld, V magazine*, spring 2004

Detail of machine knitted dress, Walter Van Beirendonck A/W 1994–95
This dress refers to the Hui'an women, living in Quanzhou, China, who typically wear colourful costumes, consisting of a floral kerchief,
a yellow bamboo hat, short blue jackets, silver waist belts and wide-end trousers; their costume for working on the land, in the salt fields,
in the quarry sites and on the decks of fishing boats, whilst their husbands are at sea.

Beef Eater and *Superflyskirt*, knit cardigan in wool and synthetic fibre trimmed with cord and yarn and knit dress in wool and synthetic fibre with zigzag motives, Bernhard Willhelm A/W 2007–08, MoMu collection T09/04 & T09/05

Sonia Rykiel campaign image, S/S 1981, photographed by Dominique Issermann

Although the technique of knitting appears deceptively simple — in its most basic form, a pair of needles and a ball of yarn suffice — its underlying history and context are considerably more complex and multi-faceted. The diverse themes in this exhibition and publication illustrate the changing status of both hand and machine knitting under the influence of such factors and developments as industrialization, the changing status of women over the course of the 20th century, the rise of sportswear and the evolution of the way we perceive comfort, well-being, health and elegance. This exhibition does not intend to sketch an exhaustive history of knitwear, but aims to look beyond the stuffy image that many seem to attribute to it. In this book and in the exhibition, with numerous knitted designs by the established names in ready-to-wear and haute couture clothing, as well as young avant-garde designers, knitted apparel now assumes the place it deserves in the context of high fashion.

Over the last few months, **Karen Van Godtsenhoven** (MoMu) and **Emmanuelle Dirix** (Winchester School of Art, Southampton University and the Fashion Department of the Royal Academy of Antwerp), the two curators of this exhibition and publication, have painstakingly unravelled the various connotations of knitwear and the exceptional place that this technique has come to assume in fashion in recent decades. I am exceptionally grateful for all the effort and energy that they have devoted to this project. Their research and search for objects to present in this exhibition have been supported with great enthusiasm by **Federico Poletti** and **Wim Mertens**. My thanks to them for their valuable input.

INTRODUCTION

UNRAVEL.
KNITWEAR IN FASHION

NL P. 153

Kaat Debo DIRECTOR MOMU – FASHION MUSEUM PROVINCE OF ANTWERP

This exhibition has been made possible in collaboration with **Woolmark**. Thanks to their support and knowhow, MoMu could, among other things, offer new commissions to a number of designers, resulting in exceptional new designs by **Christian Wijnants**, **Hilde Frunt & Sigi**, **Sandra Backlund** and **Bauke Knottnerus**. For the scenography, we were pleased to engage the professional expertise of **Cousy**, the Belgian knitwear manufacturers. This family business is living proof that even today, knitwear is capable of inspiring and generating great creativity. My heartfelt thanks to **Ludo** and **Trees Cousy**.

My thanks as well to all the fashion houses, designers, private collectors and museums that have generously loaned exceptional knitwear pieces for this exhibition. The entire MoMu team also deserves special mention for their enthusiasm and professional commitment. Finally, I am extremely pleased to acknowledge the contributions of **Paul Boudens** and **Bob Verhelst**, who respectively took responsibility for the graphic design and scenography.

Right: Irish-style knitted dress with conical-shaped breasts, Jean Paul Gaultier, A/W 1985–86, *Le Charme Coincé de la Bourgeoisie*, *Wonderland Magazine*, September 2010.

Alexander McQueen, A/W 2009–10
In this provocative collection, classics from fashion history (*New Look*, tweed suits)
as well as McQueen's own classics, were revisited and twisted.

Since the days of The Golden Fleece, wool has made its mark in myth and in fashion. Whether knitted in complex procedures in dozens of shades, such as is the signature of the **Missoni** family; crafted on wooden broom-handles instead of knitting needles, as the Japanese designer **Yohji Yamamoto** memorably did in a late 1990s collection; or mixed with metals and man-made materials for futuristic body-con shapes, as in the signature of the young British knitwear designer, **Louise Goldin**, wool has the power to inspire and amaze in a manner which often supersedes its more commonplace function of simply keeping us warm.

In the United Kingdom, the *Campaign for Wool*, initiated by H.R.H. the Prince of Wales, is spearheading a number of initiatives to keep wool in the public eye and to remind both designers and customers of its power and practicality.

FOREWORD

UNRIVALLED.
KNITWEAR IN FASHION

NL P. 153

Hilary Alexander FASHION DIRECTOR, THE DAILY MAIL

In Belgium, a pioneering exhibition has been organised to showcase the history of knitwear and to unpick the different roles it has played in social and fashion revolutions throughout the centuries. *UNRAVEL. Knitwear in Fashion* is presented by **MoMu** in conjunction with **Woolmark**, two partners with a shared interest in guarding the quality of woollen garments and of promoting the innovations that are keeping the natural fibre at the forefront of fashion.

Exquisite designs by major national and international designer labels, such as **Bernhard Willhelm**, **Vivienne Westwood**, **Sonia Rykiel** and **Missoni**, will be displayed alongside historic one-off couture pieces by the likes of **Schiaparelli**, **Patou** and **Chanel**, and the more extreme knitted interpretations by avant-gardists such as **Maison Martin Margiela**, **Mark Fast** and **Sandra Backlund**.

The exhibition is designed to excite the visitor with the comprehensive and ingenious knitting methods used over the centuries to transform wool — in particular the softer Merino wool — into clothes both everyday and luxurious that were and are an intrinsic part of the dress culture, from 17th century doublets, Victorian stockings and classical cardigans to experimental creations and the wonders of the catwalk.

Sweater-dresses of pure billiard cloth virgin wool. On the left, the bottle green dress has a three-part look with chunky knitted waistband, cuffs and turtleneck effect under a wide-collared, front zip closing. The A-line skirt has button-trimmed patch pockets. At the right, the vanilla version reflects pullover styling with rolled, thick-knit neckline, waistband and sleeve cuffs, Jean Patou 1967. Courtesy of Woolmark Archive (Australian Innovation Ltd.) and London College of Fashion

Knitting has an image problem [...]. The apparent simplicity of basic hand-knitting is deeply ingrained in our collective perception. That knitting can attain levels of complexity and significance once it goes beyond the beginner stage tends to be overlooked. [1]

Knitting at its most basic level is the act of forming a fabric consisting of vertical columns through the looping of a continuous yarn. Based on either plain or purl stitches, different patterns and textures can be created; it can be performed manually on two or more needles or can be done by machine. But knitting is much more than a skill or activity; it's loaded with cultural meaning. To many it's something that we associate with the domestic, with women, too often old women for that matter. It's something we think that leads to baby booties, bad Christmas jumpers, slightly wonky scarves, kitsch toilet roll holders and tea cosies… therefore it's not something we immediately associate with high fashion, but just like the limited aforementioned assumptions, that view is not only biased and limited, it is as this chapter will show, quite wrong.

This chapter is not a history of knitting, neither will it address the wide spectrum of knitted 'products' in culture, it very specifically focuses on the relationship between knitting and high fashion. However, to understand the 'difficult' and changing relationship of knitting and fashion, one needs to look at issues of gender, domesticity and industrialisation.

UNRAVELLING THE STATUS OF KNITWEAR IN FASHION

DROP ONE, PICK UP TWO, DROP ONE

NL P. 154–158

Emmanuelle Dirix

We are witnessing somewhat of a contemporary revival of knitting and knitwear; as a hobby and/or craft skill, knitting has undergone a significant re-branding in the past few years and has moved from old fashioned to über-cool retro chic. From *Stitch N Bitch*, celebrity knitters and models knitting backstage at the couture shows… as one magazine declared: knitting is the new clubbing.

Knitwear has also seen a re-discovery and re-embracement by high fashion, or so the press would have us believe. Editorial spreads focussing on designer knits ranging from Fair Isle designs by D&G, delicate lace-like knits by Mark Fast, 1950s twinsets by Prada and Louis Vuitton, avant-garde experiments by Maison Martin Margiela and the luxurious modern classics by Pringle, have filled many a page of the luxury fashion publications this autumn-winter 2010–11. However, the fact is… knitting never really went away, knitwear has been a staple of designer winter collections for decades, it's just that because of a shift in cultural perception, we've started noticing and more so, focusing on it again. Like knitting, knitwear is cool again, not just something to keep you warm in winter, this year it's *Hot with a capital H.*

Schiaparelli inspired *trompe l'oeil* knits, *Vogue's Second Book of Knitting & Crochet*, ca. 1928. Courtesy of the University of Southampton Library

1. Montse Stanley, 'Jumpers That Drive You Quite Insane: Colour, Structure and form in knitted objects', in M. Schoeser and C. Boydell (ed.) *Disentangling Textiles*, Middlesex University Press, 2002

Top: 1890 flyer for the Gearhart Knitting Machine. At that early date, Joseph Gearhart called it the 'People's Knitting Machine'. This is the only known copy of the flyer.

Bottom: a 1891 ad for the next version of the machine, which was called 'Gearhart's Improved Knitter'.
Gearhart Knitting Machine Archive, courtesy of Mark Gearhart

Does this mean that a definitive shift cementing the relationship between knitting and fashion has taken place? Probably not. This is fashion after all, and what is hot today is simply forgotten tomorrow. This renewed interest is but one of many status changes that knitting and knitwear have experienced since the mid-19th century.

The 19th century witnessed the height of the industrial revolution and the definitive move from a cottage to a factory industry. Whilst knitting had witnessed mechanisation much earlier through the invention of knitting frames as early as the 16th century, it is in the 19th century that the schism between hand-knitting and mechanised knitting had its most considerable impact on the status of knitted goods.

The industrial revolution was very much founded on the expanding textile industry. Great advances in mechanised fabric production saw a vast increase and diversification in output but concurrently delivered a serious blow to the traditional textile industries including the knitting industry.

As mentioned, mechanisation of knitting and a move away from hand-knitting had occurred earlier, yet framework knitting could still be very much considered a cottage and craft industry with its own organised systems of production through out- and piece-work. The late 18th and 19th century saw a rationalisation of this craft industry into factory production and this, in combination with technological advances in the form of circular frames and the addition of steam and water-power, revolutionised the speed and cost with which knitted goods could be produced.

The outcome of this re-organisation produced an ironic contradiction: the mechanisation of knitted fabric resulted in the near extinction of hand-knitting and a reduction of frame knitting for commercial purposes[2], this in turn elevated the status of the hand-made commodity, yet lowered the status of domestic knitting for personal use as modernity was now exemplified by the consumption of novelty ready-made goods and not domestic production which became firmly linked to femininity, necessity and hobby-culture.

Many of the 'traditional' crafts, including knitting, witnessed this status shift. Mechanisation removed much of the need for a cottage industry, especially within textile production, and this mechanisation was very much seen as a positive modern shift. However, as soon as that same mechanisation near obliterated a large organised crafts economy, the status of craft objects soared as they became rarer and, more importantly, bore the touch of the maker instead of the machine. In particular in the realm of textiles, there was a backlash against machine-made products by contemporary commentators, as these were perceived to be inferior to the more luxurious handmade fabrics of previous centuries. There is of course some truth in this argument, but it needs to be remembered that, firstly, machine-made fabrics were targeting the new middle classes and not the elite customers who more or less remained faithful to traditional luxury fabrics, secondly, that these mass produced fabrics were considerably cheaper, so that, inevitably, a drop in quality could be expected, and thirdly, that this perceived inferiority reflected an elitist unease about the growing middle classes and their desire to copy their social superiors, rather than an actual quality issue. The craft product thus not only gained in status through its actual quality but in this time of social mobility, the consumption of someone else's time became a valuable trading point and a marker of distinction.

This contradiction is exemplified by the Arts and Crafts movement, headed up by William Morris, which romantically opposed mechanisation as it perceived it be the destroyer of local crafts, yet this perceived destruction also constituted the movement's *raison d'être*, and allowed it not only to revive crafts practices, including hand-knitting, but also generated renewed interest, appreciation and consumption for them within the artistically-minded echelons of polite society.

2. Exceptions to this were specialised local hand and frame knitting industries and those concentrating on high quality luxury goods.

However, just because traditional craft found new champions and had its status raised did not mean that this had a positive effect on all expressions of craft practice. It needs to be remembered that traditional craftsmen were indeed men and that Morris' troupe was a very male dominated bunch, where women were often not credited for their designing and making skills and relegated to the role of (passive) muse. This debate was not merely about the status of crafts — this was about a gender divide.

Home knitting in the same period is the perfect case in point. Whilst on the one hand the objects produced by professional knitters who continued to practise their craft were highly valued and luxurious commodities, home knitting quickly became marginalised and demoted from craft to hobby.

Hobby culture grew out of traditional 19th century domestic arrangements: the split between the public and the private. Whilst men went out to work, the respectable middle-class woman was expected to remain at home. Her duties of home-making were limited and it was in this period that she became what is termed 'the domestic angel', a beacon of respectable femininity. A domestic angel was expected to possess qualities such as child rearing, interior decoration, embroidering, and other forms of genteel handicrafts. Whilst these skills, including knitting, were considered admirable feminine qualities, they had no status in a wider socio-economic framework; women were seen as genteel, passive creatures, their activities as quaint and homely and knitting as a parlour art. The status of knitting became very closely bound up with, and indeed mirrored, the lowly cultural and economic status of women.[3]

Two illustrations from *The Winter Book* by Mlle. Riego de la Branchardière, 1848. Courtesy of Leicester New Walk Museum & Art Gallery

The situation of this lowered status through feminine and domestic association is further problematised by the introduction of the sewing machine in the mid-19th century, which brought mechanisation right into the parlour. The sewing machine brought modernity into the domestic sphere, introducing a new status hierarchy of production: one where machine ruled over hand. Later in the century, a domestic knitting machine was introduced which further 'outdated' hand-knitting, but at the same time lowered the status of knitting, as anything that could be done at home could not warrant status and had little merit in a commodity economy. Furthermore, due to its functional end result, knitting was, in terms of fashion, equally considered lower than activities such as embroidery and lace work, which are superfluous to use-value and hence closer allied to fashion, which is by nature anti-utilitarian and centred around frivolous luxury. Hence, knitting lost out in both the culture and fashion stakes.

Textiles have their own particular hierarchy: at the top end, we find luxury fabrics such as hand-woven silks, velvets and brocades, and at the bottom end, mass-produced cheap fabrics such as cotton and lesser quality woollens. It's this hierarchy, which is dictated by scarcity, luxury, haptic qualities, intricacy of production and raw material price that informs the aforementioned debate. A material that in theory can be produced domestically but that further more is mass-produced mechanically will feature low on the scale. Knitted materials thus presented a double negative.

Regardless of these issues, 19th-century fashion included many knitted items although these were largely limited to accessories and invisible fashion items such as petticoats and corsets.[4] Scarves, shawls, gloves, mittens, pockets, bags and, most importantly, stockings could all be made by hand or machine. The popular hobby knitting books, issued especially in the second half of the century, featured a wide variety of patterns for all of these articles. The growing uptake of knitting as a respectable feminine hobby may have lowered the status of knitting and at the same

3. Even though knitting is now considered a distinctly feminine pursuit, historically, both men and women knitted for profit and out of necessity. This association of hand knitting as feminine seems to have also grown out of the fact that local knitting industries were organised by men. As a man invented the knitting frame, mechanised knitting very much became associated with men and when in 1657 the framework knitters Guild set up it naturally only allowed male membership further associating the more technical knitting with men, leaving women to be seen as hand knitters.

4. There are surviving examples of fully and/or part knitted 19th century fashionable dresses but there is no evidence that knitted outerwear for women was widespread. Few references are found in fashion magazines to knitted fabrics (although the many materials referred to in fashion publications of the period do not necessarily allow for correct identification of materials, as many have disappeared and others have come to mean something different over time). See Frieda Sorber's essay for further issues that may complicate the history of knitted garments.

Jaeger sportswear advertisements, ca. 1925.
Jaeger archives, courtesy of Greta Pawlowski

Top: Catalogue Jaeger Sanitary Woollens, with illustration of shop front, circa 1885 Jaeger archives, courtesy of Greta Pawlowski

Bottom: Woollen jersey cycling trousers, 1900–20 (MoMu collection T01/17); and a linen and cotton blouse with flowers in flat stitch embroidery, 1910–20 (Longterm loan Volks-kundemuseum City of Antwerp)

time affirmed the passive status of women, yet in a weird twist of fate, provided many women with an income and for some even a successful career: whilst some exceptionally skilled women undertook piece work for the growing ready-to-wear fancy goods industry which afforded them a personal income, others opened haberdasheries specialising in knitting yarns and accoutrements. So the hobby that lowered the status of knitting spawned feminist success stories. Again it seems that contradiction lies at the heart of a fashionable knitting history.

In the closing decades of the century, debates on hygiene and healthy living became topical and it was thus that in 1880 knitting received an unexpected status boost from the medical world. Dr Gustav Jaeger, a German biologist and scientist, published his *Standardised Apparel for Health Protection*, in which he advocated the wearing of animal fibres 'close to the skin' for reasons of health and hygiene. The English company that took on his name specialised in knitted under-garments and garments for both men and women. These 'Jaegers' as they quickly became known, may not have been fashion, but they did contribute to the public debates on life-reform movements. Knitting now had the 'Science seal of approval', which did much to elevate its status from the utilitarian to the modern, as science was considered very modern indeed.

Debates on health and hygiene informed the formation of various dress reform groups throughout Europe, including the Rational Dress Society established in London in 1881. It called for an end to restrictive and body-modifying fashions for women and advocated female participation in sports. Several of its followers took up cycling and adopted bloomers, a bifocated garment, to do so. Cycling and other sports 'outfits' were most suited to knitted fabrics as these were semi-elastic and did not restrict movement of the body. Like the Jaegers, these garments were not fashion, but they did highlight the comfort of knitted materials, the defining feature that would propel knitwear to the heights of fashion in decades to come. For the time being comfort and fashion were however still largely mutually exclusive.[5]

It took WWI for the two to come together and indeed for knitwear to finally claim its rightful place in the fashion stakes.

Whilst the opening decade of the 20th century had seen a radical simplification of the female silhouette through Paul Poiret's re-introduction of the Empire line, his fashions were ultimately still very intricate, elaborate and extremely luxurious in regard to construction, materials and embellishment. Never the less, his idea of simplifying female attire was taken up and indeed taken to new 'heights' by Gabrielle Chanel. As a visionary designer, she clearly understood the new ideas and needs brought about by the war, and translated these into dress.

Chanel grasped that the leisure classes who escaped to Biarritz and Deauville to sit out the war in style now had a greater need for comfortable and freer yet elegant clothes as they discovered the joys of outdoor activities. Chanel opened her first Biarritz fashion boutique in 1915 and presented elegant leisurewear in jersey, a machine-knitted material formerly only used for work wear and undergarments. She openly acknowledged she got her inspiration from servants and workmen, and whilst she far from invented jersey garments, she did elevate the status of jersey and popularised it as a fashion fabric. Her 'pauvre chic' or poverty chic fashions were a great success and the changes she introduced to the fashionable silhouette and fabrics were para-mount to linking fashion and knitwear.

5. In the Netherlands, the 'Vereeniging: vakbond voor verbetering van vrouwen en kinder kleding' (founded in 1899), presented a more reform silhouette more in line with current fashions, as they acknowledged that reform was one thing, fashion quite another, but that the former would not succeed without taking the latter into consideration. Their magazine acknowledged 'voor de reformdragend vrouwen even onmisbaar is als voor de andere Gracieuse, Weldon en de overige bladen zijn.' (*Onze Kleding*, 1913, p.1)

Model Ulla wearing Courrèges, designed by André Courrèges, in *French Elle*, 1970

Gabrielle Chanel and her dog Gigot in her villa *La Pausa* in Roquebrune, France, 1930. Even if this picture was taken in Roquebrune in the South of France, the jersey marine T-shirt she is wearing was inspired by her life in Deauville. Courtesy of Chanel archives

Deco knitted golf coat with mohair cuffs, 1920s
Loan of Beverly Birks

The interwar period was one of great social, political and economic liberation for women. This was the era of 'The New Woman', who enjoyed a much freer, more active lifestyle than her mother, and who needed a wardrobe to match these new opportunities. Sports fashions introduced by Chanel during the war became the blueprint for many of the fashion developments of the 1920s, including the increased use of jersey.[6] Hand- and delicately machine-knitted items, in particular the jumper, or le sweater, became a craze with all classes and would remain a staple of the fashionable wardrobe throughout the 1920s and 1930s. It is not clear who introduced the fashion for jumpers, rarely is such a thing down to a single individual, but two designers can be much credited for the fashion's popularity and longevity: Jean Patou and Elsa Schiaparelli.

Patou had started out making practical yet stylish tennis garments for women, including knitted sleeveless V-neck jumpers and cardigans. Like Chanel, he recognised the allure of and the new demand for comfort and started producing sports fashion to be worn off the tennis courts. He developed a range of sweaters and cardigans first in subtle colours and later in striking Cubist motifs, which were copied in their thousands by ready-to-wear companies and handy housewives alike. His jumpers were predominantly machine-knitted, but contemporary knitting magazines informed their readers how his styles could be copied by hand. These home-knitting magazines were now anything but crafty or hobbyist, the lower end still featured baby bonnets and booties but all included if not predominantly focused on modern fashion items instead of on utilitarian goods. As an advert for Viyella wool and patterns stated 'Another Paris style for you to knit'[7] Home knitting was still defined through femininity but it was now reframed as something to be proud of — *'Les Parisiennes aux doigts de fées sont [...] consacrées aux travaux d'aiguille, travaux feminins. [...] La vraie Parisienne cache des tresors d'adresse, de gout et d'économie'*[8] — this shift probably owed as much to marketing as to cultural developments.

The jumper was often combined with a matching knitted skirt and belted cardigan, and this three piece suit, which could be worn from morning right through till the evening, became the fashionable and often work uniform of the New Woman, its versatility mirroring the new more versatile and multifarious life of these young women.

But it was not only machine knitted garments that made it into haute couture collections. Whilst Patou may have favoured the sleek aesthetics of machine-knitted pieces Schiaparelli introduced the elites to exquisite hand-knitted jumpers affirming their status as luxury items. Schiaparelli had already launched a range of sportswear including sweaters in 1923–24 but it are her *kasha* jumpers from 1928–29 with *trompe l'oeil* designs in Armenian stitch that she is most remembered for, including the classic black and white bow, the polka dot scarf and the men's tie design.[9]

Woollen striped sweater with Bakelite buttons, Jean Patou, late 1920s

The jumper, which had been unfashionable, practical, a staple of sportswear or workwear at the start of the century, was now thanks to the Parisian seal of approval at the height of fashion, a canvas for veritable works of modern art. As one magazine rightly observed: 'aujourd'hui la laine est en faveur'.[10] As for knitting, even *Vogue* launched its own knitting magazine and *Vogue*'s book of knitting and crochet contained hosts of 'smart patterns [...] designed by *Vogue* experts familiar with the latest movements of the mode in Paris, London, New York and the fashionable resorts'.[11]

6. The embracing of casual wear by the world of haute couture was not simply a reaction to changing feminine identities but was also a direct result of the war. In the immediate post war years there was little demand for luxurious haute outure evening wear. Now they set out to supplant these seamstresses by designing women's entire wardrobes — from the overcoat down to the negligee. These wearable, everyday designs were less expensive than their previous offerings but did bring haute couture into the wealthy clienteles everyday dressing routines.

7. *Vogue's Second Book of Knitting & Crochet*, Viyella Advert, c. 1930

8. *Le Livre de la Mode à Paris*, p. 25 c. 1921

9. Her tie and scarf designs have become fashion classics, she did not invent *trompe l'œil* jumpers, these can be found in knitting magazines years earlier, but like Chanel, she gave this garment the fashion seal of approval and thereby elevated its status.

10. *Le Livre de la Mode à Paris*, p. 25 c. 1921

11. *Vogue's Fourth Book of Knitting & Crochet*, p.51 c. 1933

Bottom left:
Madame Azarian for Elsa Schiaparelli
Jumper front with *trompe l'œil* tie motif.
Knitwear in black and white wool.
Non-labeled
Undetermined date
GAL 1984.199.1
Gift of Madame Azarian

Bottom right:
Madame Azarian for Elsa Schiaparelli
Jumper front with *trompe l'œil* knot motif.
Knitwear in black and white wool.
Non-labeled
1927–1928
GAL1984.185.1
Gift of Madame Azarian
Exp.: *Les années folles 1919–29*, Paris,
Musée Galliera, 2007, n°189 A (not repr.)

Detail of *Smoking Pull*, woollen jumper with knit motives imitating a bow tie and waistcoat, Bernhard Willhelm AW 2002-03 (MoMu collection T06/235)

Petite and *Heidi*, two woollen jumpers with knit *trompe l'oeil* motives, Dirk Van Saene A/W 2008–09 (MoMu collection T09/107 and T09/108)

Shooting outfit for women consisting of a knitted woollen jumper and woollen trousers, 1927–28. Loan of Beverly Birks

Another iconic knitted garment of the period that deserves closer attention is the swimming costume. Swimming became incredibly popular in particular with women during the interwar period. Women had been allowed to swim in the Olympic Games of 1912 and from there on the sport grew in popularity and participation in particular in the second half of the 1920s after Miss Gertrude Ederle's 1926 swim across the Channel beat the then male record by two hours.

This official Olympic seal of approval for swimming as a feminine-friendly sport was a catalyst for the development of a more modern and practical female swimming costume. The Edwardian culottes and skirt combination was replaced in the 1920s with knitted woollen jersey and silk sleeveless tank suits reminiscent of earlier male swimming costumes. These semi-elastic garments closely hugged the female figure (a material manifestation of the social changes in regards to women and the female body) and came in a wide variety of colours and patterns in line with fashion and were infinitely more suited to water pursuits than their historic counterparts; as the swimwear company Jantzen declared in their advertising slogan: this was 'the suit that changed bathing into swimming'.[12]

This modern woman in her modern swimming costume became an icon of the era; the Bathing Belle could be found anywhere from travel posters advertising seaside resorts to Hollywood films. She was such an aspirational fashion figure that even newspapers declared that 'every woman who wants to be 'in the swim' of fashion […] simply must posses a knitted bathing suit'[13] and included instructions of how to knit your own.

In 1939, knitted jumpers, cardigans, skirts, bathing suits, fancy stockings, gloves, hats and socks were part of the fashionable wardrobe and both hand and machine knitting at an all time fashion high. The events that were to take place over the next few years however would see a dramatic change to that status and push knitting and knitwear right back into the realms of the domestic, necessity and even worse — austerity.

The Second World War affected national fashions and fashion industries in different ways. In Paris the haute couture industry remained open, but as France was part occupied, little news of the fashions it was producing was getting out to the rest of the world. In nearly all countries affected by the war, austerity measures were in place, which regulated fashion production and encouraged a 'make do and mend' attitude. In practical terms, women were encouraged to recycle old clothes and materials, including wool. Old woollens were unravelled, straightened with steam and re-knitted, socks and stockings re-footed or darned and home knitting was no longer linked to fashion but was re-aligned to patriotism and re-framed as a money saving device[14]. Nevertheless, for many women the knitting skills acquired in the previous decades making fashionable garments now came in most handy when knitting out of need became commonplace.

The idea of knitting as patriotic was also expressed in the campaigns encouraging young and old, men and women to knit for the troops, and knitting patterns for gloves, socks, jumpers and balaclavas had patriotic slogans and the V for Victory sign printed on their paper sleeves.[15]

Whilst thrifty, worthy and honourable, knitting out of necessity lumbered knitwear, in particular domestically produced knits, with rather negative connotations, which would mean that by 1945, to many it was a sign of austerity, poverty, rationing and a world many preferred to forget.

12. Jantzen advertisement, 1929

13. Knitting pattern, *The Daily Mail*, May 4, 1934

14. In the UK, rationing meant that in addition to money one had to produce coupons to purchase garments, fabric or wool. Each year the coupon allowance per person went down so domestic garment production was encouraged to save coupons as a home-knitted jumper cost less in coupons than the coupons it would require to buy the finished article.

15. Please see J. Tynan, *Knitting for Victory* for a detailed account of Wartime knitting culture.

Top left: Woollen knitted swimsuit with wooden buttons, ca. 1910. Loan of Beverly Birks
Top middle: Appliqué and latex knitted swimsuit with abstract motif, ca. 1930. Loan of Beverly Birks
Top right: Woollen knitted swimsuit with abstract motif, late 1920s. Loan of Beverly Birks

Bottom left: Cotton jersey striped bathing suit, ca. 1910s. Loan of Beverly Birks
Bottom middle: Woollen swimsuit with faux double breasted closure in back, Rudi Gernreich, 1955. Loan of Beverly Birks
Bottom right: Jersey swimsuit with industrial metal closure, Claire McCardell, 1951. Loan of Beverly Birks
The swimsuits by Claire McCardell and Rudi Gernreich were modelled on the 1920–30s knitted swimsuits,
having no breast support at a time when corsets were a standard.

Knitwear does not disappear at the end of the war, far from it, but in the immediate post-war years it is noticeably absent from most haute couture collections. Lower end women's magazines and knitting patterns were still offering interpretations of fashionable garments – *Le Petit Echo de la Mode*[16] for example showed women how they could adjust their existing garments to be more in line with Dior's *Corolle* line by adding knitted sections onto shoulders of dresses, and knitted widths into skirts to adjust to the new silhouette and length. Equally, patterns showing women how to knit famous Jackie O accessories, and later their own Chanel suit, were very popular, but what had been a clever way for the New Woman to be fashionable in the 1920s now felt very middle-aged and housewifely, the woman who had time to knit stayed at home and appeared to have failed her historic sister. The models in these magazines and on the covers of these patterns now somehow looked outdated and representative of a model of femininity that was being challenged in the streets.

The post-war emergence of the teenager as a distinct cultural category and consumer sees very different fashions emerging from the bourgeois offerings of Paris. Knitwear played its role for both cultural and practical reasons.

Young people had no economic ability, but more importantly, no interest in purchasing haute couture fashions or cheaper copies of such silhouettes. Their engagement with fashion was one that aimed to establish a difference with their mothers through distinct youth fashions. The improved ready-to-wear industries catered to their needs. This part of the trade was able to develop quickly and successfully in the post-war years due to rationalisation of the national garment industries during the war.[17]

Youth and subcultures often challenged traditional gender roles and their fashions were tighter, shorter and owed nothing to Paris. Knitwear with its elasticity was a perfect material for the tight fitting jumpers of the sweater girls[18], the cropped Brigitte Bardot jumpers, the black existentialist turtlenecks popularised by Audrey Hepburn, and later the clinging mini skirts and dresses of the dolly birds. These youth knits were subversive, not least because of their sexual connotations and exploitations, but they equally became increasingly linked to left wing politics and in the 1960s and 1970s active gender politics.

Youth designers such as Mary Quant, Rudi Gernreich, Barbara Hulanicki from the cult label Biba, in addition to hosts of cheap ready-to-wear labels and boutiques, set the tone. This phenomenon owed as much to the subversive potential of stretchy knits, as it did to the democratic price of jersey mix fabrics. Paris, with traditional couture in decline, soon followed suit with the likes of Cardin, Yves Saint Laurent, and many others embracing youth fashions.[19]

Yves Saint Laurent, who debuted his Rive Gauche ready-to-wear line in 1966, and Sonia Rykiel, who founded her business in 1968, moved away from the traditional feminine ideal proposed by the haute couture salons, shaved at least fifteen years off her age, and imagined her discussing politics in the cafés of Paris instead of sitting perfectly groomed in her stuffy apartment in the sixteenth arrondissement.

Gender politics were hotly debated and with women actively fighting in the streets of Europe for their rights and the right to their bodies, designers sought to translate this fight for liberation and equality into their clothes; they envisioned her bra-less in a jumper, comfortable and comfortable with her sexuality. Once again, knitwear became an emblem of liberation.

16. *Le Petit Echo de la Mode*, N°48, 1947, p.5

17. New and improved man-made fibres developed during the war to replace rationed fabrics equally contributed to the post-war production of cheap confection fashions.

18. Please refer to twinset and Match, by A. O'Neill for further details on sweater girls and the subversive potential of knitwear

19. As the ready-to-wear fashions by established couturiers had to be cheaper and often targeted younger customers, again the cost of jersey mixes played a part in their popularity in these collections.

Top: Synthetic jersey long dress with skirt, checked bodice and trim, Rudi Gernreich, 1970s. This is a later version of a dress he first designed in the mid 1960s but which kept reappearing, indicative of its lasting popularity. Loan of Beverly Birks

Bottom: Patchwork jersey coat, Rudi Gernreich, ca. 1963. This item has only the store label, no label with Gernreich's name. However, the lender attributes it to Gernreich because of the patchwork fabric which he used in documented swimsuits, 1963. He used the left over scraps from his Harmon knits, putting them to good use. Loan of Beverly Birks

A dual system of signification was in operation: in polite adult society, knitted jumpers and twin-sets were seen as the respectable middle-class uniform, yet at the same time, knitwear could also signify political and subversive ideas and more importantly, symbolically challenge exactly that outdated uniform and the polite middle class connotations of the bodies that occupied it. It was the uniform of the old and the new, one foot in the past, another in the future.

The 1970s again presented two opposing manifestations of knitwear: whilst mainstream society dressed in romantic escapist 'ethnic'[20] knits, youth and subcultures became more radicalised due to the growing economic crises and the emergence of right-wing politics. Hence, with punk, once again the knitted jumper took on a political significance. Homemade punk jumpers with their holes and deliberate mistakes, executed in clashing garish colours, kicked against bourgeois society and subverted its respectable hobby of knitting and deliberately constructed 'ugly' objects that exposed the sinister side of all things polite, and showed how the equilibrium was unravelling.

It was the 1980s and 1990s however, that experienced the most shocking and subversive knitwear chapter in history; these were the decades Italian knitwear label Benetton caused furore around the world with its advertising campaigns. However subversive knitwear had appeared to be in earlier times, never before nor again did it elicit so much controversy, fill so many newspaper column inches, fuelled so many people's anger, and it was probably the first time since the Luddite rebellion in 1812 that knitwear was discussed in parliament. The company's campaigns rarely featured knitwear, but instead presented images designed to confront people with their prejudices about controversial topics such as racial politics, the AIDS epidemic, child labour, capital punishment and violent conflict. Several countries banned one or more of these campaigns, and when Toscani 'left' the company in 2000, possibly over the infamous death row campaign, it appeared that knitwear had gone too far, and for a while it all went a bit quiet on the knitwear front.

So where are we now? In the past decade, newspapers and magazines have cried knitting revival innumerable times. In fashion, we could argue it never went away, we only need to look at our wardrobe to realise just how much knitwear we actually own. Maybe it is exactly because we are so used to it that we take it for granted and often fail to notice its presence. Or maybe it's the fact knitwear is often labelled as 'a classic' or even worse 'a staple' that has resulted in it being overlooked in fashion terms for so long. Hopefully, this chapter has made a start at rectifying this and has shown knitwear is very much about fashion, even if it took the long way round to get there at times. Knitwear is a classic, but it is also something that's about the future, as it will be there again next season, next year, and the one after, and the one after that in a slightly different shape and colour palette than the last one, but overall pretty much unchanged.

Maybe we could argue that this is where knitted garments reside, both in the past and the future, or at least the present. It is impossible to untangle or undo knitwear from all the layers of meaning it has acquired over the centuries, as knitwear's cultural history is anything but classic: it is a story of rise and fall, of contradiction, conformity revolution and subversion and one that needs unravelling. This chapter started tugging the yarn, but it is only a start.

20. The concept of ethnic dress is traditionally approached from a Western perspective which (mis)-terms all that deviates from mainstream contemporary Western dress as ethnic and constitutes an arbitrary mixing together of time, place and cultures.

Mohair hand knitted sweater ca. 1980.
Museum of London collection 80. 531/2
Courtesy of Museum of London

Left: *Cool*, cotton knit dress with appliqué ice cream corn, Bernhard Willhelm S/S 2000 (MoMu collection T06/340). Right: *Blub*, cotton knit dress with embroidered whale, Bernhard Willhelm S/S 2000 (MoMu collection T06/341)

André Courrèges with two models. The model on the left is wearing the famous knitted boilersuit and miniskirt by Courrèges, Paris, 1960s.

A selection of covers, advertisements and knitting patterns from various knitting magazines, 1930–1980.
Courtesy of the University of Southampton Library

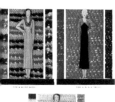

Dress in silk jersey (marine blue), metallic
thread and gold lamé, Paul Poiret
Non-labeled
1922
GAL1972.68.7
Gift of Madame Cleyrergue

Recent research has made it possible to attribute this dress, without label, originating from
the collection of Nathalie Barney, to Paul Poiret.
The pictures by Gilbert René, taken from the
front and the back, accompanying the design
registration model, dated February 2nd, 1922,
are indeed stored in the picture library of the
Musée des Arts Décoratifs (Ba Poi B6 002A
and B).

Photographed frontally and from the back,
a model poses in the gardens of the couturier,
26, Avenue d'Antin in Paris. The dress was
finished off with a large draped belt in gold
lame, today missing, which ended a line of
buttons, probably covered in matching jersey.
The decoration of concentric lozenges, and
the borders that are underlined with small
triangles evoke the Egyptian stoles in cotton
tulle and folded metal blades which were the
subject of a very lively infatuation during the
1920s to the point of sometimes being transformed into tunics.
We can find this jersey in a silhouette existing
of a dress and cape, by Molyneux, shown in
Femina, May 1922 (p. 17). The old motive is
identical to the Poiret dress but reversed.
The Molyneux silhouette also comes in light
coloured jersey with black motives (*Femina*,
April 1922, p. 28–29). In the *Femina* issue of
July 1922, a garden party dress from Berthe
Hermance, in crêpe embroidered with white,
repeats the provision of motives like in the
Paul Poiret dress.

The **Mexico** jacket by Paul Poiret stored in the
Galliera museum is part of the same collection
of 1922 photographed by Gilbert René.

Exp. :
*Paris-Budapest : mode, société et littérature
1750–2003*, Budapesti Történeti Múzeum,
2003, n°5.1 (repr. p.89)
Les années folles 1919–29, Paris, Musée
Galliera, 2007, n°289 (repr. p. 260)

Right: Lucien Lelong (1889–1952), *Champion*

'War chest Knitting appeal', women knitting for soldiers in May 1917.
Courtesy of the State Library New South Wales, Australia

Knitting is the unlikely story lurking behind the history of 20th-century warfare. This apparently innocent pastime became a persistent feature of the First World War on Britain's home front, when the conflict prompted civilians to knit 'comforts' for the troops. The mobility of knitting made it the perfect symbol for the enthusiastic efforts of civilians for the war effort. Official support for home-front knitting may have been driven by the desire to use wartime to reconstruct gender roles, but a widespread enthusiasm for domestic crafts also reflected the rise of volunteering, which swept Britain during the First World War. However, knitting for victory was not confined to women. During the Second World War many men also got involved, due to the ease with which knitting could be incorporated into everyday life, and the contribution that comforts made to the war effort. Images of cheerful and patriotic knitters may be the popular face of the wartime volunteer project, but Jessie Pope's 1915 poem *Socks* is also haunted by doubts:

Wonder if he's fighting now,
What he's done an' where he's been;
He'll come out on top, somehow
Slip 1, knit 2, purl 14.[1]

MILITARY CHIC IN FASHION KNITWEAR

KNITTING FOR VICTORY

NL P. 158–160

Jane Tynan

Notwithstanding the very real feelings at stake, these war poems, many of which used knitting to invoke the concern felt for an absent love, constructed men as warriers and women as worriers. Knitting produced real material objects for the fighting troops, but it also conjured up images that reinforced gender roles in wartime. The First World War was neither the first nor the last conflict when domestic knitting was mobilized. During the Boer War, the desire to knit 'comforts' for soldiers was also in evidence. This pattern continued into the First World War, when domestic knitting for civilian soldiers reached new heights of popularity, a situation exploited to gather support for the war. Images of women furiously knitting socks recreated an idealized version of the past. Exploiting the popular desire for women to knit for male relatives was a neat propaganda trick, which suggested that traditional social structures were reinforced rather than destroyed by conflict.

Glenn Wilkinson argues that the wartime press supported the domestic knitting project, which represented 'a safe and controlled domestic environment for women'.[2] Such was the context for what Paul Ward playfully describes as the 'outbreak of knitting and sewing in the summer of

1. Catherine Reilly (ed.), *The Virago Book of Women's War Poetry and Verse*, London: Virago, 1997, pp. 89–90

2. Glenn R. Wilkinson, 'To the Front: British Newspaper Advertising and the Boer War', in: J. Gooch, *The Boer War*, London, Frank Cass, 2000, pp. 203–212 (this ref. 208)

1914'[3]: a popular culture that used domestic crafts to create an image of home-front concern for the soldiers in the trenches. Indeed, this powerful vision of dutiful women involved in needlecrafts not only created neat gender divisions in terms of war work, but also linked home and battle front.[4] War knitting contributed to the perception that the home front was a significant theatre of war, even if it was often characterized as feminine. The reality was that war reversed gender roles, when women were called upon to work in munitions factories and on the land. Images that emphasized the femininity of knitting sought to distort that reality. While Ward viewed needle-work as a form of active participation in the war effort, he also argued that it was one that generated a form of patriotism amongst aristocratic and middle-class women that contributed to widespread conservatism after the war.[5]

Officially, home knitting was considered a useful public activity, not just due to the inadequate clothing supply for soldiers, but also because knitted garments were 'comforts' that many women wanted to make.[6] Gloves and socks, often extra to army supply, were co-ordinated by the army but sent directly to relatives as an expression of their duty, care and love. However, the domestic knitting project could be too personal, and often brimmed over with enthusiasm, so much so that official intervention sought to regulate this private work, an issue debated in Parliament in November 1914.[7] The concern was that, while people should be given an outlet for their charity, there were problems with the harmonization of the project and the uniformity of supply. The publication of patterns eventually brought the 'outbreak' of knitting under official control; they instructed knitters to use khaki wool and to confine their creative endeavours to a narrow range of regulation garments. Indeed, an eight-page knitting pattern called *Women and War* sold at a price of 1 penny and spoke directly to British women on 'How to Knit and Crochet Articles necessary to the Health and Comfort of our Soldiers and Sailors'.[8] It contained a pattern for a knitted balaclava helmet, crochet balaclava helmet, regulation body belt, knitted mitten, bed sock without heel, knitted sock, knitted muffler, bed sock, knee cap and sleeveless jersey and on the cover a poem read:

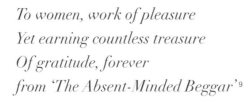

To women, work of pleasure
Yet earning countless treasure
Of gratitude, forever
from 'The Absent-Minded Beggar'[9]

Cover of *Life* magazine, 'How to Knit'
featuring Peggy Tippett, 24 Nov 1941

Poetry and knitting were drawn together in the popular culture of First World War Britain. As if the act of knitting symbolized care of the absent male body, the romantic connotations of the verse suggest that women were invited to knit for love. Even Lord Kitchener issued a wartime knitting pattern in response to his concern with the state of men's feet in the trenches. Sock seams were a problem when they rubbed soldier's toes until they bled, and what became known as the 'Kitchener stitch' was an innovation, which offered a means by which socks could be finished off smoothly. In war memory, homemade knits were not regarded as fashionable items, but neither were they part of the functional kit for the trenches. Instead knits took on the status of wartime 'comforts', and knitting itself held the power to evoke the very body of the soldier lost to war.

3. Paul Ward, 'Women of Britain say Go: Women's Patriotism in the First World War', in: *Twentieth Century British History*, vol. 12, no. 1, 2001, p. 30

4. Ibid, p. 30

5. Ibid, p. 31

6. 'Winter Clothing for the Troops', 17 November 1914, *Parliamentary Debates*, [68] 325

7. Ibid.

8. 'Women and War: How to Knit and Crochet Articles necessary to the Health and Comfort of our Soldiers and Sailors', published by Needlecraft Ltd., Manchester and London, 1914–1918, Acc. No 8208-203/3, *National Army Museum*

9. 'Women and War,' ibid, front cover

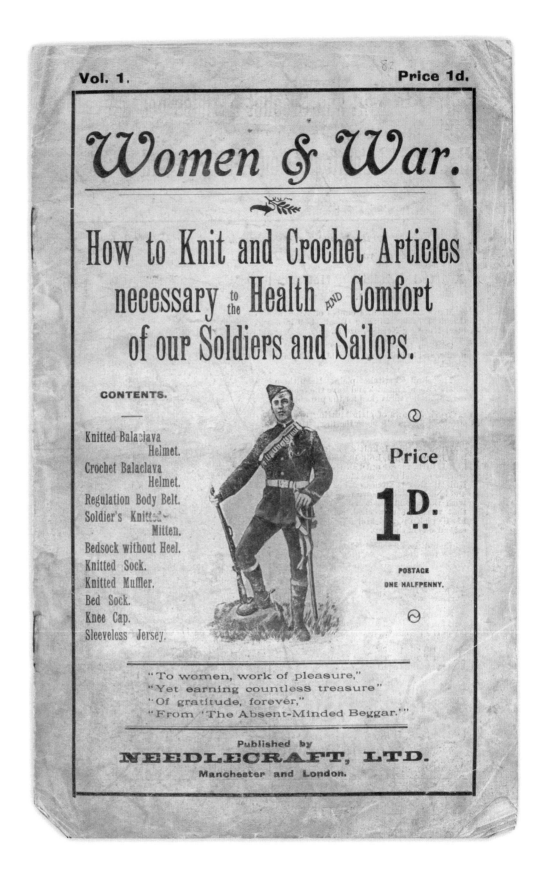

Women and war: How to Knit and Crochet Articles necessary to the Health and Comfort of our Soldiers and Sailors, published by Needlecraft Ltd., Manchester and London, 1914–1918, Acc. No 8208-203/3, National Army Museum.
Courtesy of National Army Museum, London

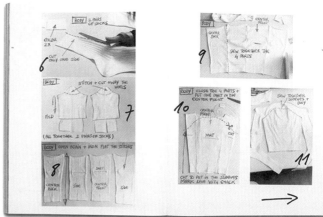

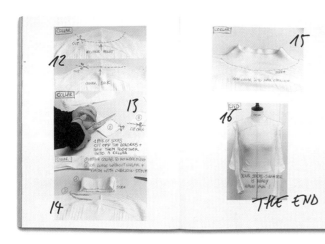

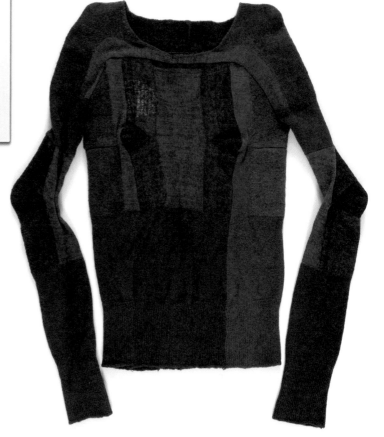

Top: 'One to make at home', instructions on
how to make your own Margiela sock sweater,
A Magazine curated by Maison Martin Margiela,
June 2004, pp. 192–197

Bottom right: Woollen sweater made from
military socks, Maison Martin Margiela,
A/W 1991–92

Wartime knits reflect the affective value of clothing, the capacity for people to imaginatively and materially make the body. By the Second World War, knitting was an established part of the war effort at home, clear from the 1941 official publication *Knitting for the Army: Official Guide*. The booklet boldly declared: 'Knitting is no longer a pleasant hobby. No one makes jokes about knitters now, for knitting is no joke. It is a great war industry, run by an unnumbered host of workers who ask no pay, and expect no profits.'[10] By promoting good organization and warning against careless waste, the wartime booklet encouraged knitters to take their task seriously. Made in khaki or grey, the 1940 regulation garments consisted of the Cap-Muffler, Sleeveless pullover, mittens and gumboot stockings made from special oiled wool. Like the wartime *Make Do and Mend* booklet, domestic needlework and crafts were recommended to support wartime austerity and guided civilians on the contribution they could make to the war effort. Americans also caught knitting fever and on November 24, 1941, the cover story of *Life* magazine showed the nation 'How To Knit'.[11] A pattern for a simple knitted vest came with the article, which stated that the volunteer groups *Citizens for the Army and Navy* were aiming to get one million standard army sweaters by Christmas. Soon afterwards America entered the war and knitting socks, mufflers, and sweaters for the troops became a national obsession.

The ritual evocation of the body at war gave wartime knitting a magical and subversive quality, which many contemporary fashion designers have exploited in their work. However, it was not fashion, but street style, which first took on functional military styling. Counter-cultural movements adopted army surplus as a symbol of subversion by making a virtue of desecrating the uniform. Like the early experiments in wartime knitting, personal improvisations could threaten the uniformity of the military project. Since then, the rebellious qualities of khaki have inspired fashion garments, such as the men's wrap cardigan from *Junky Styling*, made from recycled army jumpers. The high collar offers warmth, while the pocket detail on the sleeve and the shoulder epaulettes suggest a hint of utility styling. Typical of the current vogue for utility in menswear, the use of recycling and improvised details gives military-inspired fashion garments the stamp of authenticity. Far removed from utility styling, fashion designers such as Balmain and Alexander McQueen sought in military themes the luxury and exclusivity of pre-khaki uniform. Before the 20th century, military masculinities bore a spectacular appearance at odds with the utility of wartime knits. When fashion appropriates military styling, whether adopting utility details or indulging in swashbuckling styles, it often displays interest in body discipline and transformation. Military uniform fascinates fashion designers due to its remarkable capacity to transform the fleshy body into a fighting machine. The nostalgia for wartime knitting inspired Martin Margiela's military sock sweater, a contemporary garment that owes much to the aesthetics of wartime austerity. Margiela's sock sweater from the early 1990s reflects his fascination with deconstruction, but also celebrates wartime knitting as the ultimate Do-It-Yourself clothing project. However, his use of fashion to reference the role of knitting in war is achieved without sentimentality. Neither does he think much of trade secrets, clear from his published instructions on how to 'Make your own Margiela sweater...'[12] By referencing official instruction booklets on wartime knitting, Margiela shows an interest in the ways in which clothing becomes entangled in historical events. A clever comment on the status of socks as wartime comforts, the sock sweater reflects on how clothing became part of war experience.

10. *Knitting for the Army: Official Guide*, HMSO, 1941, p. 3

11. *Life* magazine, 24 November 1941, cover

12. 'Make your own Margiela sweater' at *A blog curated by Maison Martin Margiela*, http://www.ablogcuratedby.com/maisonmartinmargiela/one-to-make-at-home/ [Accessed on 14 December 16, 2010]

Balaclava Helmet.
(Crochet).
Fig. 2.

Materials required, 6 ounces of Athletic (Regd.) Double Knitting Wool and a crochet hook, size 9.

Make 78 chain.

1st row, miss 2 (to stand for a double crochet), 25 d.c. 35 trebles, 10 d.c. 5 slip stitches.

2nd row, turn with 1 chain, 5 slip stitches. 10 d.c. 35 trebles, 26 d.c. In this and all succeeding rows work into the back threads of the stitches in the preceding row.

Turn with 1 chain, 26 d.c. 35 trebles, 10 d.c. 5 slip stitches.

Repeat the last 2 rows twice.

8th row, same as the 2nd row.

9th row, 1 chain, 26 d.c. 35 trebles, 7 d.c. turn.

10th row, 1 chain, 7 d.c. 12 trebles. turn.

11th row, 3 chain (to stand for a treble) 11 trebles, 4 d.c. turn.

12th row, 1 chain, 4 d.c. 12 trebles, turn.

13th row, 3 chain, 11 trebles, 1 d.c. turn.

14th row, 1 chain, 1 d.c. 12 trebles, turn.

15th row, 3 chain, 11 trebles, 5 d.c. turn.

16th row, 1 chain, 5 d.c. 12 trebles.

17th row, 3 chain, 11 trebles, 8 d.c. turn.

18th row, 1 chain, 8 d.c. 12 trebles.

19th row, 3 chain, 11 trebles, 10 d.c. 5 slip stitches. Fasten off.

This completes the piece across the forehead. Miss 15 trebles of the last complete row, counting from the division, and fasten the wool on in the 16th stitch. Make 3 chain to stand for a treble, work 33 trebles.

2nd neck row, turn with 1 chain, 26 d.c. 8 trebles.

3rd row, 3 chain to stand for a treble, 33 trebles.

Repeat the last 2 rows 3 times.

10th row, same as the second row. Break off.

Re-commence at the top of the head and work 5 slip stitches, 10 d.c. 12 trebles, 15 chain to make the second side of the face, 8 trebles, 26 d.c.

Work on these stitches as usual for 8 more rows.

10th row, work 10 d.c. turn and work back on these 10 stitches.

12th row, 1 chain, 11 d.c. turn, and work back.

14th row, 1 chain, 12 d.c. turn, and work back.

16th row, 1 chain, 13 d.c. turn, and work back.

18th row, 1 chain, 14 d.c. turn, and work back.

20th row, 1 chain, 15 d.c. turn, and work back.

22nd row, 1 chain, 26 d.c. 35 trebles, 10 d.c. 5 slip stitches. Work 7 more rows as usual.

30th row, 1 chain, 26 d.c. 35 trebles, 7 d.c. turn.

31st row, 1 chain, 7 d.c. 35 trebles, 10 d.c. 16 trebles.

32nd row, 1 chain, 26 d.c. 35 trebles, 4 d.c. turn.

33rd row, 1 chain, 4 d.c. 35 trebles, 10 d.c. 16 trebles.

34th row, 1 chain, 26 d.c. 35 trebles, 1 d.c. turn.

35th row, 1 chain, 1 d.c. 35 trebles, 10 d.c. 16 trebles.

36th row, 1 chain, 26 d.c. 35 trebles, 5 d.c. turn.

37th row, 1 chain, 5 d.c. 35 trebles, 10 d.c. 16 trebles.

38th row, 1 chain, 26 d.c. 35 trebles, 8 d.c. turn.

39th row, 1 chain, 8 d.c. 35 trebles, 10 d.c. 16 trebles.

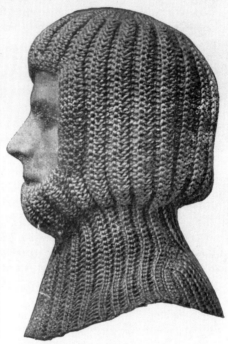

Fig. 2.

40th row, 1 chain 26 d.c. 35 trebles, 10 d.c. 5 slip stitches.

41st row, 1 chain, 5 slip stitches, 10 d.c. 35 trebles, 26 d.c.

Work 6 more rows.

48th row, 1 chain, 15 d.c. turn and work back

50th row, 1 chain, 14 d.c. turn and work back

52nd row, 1 chain, 13 d.c. turn and work back

54th row, 1 chain, 12 d.c. turn and work back

56th row, 1 chain, 11 d.c. turn and work back

58th row, 1 chain, 10 d.c. turn and work back

60th row, 1 chain, 15 d.c. and break off the thread.

Sew up the helmet matching the ribs exactly and fitting the gusset neatly. Gather the top of the helmet and join it closely. Work 3 rounds of double crochet round the face working each stitch into both threads of the preceding round.

Earholes in Helmets.

If earholes are required in the helmets, slits can be cut and securely buttonholed round with wool or bound with tape or braid.

No. 116, Needlecraft Practical Journal contains instructions for Man's Plain Cardigan Jacket.

'Please Knit Now' advert, by Abram Games,
Great Britain, ca. 1939–45.
Courtesy of Imperial War Museum

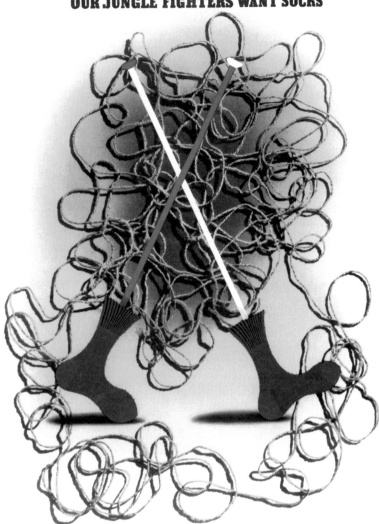

Knitting for war challenges the sentimental image of needlecrafts. If the mobility and Do-It-Your-self qualities of home knitting encouraged wartime volunteer knitters, they have also inspired more recent guerrilla knitting ventures and the use of hand knitting in high fashion. Whatever conservative connotations knitting held during wartime, no amount of persuasion to conform to the regulation patterns could distance knitters from the reality of war. Civilians idealized the soldier's body, but it was not long before that image was haunted by the spectre of wounding and death. The image of cheerful, patriotic women clicking their needles by the fireside now forms part of the 'knitting for victory' myth, but it was a remarkable clothing project. Then and now, the mobility and simplicity of knitting makes it an attractive activity for both men and women. Wartime concerns about austerity, recycling and improvisation have resurfaced, which has found military-inspired knits taking on new meanings in fashion. Despite the mass-production of khaki uniform and the regulation of comforts through official wartime patterns, military knits were essentially the private and personal work of an army of volunteers. In wartime Britain, knitting represented the unofficial story of the making of military uniform.

DERUJINSKY

DOLCE FAR NIENTE—THE ITALIANS AT EASE

• *Dolce far niente*—how sweet to be idle. Who but an Italian could have coined *that* phrase? The Italians have a genius for doing nothing gracefully and an equal artistry in the fashions they design to do nothing more strenuous than look blissfully relaxed in—as for instance: the loose overblouses and skintight pants of thin, knitted wool by Mirsa (photographed at ease, here, in Portofino).

• Above: Green, deep red and blue stripe a big, turtle-collared overblouse and fitted pants, looking very much like the singlet and hose of a Renaissance page.

• Opposite: Violet, a favorite Mirsa color, in another of her suits-at-ease, this one shirt-collared, patch-pocketed. Both suits are at Neiman-Marcus; I. Magnin.

'Recounting the history of knitwear involves revealing the dress codes of our century'.[1] These are succinct comments made by Maria Pezzi, the Italian fashion journalism pioneer, in a 1985 article on the importance of knitwear in the world of fashion. In doing so, she was inspired by what had been written in 1953 by Bettina Ballard who, back from the Florence fashion shows, had judged knitwear, together with fabrics and accessories, to be the Italian strong point on the international fashion scene. At the same time, considering the period elapsed between the publication of both articles, the author denied that which was predicted by the American journalist, i.e., the inability of Italian fashion to take the place of Paris fashion. And it is precisely knitwear that had contributed to this quality leap: Maria Pezzi, who had always closely monitored Missoni's work and successes, had good reasons to defend it with conviction.

By stressing the absence of accurate historical documentation about this sector of fashion, the article outlined a period of sixty years in a short story: in this interval, the unremitting efforts by producers and designers had supported the success of knitwear in the Italian fashion world. It involved a major reform for contemporary fashion, i.e., progressively without much ado, knitwear has radically changed the way modern dressing is understood, by expressing and following shifts in social and cultural behaviours. Its success, linked to a great extent to the massive popularity of physical exercise and sports brought about by the modern way of life, led to a decisive turning point in the fundamental flow of hybridisation between fashion and sportswear. An achievement to which growing individual mobility, increasing travel and daily commuting have certainly contributed, since they generated a nomadism that defined a different wardrobe expression.

MANUFACTURERS AND DESIGNERS

KNITWEAR IN ITALIAN HIGH FASHION

NL P. 160–162

Maria Luisa Frisa & Elda Danese

Emilio Pucci had understood this very well, when he defined the *zeitgeist* of his knitwear fashion as: 'Dynamism, weekend, travel, sport, lightweight luggage and... no ironing'.[2] A formula that in 1954 had led him to use a very fine silk organzine jersey — produced by Boselli di Como and Mabu di Solbiate — to create very simple garments, in which decorative patterns and colour played a critical role. Sartorial elegance, sensed as an expression of behaviour and lifestyle linked to adulthood and being overdressed, made way for flexible material, suitable for more informal behaviours and styles. Anticipating these changes, the photo taken in 1948 by Toni Frissell — the American photographer whose fashion shoots were primarily set at the beach and in the open air — portrays Emilio Pucci with a long-limbed female skier dressed in an outfit he designed.

THE MODERNITY OF JERSEY

In the 1960s, soft silk or cotton or Trevira jersey had become a critical component of Italian boutique fashion: in addition to Emilio Pucci, many other designers and labels, such as Ken Scott, Fedeli, Avon Celli and Ritz, created clothes and knitwear famous for their quality and recognisable by the exclusivity of their patterns. 1960 had been the year of *Emilioform*, a fine synthetic

---

1. Maria Pezzi, 'Sessant'anni tra le trame di una maglia', in *Donna*, no. 50, February 1985, p. 150

2. Emilio Pucci, in: Maria Pezzi, Sessant'anni tra le trame di una maglia, quote, p. 151

'3D WHOLEGARMENT', draped, seamless cashmere dress, Saverio Palatella, S/S 2009

material, made from silk and helanca, whose most famous application had been an after-ski 'capsule'. 'Capsule' and not 'suit' since after 1957, year of the launch of the first Sputnik capsule, the space age had become the way of the future. Similar lightweight shells showcased slender and toned bodies, contributing to a display of modernity arising from the artificial quality of colours and perfectly stretched film-like materials.

Accentuated by the smoothness of the silk or synthetic yarn, the lack of material relief takes jersey in a direction far away from knitwear and closer to woven fabrics. For that matter, the process used for the manufacture of these garments is nearly equal to the one used for other materials: the various parts that make up the garment are cut again from the continuous surface and sub-sequently sewn together. The method of shape knitting, typical of handwork, and these days executed on fully fashioned machines, is different: hereby, the execution of the styles implies the simultaneous production of fabric and shape, in a process that no longer needs a cutting stage. More recently, seamless technology has eliminated a further step, achieving the production of seamless garments, fashioned on the knitting machine in their entirety. Among the first to test drive this technology, created initially for the production of hosiery, was the designer Nanni Strada with her project 'Il manto e la pelle'[3], published in the March 1974 issue of *Casabella*: on the cover, the image of Donna Jordan dressed in a lightweight stretch knit outfit preceded the successive popularity of elasticated, clingy clothing.

KNITWEAR, MADE IN ITALY

Each of the various knitwear production methods considerably affects both the design and the perception of the finished garments. All in all, fully fashioned shaped knits are characterised by the intense exchange of information between time of production and time of creation. That is why in this respect, the experiences of producers and designers were shared in a more obvious way than in other contexts, to the extent that it was not unusual to have both coincide. Among all of them, the most famous example being Olga di Grésy designer of Mirsa, a historic Italian knitwear label in the late 1930s. Initially an artistic consultant and inhouse designer for a Milan producer, subsequently designer of her own collection under the Mirsa brand, di Grésy opened a plant in Galliate, in the province of Novara after World War II. In the 1950s and 1960s her product was particularly recognised and appreciated by buyers from American department stores. A 1960 article associated the accolades received by Olga di Grésy's knitwear with quality and research of a level approaching haute couture by that time: '... therefore today knitwear follows fashion in perfect tune with haute couture. This is precisely why, in 1953, the Marchesa di Grésy earned the Neiman Marcus Award, which is currently the highest fashion tribute in the world, in 1955, the Sunshine Fashion Award by Burdines of Florida and this year the Sports Illustrated Design Award.[4]

Together with Mirsa, Avagolf was among the first ambassadors for knitwear *'Made in Italy'*. Founded by Luisa Poggi in 1958, the brand, headquartered in San Colombano al Lambro, stood out in the 1960s and 1970s with high-quality production in tune with what was on offer in sartorial fashion. The flourishing of these types of businesses, largely the result of female initiative, was supported by the popularity, from the 1930s onwards, of domestic machines for the processing of knitwear, which is why, in some cases, the love of knitting turned into a successful activity. To be included in this update of domestic knitwear culture was the initiative of *Chic* magazine, headed by Elisa Massai and Maria Pezzi between 1954 and 1957, which presented, together with instructions for their execution, styles designed by the two journalists with, as an ideal reference, the image of a young celebrity.

3. On the occasion of the 15th Milan Triennial, International Design Section, the film *Il Manto e la Pelle* was made; in 1979 the project was awarded a prize during the sixth edition of the *Compasso d'Oro* and exhibited at the fair 'Design & Design' organised by the ADI.

4. 'Spunti dalla natura per la più giovane delle collezioni', in *Novità*, no. 118, August 1960, p. 43

Knitted outfit by Mirsa featuring in a fashion shoot called 'Dolce far niente – The Italians at ease,' *Harper's Bazaar* (USA), June 1958

Knits that bare the leg and open up the middle

*S*weater with a big hole in its middle is a Laura Aponte design for the beach. Lilina Monti of Milan wears it over a knit bikini in the remains of a circular room at the Bath of the Seven Sages.

*I*vana D'Orso's knit beach outfit is more headdress than bikini. It is made by Micia who also designed the earrings. The diamond-patterned brick wall of the building behind dates from the Roman republic.

CASUAL ELEGANCE

After World War II, the mechanical processing of knitwear had become widespread in Italy. In general, this process had led, especially in the 1960s, to the proliferation of knitting machines operated for the major knitwear brands in houses in numerous areas in the Italian provinces. The flipside of the coin was that many small businesses were set up that were specialised in high-quality production, based on creative and qualitative research and focused on the fashion circuit. The considerable number of knitwear producers, concentrated in the area around Carpi, in the province of Modena, and more widely in the Romagna region, is said to have given rise to one of the major Italian knitwear districts. However, similar businesses were spread through various regions within the national territory, such as Emmevizeta in the province of Vicenza, Alma in Milan or Pierluigi Tricot, a brand created by Pierluigi Scazzola in Rome. In 1961, Pierluigi Tricot presented its line at the Gallery of Modern Art in Rome, where the collection was appreciated by fashion journalists Irene Brin and Pia Soli. In the same year, Albertina (Albertina Giubbolini), a passionate technical experimenter, presented her collection, produced without relying on cuts and seams. Her work was aimed at achieving the most varied usage and the maximum number of options in terms of surfaces and silhouettes through the use of traditional technologies. In both cases, it was about an exercise in style measured with the language of haute couture.

Pasquale Celli, founder of the Milan-based Avon label, who had started his own business in the 1920s, may be considered to be the forerunner of this trend. Between the end of that decade and the beginning of the next one, Celli had adapted French hosiery knitting frames for the production of bathing costumes, transforming the heavy consistency of wool into a lightweight and clingy material, thus leaving less to the imagination. Applying the same system he produced refined and high-quality men's knitwear, with, as a reference, the casual elegance of English knitwear and sportswear, yet reinterpreting this model mythographically for a new public (for that matter, the word Avon, echoing the English topographical reference, is nothing more than a palindrome for Nova).

It is important to emphasise how many of these businesses, which were initially focused on perfecting a traditional clothing ideal, represented the training ground for the adjustment of knitwear to technically creative criteria, with which designers were subsequently able to develop new solutions. Knitwear was fully integrated into the fashion world, for the most part thanks to constant technological innovations. Critical to the emancipation of knitwear, in particular, was the constant research into surfaces with new structures or relief effects: in this way, the combination of experimentation by producers and the designers' imagination have allowed knitwear to focus on haute couture. In a 1956 article dedicated to Luisa Spagnoli, 'Vanessa' — the author Gianna Manzini's pseudonym — showed her own surprise in the face of this new dimension of knitwear, whilst until then '...the extraordinary jerseys and delightful woollens had always suggested the special tone of an elegance that to me found its most striking resource in casualness'.[5]

'Italian leisure knitwear is inventive, practical and bold'[6], commented the anonymous columnist for her part in a 1965 issue of *Life* magazine dedicated to Italian fashion: in fact the short monochrome dresses by Laura Aponte, shown in the photo shoot by Milton H. Green, stood out with their formal and graphic solutions in tune with the period's visual culture.

5. Vanessa, 'Il jersey tentato' (22 April 1956), in: Gianna Manzini, *La moda di Vanessa*, Palermo, Sellerio editore, 2003, p. 178

6. 'New fashions, young blood, old splendour — it's a Bravura Year for Italian Beauty', in: *Life*, vol. 50, no. 17, October 22, 1965, p. 76

Krizia and Laura Aponte showcasing their
collections at 43rd edition of Pitti Donna,
Florence, 1971.
Courtesy of Pittimagine.dok historical archive

COMPARISON WITH FASHION AND RELATIONSHIPS WITH THE DESIGNERS

Despite the numerous accolades and positive comments, the risk nonetheless existed that Italian knitwear might remain linked to an easily consumable image, to the liveliness and simplicity of boutique fashion. In the early 1960s, it became apparent in various contexts that it was necessary to emancipate knitwear from its status as casual wear and that this could happen by expanding the complexity of the design. It was not by accident that in an 1964 issue of *Novità* — the magazine that would become *Vogue Italia* the following year — the presentation text for a series of styles designed for domestic execution was aimed at highlighting the possibility of achieving greater formal and stylistic definition in knitwear: 'On the catwalk in these pages, an ideal collection of styles is being shown, made up of dresses, suits, coats, all made of knitwear, however, the first thing that is obvious is that they are true designs, in the fullest sense of the word. Hand-made knitwear has found key formulas to move freely in fashion's highest circles, with the same assurance as fabric and with a gracefulness all its own'.[7]

These signals, which indicate an awareness of knitwear's potential, were supported by partnerships set up between businesses in the industry and up-and-coming designers, collaborations that peaked in the 1970s in parallel with the confirmation in Italy of the total look concept in knitwear. Within such a scenario, a new network of relationships was implemented, of information and initiatives, activated in part by the acknowledgement of the significant value of knitwear to Italian fashion: the first edition of Pitti Immagine Filati, a trade fair dedicated to the introduction of innovations in this sector, dates back to 1977 in Florence. A continuous flow of new knitwear and processes continued to provide new tools for knitwear designs: textures that allowed to vary, ad infinitum, the effects of surfaces, cable and lace structures, creative finishing processes and numerous application forms, such as embroidery, fur and sequins.

This is how the specificities and autonomy of knitwear were confirmed, qualities passionately asserted by Annamaria Fuzzi: 'Scissors should never be used in knitwear, but only the best workmanship, with which nearly everything can be done whilst preserving the softness and drape of the yarns'.[8] Founded in 1954, the Fuzzi knitwear factory, in addition to having a long and structured history as a brand, has made a series of agreements from the 1970s, such as the one, which from 1983 involved the Romagna-based company in the production of knitwear and bathing costumes by Jean Paul Gaultier: a collaboration that highlights the harmony with the French designer's suggestions in the unconventional treatment of materials and the re-examination of tradition in knitwear. The inexhaustible theme of the *marinière* (smock) and the manufacture of argyle, which through highly skilled cuts and *délabré* effects, gave rise to an extraordinary series of variations, which may be considered to be examples of Gaultier's approach. In the *Soleil* collection, printed stretch tulle, the layering and combination of embellishments on lightweight and sheer materials provided a witty interpretation of domestic patchwork culture.

In a similar context, a collaboration was initiated in 1971 between Deanna Ferretti Veroni and Kenzo, whose projects, characterised by a rich complexity of patterns and jacquard colour combinations, required considerable ability for interpretation and technical development. Created in 1964, the Miss Deanna knitwear factory collaborated with numerous brands — among the many names, Krizia, Armani, Prada, Valentino, Versace, Gai Mattiolo, Claude Montana, come to mind — from time to time facing new experiences and experimentations. In this sense the relationship with Martin Margiela, initiated in 1992, had put Miss Deanna to the test in terms of the research of unexplored techniques in response to the proposals by the Belgian designer.

7. 'Questa pazza, pazza, maglia', in: *Novità*, no. 165, December 1964–January 1965, p. 66

8. Giusi Ferrè, 'Acquisizioni tranquille e alleanze per Fuzzi', in: *Corriere della Sera*, 4 March 2002, p. 20

'Baked' woollen knitted sweater with unravelled lining,
Maison Martin Margiela, A/W 200–01, Modateca Deanna's Archive
Courtesy of Modateca Deanna's archive

Laura Biagiotti, A/W 2010–11
Courtesy of Laura Biagiotti

Stretch jersey dress with spiral zipper and hood, Azzedine Alaïa, 1980s.
Loan of Beverly Birks

When faced with the request to create a knit modelled by the relief of the body, for example, various methods were attempted to achieve the desired result: from the 'baking' of prototypes in industrial ovens to finishing the product by using chemicals. In this, as in other projects carried out by Miss Deanna, substance was given to the reflection, launched by Margiela in the late 1980s, aimed at the elaboration of shapes as traces of events, at a vision in which the fashion project was directed at a real-life experience.

In 1985, with the production and distribution of the Pour Toi knitwear line, Deanna Ferretti had concluded a partnership with the designers Luca Coelli and Sam Ray, in which fashion design and communication were approached innovatively. Revisiting inspiration from the folklore and linguistic pluralism of the 1970s in an urban dimension, Pour Toi represented the experimental aspect of the 1980s culture.[9]

The materials that document the activities and collaborations of the San Martino di Rio knitwear – which also includes designs, photographs and clothes — are preserved in the *Modateca Deanna* (open to the public by appointment), the *Centro Internazionale di Documentazione Moda* founded in 2005 and headed by Sonia Veroni. Critical to the historical investigation, the preservation and organisation of documents and other materials prove to be critical tools for generating ideas, for the re-development of the pre-existent. Many businesses that hold in high regard the value of research, maintain an internal archive, an essential tool for the development of new solutions and for communication with designers. That is why the Giordano's knitwear factory, located in the area around Treviso, collects and catalogues (for internal use only) the knitwear samples studied for Fendi, Armani and other international fashion brands with which the company works.

A similar awareness is shown by Maglificio Miles of Vicenza, which keeps an archive, also for internal use, made up of a database of 12,000 knitting stitches, yarns and prototypes, all catalogued per product category. The majority of this material documents a long history of collaborations, which, over time, have involved the Vicenza producer with various brands and designers such as Chloé, Valentino, Walter Albini, Donna Karan, Sonia Rykiel, Vivienne Westwood, Marc Jacobs. The prototypes, making up a special section of the archive, include a series of styles by Yves Saint Laurent, the designer who by the late 1960s had found a powerful partner in the Miles knitwear factory. With research essential to the design of knitwear couture, the transformation work of yarns in the Vicenza factory has generated a constantly updated variety of surfaces — napped, relief, pleated, jacquard, knitted stitched fabrics — and articulated three-dimensional structures. The exercise that best describes this approach is the Miles's production of Azzedine Alaïa's projects: knitwear, in fact, constitutes a highly congenial language for the designs of the 'King of Cling'. Complex from a structural point of view and fashioned on the surface with openwork and combinations of various material densities, Alaïa's fashion product is a great testament to the specificity of the method used. The designer was able to transform a critical point in the relationship between knitwear and fashion — i.e., that of clinging to the skin or, conversely, that of gently brushing against the body, in a reference to the world of lingerie — in one of the strongest and distinctive marks of contemporary knitwear. The other distinctive approach to contemporary knitwear, based on the creation of articulated sculptural shapes, is expressed symbolically by Sandra Backlund's designs, experiments in the field of knitwear that Miles has recently decided to produce. So far, the work by the Swedish designer, who develops multi-shaped and complex volumes around the body, had always been hand-made: its difficult shift to mass production required the use of sophisticated technologies and the accurate processing of combinations of yarns of various weights.[10]

9. Gaps in information on this collaboration were filled by the degree course in Culture and Techniques of Costumes and Fashion at the University of Bologna, which in 2006 organised the conference 'Knitscape, 40 Years of Fashion Research from the Archives of Miss Deanna' and the show 'Pour Toi/Pure 80s', both coordinated and curated by Mario Lupano and Alessandra Vaccari. A number of pieces from the Pour Toi collections were exhibited together with the knitwear by Yves Saint Laurent produced by the Miles di Vicenza knitwear factory, also in the exhibition curated by Maria Luisa Frisa *La materia dell'archivio*, staged in 2008 at the headquarters of the former Conte di Schio wool factory.

10. See also the interview with Sandra Backlund in this catalogue.

Knitted woollen ensemble, Prada, A/W 2010–11
Courtesy of Prada archives

Jacquard woollen sweater, Pour Toi,
Vogue Italia, special n. 14, March 1986

BIBLIOGRAPHY

C.M. Belfanti, *Calze e maglie. Moda e innovazione nell'industria italiana della maglieria dal Rinascimento a oggi*, Mantova, Tre Lune, 2005

M. Camozzi, 'Quando è importante onorare la maglia', in: *Corriere della Sera*, 25 February 2008, p. 15

S. Cappello & A. Prandi, *Carpi, tradizione e sviluppo*, Bologna, Il Mulino, 1973

C. Convertino, *Maglia e sistema moda. L'esperienza di miss Deanna Ferretti Veroni*, Thesis, Università degli studi di Urbino 'Carlo Bo', A. A. 2005–06

G. Ferrè, 'Acquisizioni tranquille e alleanze per Fuzzi', in: *Corriere della Sera*, 4 March 2002, p. 20

A. Lo Pinto, 'Le primedonne della maglia Made in Italy', in: *Donna*, nr. 39, December 1983–January 1984, pp. 46–49

E. Massai & P. Lombardi, 'L'industria della maglieria nell'alta moda e nella moda pronta dal 1950 al 1980', in: G. Bianchino, G. Butazzi et al., (ed.), *La moda Italiana. 1. Le origini dell'Alta Moda e la maglieria*, Milan, Electa, 1985

M. Pezzi, 'Sessant'anni tra le trame di una maglia', in: *Donna*, nr. 50, February 1985, pp. 150–151

E. Pontarollo & R. La Rocca, *Le trame della maglia, le strategie della moda*, Milan, Franco Angeli, 1992

C. Traini, *Maglia, Creatività e tecnologia*, Milan, Skira, 2004

Vanessa, 'Il jersey tentato' (22 April 1956), in: Gianna Manzini, *La moda di Vanessa*, Palermo, Sellerio editore, 2003, p. 177–181

Vera (Rossi Lodomez), 'Fantasia, gusto e intelligenza al servizio di una industria', in: *Novità*, nr. 21, juli 1952, pp. 38–43

R. Wilkinson, 'L'audace arte di Pour Toi', in: *Il Giornale*, 14 May 2006, p. 2., www.ilgiornale.it/pag_pdf.php?ID=25776, last consultation on 6 December 2010

'Fashion: Romantic Fall', in: *Time*, 12 July 1961

'Maglia top class', in: *Novità*, nr. 156, February 1964, pp. 42–66

'New fashions, young blood, old splendour – it's a Bravura Year for Italian Beauty', in: *Life*, vol. 50, nr. 17, 22 October 1965, pp. 70–79

'Questa pazza, pazza, maglia', in: *Novità*, nr. 165, December 1964–January 1965, pp. 66–75

'Spunti dalla natura per la più giovane delle collezioni', in: *Novità*, nr. 118, August 1960, pp. 42–45

Based on that which has been discussed so far, an overview takes shape that prioritises the relationship between knitwear producers and fashion designers within Italian knitwear design. As demonstrated by the Backlund example cited above, however, there is a more specialist world, comprised of designers that have identified knitwear as their own privileged language. These include Mark Fast, the Canadian designer requested by the Italian Pinko label to create a capsule collection, who is the designer of a type of knitwear that has a modern value, which combines a rich variety of openwork with a smooth continuity of plain surfaces, simultaneously using special yarns with metallic reflections and dense opaque materials. As was the case for Fast, for Paolo Errico, the Italian designer who after having worked for Versace, Cavalli and Agnona, who launched his first collection in 2005, inspiration can be drawn directly from the experience of processing the yarn. Aware of the distinctiveness of the material used, he works with basic shapes, which he distinguishes through superimposition and draping, adding to the creation of prototypes either shaping the jersey on the mannequin or shape knitting on fully fashioned machines. Placed in the same research context is the work by Michel Bergamo and Cristina Zamagni, who founded the Boboutic label in Florence. Here too, the reinterpretation of the essential language of knitwear, initiated by them with careful attention to proportions, to layering and to reversibility, is shown as an example of innovation in Italian knitwear, in which the slow rhythms of couture and craftsmanship merge with the dynamic and technological dimension of industrial production.

Photoshoot dedicated to knitwear in Italian high fashion, featuring silhouettes by Micia and Maljana, modelled by Barbara Steele on the 'Forum Romanum' in Rome, *Vogue* (USA), October 15th, 1964

ITALIAN BOUTIQUES:
THE BLACK
AND WHITE IDEA

More black and white from Italy, photographed in the Foro Italico in Rome. Worn by Barbara Steele, an Irish-born actress with a swing of dark hair and almond-shaped eyes whose rôle as an American actress in "8½" touched off a string of parts in both French and Italian movies. *Left:* Knitted palazzo pyjamas, boldly checked in black-and-white wool. The black top plunges low and is leashed with yellow leather above belled trousers. Earrings by Mimi di N. *Right:* Sleeveless dress that's a long knitted flume of white wool with great strokes of black zigzagging from neck to hem. Both pages: outfits by Maljana. At Lord & Taylor; Neusteters; I. Magnin. The coiffures on both pages: a toupet arranged in a *cache folie* by Vergottini of Milan.

HENRY CLARKE

165

ARIANNA agosto

SPECIALE MAGLIA

LA CIOCIARIA

PICCOLA STORIA DEL TEATRO

ARNOLDO MONDADORI EDITORE
A. XI - N. 127 - MILANO - AGOSTO 1967 - LIRE 250

The journey into the creative industry of Italian knitwear stretches over quite a long period of time with various ups and downs, and its production reality has been determined by geography over the years. In the early 1950s, Italian knitwear acquired a prominent position, as witnessed by the birth of *'Made in Italy'* fashion in the Florentine house of Giovanni Battista Giorgini.[2] 1951 to 1971 represented a 20-year period of continuous growth in knitwear; it is not by accident that *Arianna* magazine, in August 1967, dedicated a special 30-pages article to knitwear by Anna Piaggi, Anna Riva and Adriana Amelotti, with photography by Alfa Castaldi. In the lengthy article that previewed original creations by the magazine's collaborators, we were shown outfits and accessories by Fiorucci, Krizia and Missoni.

Knitwear's record performance was punctuated by lulls, as in 1973–74, only to then regain the positive trend that would continue into the mid-1980s. The geography of knitwear, as we will see in this journey, moved through the decades, from 1951, the year in which production was primarily concentrated in Piedmont and Lombardy, to the 1971 industrial survey in which regions such as Emilia Romagna, Veneto, Tuscany and Puglia emerged.

The current situation in the past few years, from 2005 to 2009, according to the consumer report by Sistema Moda Italia, recorded a decline in the sales of men's and women's knitwear (exceeding -2%), albeit with a slight upsurge in activity in the autumn-winter 2008–09 season; a slight recovery, at least with respect to heavy knitwear, is anticipated, which is the norm when temperatures drop below seasonal averages.[3]

A COMPARISON BETWEEN REGIONAL AND MANUFACTURING MODELS[1]
HIGHLY CREATIVE ITALIAN KNITWEAR

NL P. 163–166

Federico Poletti

Today knitwear is once again taking up a prominent place in the wardrobe, as we can see from a number of trends previewed by Pitti Immagine Uomo and Pitti Filati. Knitwear will once again be a prominent player in Winter 2012: the cardigan, along with oversized felted wool sweaters that can be used as overcoats, pullovers in heavy cashmere or finished with a handmade effect, as well as Norwegian-style mohair knitwear and handmade alpaca jumpers. Jackets are made with a knitted effect: they are unstructured and faded, even inspired from the field jacket; double-breasted overcoats in woollen fabrics with an outspoken structure, short faded moleskin overcoats and padded fabric jackets that look like knitwear.[4]

---

1. For this research I would like to thank all the companies and institutions that have allowed me to access their archives, providing me with precious references, such as Miles, Lineapiù, Mely's, Benetton, Avon Celli, Modateca Deanna, Carpi Formazione, Pitti Immagine, to name a few. I would like to stress the major importance of the archives, a tool and a historical memory critical to the continuation of our *'Made in Italy'* and to develop a link between history and the future.

2. A fundamental and inspirational text on Italian knitwear remains Massai-Lombardi, 1989, pp. 260–293 with bibliography, even if a little dated. In addition, Scianna-Vergani 1989; Giordani Aragno, 2005, pp. 13–25; Garofoli, 1991; Black, 2002; Traini, 2004; Grossini, Bari,1986. Short notes on the development of knitwear also in various fashion histories, among which Gnoli, 2005.

3. Interesting the prospect and predictions developed in *Consumi e distribuzione di tessile e moda nel mercato italiano*, Milan, July 2010.

4. In accordance with the trends forecast by Pitti Immagine, highly creative knitwear will show new Norwegian effects on yarns worked in diamonds and geometric jacquard stitches for cardigans and slim jackets. Focus on featherlight overdyed cashmere knitwear, cashmere double, fisherman's rib, oversized sweaters made from wool yarn. Micro embellishments and texture emerge from the surface of the yarns. I thank Elena Moretti, fashion consultant at Pitti Immagine.

I RECORD DELLA MAGLIA

Servizio di
Anna Piaggi, Anna Riva
e Adriana Amelotti
Fotografie di
Alfa Castaldi

Un tuffo allegrissimo nella maglia estiva. I suoi record: nuovi colori fluorescenti, un vero stile sport, la stessa linea per lei e per lui. Da sinistra, rosa elettrico, rosso esplosivo, verde magnetico, in seta Japon. Fiorucci, L. 9.800. Bermuda bianchi e rossi, Cose. Bikini, Gulp. Cronografo Pisa. Spiegazioni in fondo al servizio.

Il giro del mondo di Chichester, il torneo di Wimbledon, le gare di Indianapolis sembrano avere ispirata la nuova moda della maglia. Colori "classici" e lampi fluorescenti, un grande ritorno del bianco, da solo o in équipe con il blu e il rosso. Per l'autunno spirito sport e colori "inglesi". Per i bambini, romanticismo in miniatura e qualche idea sport-beat.

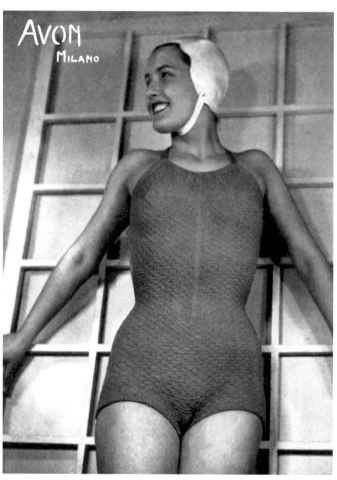

Top left: Bathing suit in corduroy cashmere, Avon Celli, 1920s

Bottom left: Avon Celli's factory, Milan, 1922

Right: Bathing suit in Argyle cashmere, Avon Celli, 1920s

Courtesy of Avon Celli archives

GEOGRAPHY OF 'MADE IN ITALY' KNITWEAR. REGIONS AND CASE STUDIES IN COMPARISON.

Top: Sophia Loren wearing Luisa Spagnoli, S/S 1956

Bottom: Esther Williams in a knitted mini-outfit by Luisa Spagnoli, A/W 1956–57

Courtesy of Luisa Spagnoli archives

In Italy, the production of knitwear is spread throughout several regions, a geography that is split into various areas, which may be referred to as truly highly specialist districts. Whilst from an historical point of view, Lombardy and Piedmont have played a major role, Veneto is the region with a tradition of a medium-high knitwear product (with examples of excellence as is the case for the Miles knitwear factory[5]); Umbria boasts high and widespread quality, also in its numbers, specialised in a traditional product and in cashmere (a prime example is the success of Brunello Cucinelli), whilst Carpi initially concentrated on a lower end and economical knitwear product, raising the quality level in the 1980s to keep up with the competition. The territory boasts numerous businesses covering various segments, including the lowest ones, produced in Prato and Signa in Tuscany, to arrive at the most basic ones produced in Barletta. Also in Liguria a number of major players are active with historical knitwear such as Fissore (specialised in cashmere) and Gentry Portofino. A relevant fact is that top-of-the-range specialist enterprises, such as Miles, Benelli, Paima, Mely's, are becoming fully competent in the production of knitwear, following all the processing stages, from paper pattern to finished product, including training for the artisans required for hand and machine processing.

Notwithstanding the crisis of the past few years, a few regions such as Veneto and Umbria have maintained their leadership while focusing on quality. Umbria in particular can consider itself to be the home of knitwear, relying on companies such as Luisa Spagnoli, a true knitwear school, which is referred to in studies on the sector.[6]

It should not be forgotten that the 'mother of all Italian knitwear' was Luisa Spagnoli, as also recalled by Marco Sanarelli, owner of Mely's. Thanks to her experience and her school, a major knitwear culture was spread throughout the area. In the 1920s, Luisa Spagnoli created a business near Perugia, venturing into the breeding of angora rabbits, a species that had never been bred systematically before in Italy in order to collect their wool and develop a yarn to be used in clothing. The permanent exhibit of the company in Perugia exhaustively documents angora rabbit breeding and the official rise of the business, which dates back to 1937, through photos, newspapers and vintage machinery. Still in existence and exhibited in the museum is the equipment used in the processing of angora wool and the two Spagnoli patents: a comb for the collection of the wool and a tattooing gun. Luisa Sargentini (born in Perugia on 30 October 1877) married Annibale Spagnoli and in 1907 co-founded the fashion company, which in just a few years would dominate the domestic market, the 'Società Perugina per la Fabbricazione dei Confetti'. Thanks to its entrepreneurial creativity and the experience of Perugina, the financial foundations were also laid for the creation of Luisa Spagnoli. The plant became the centre of a tried and tested self-sufficient community with a crèche, after-school amenities, church, sports and recreational facilities. The project, only partially completed, took the name of 'Città dell'Angora' and represented a nucleus around which the new Perugian Santa Lucia neighbourhood developed.[7]

Together with Luisa Spagnoli, Avon Celli, founded in Milan in 1922, is among the oldest Italian knitwear houses, another pioneering exporting feat in a period in which the market was troubled by anglophilia. Still today, Avon Celli, despite the ups and downs of the past few years, focuses on the preciousness of the yarns and on a craftsmanlike eye for detail. An incredibly fascinating story born from the intuition of Pasquale Celli, founder of the brand, who chose the name AVON — a palindrome for NOVA — in order to maintain a decisively English touch.[8]

---

5. On the Miles, Miss Deanna case and other major Italian production phenomena, see the essay by M.L. Frisa in the catalogue.

6. Only sporadic references are made in various fashion histories to the significance of Luisa Spagnoli, among which Gnoli, 2005, p. 175 note 2; Vergani, 2010, p. 712; more complete is the catalogue for the Permanent Luisa Spagnoli Exhibition, Perugia, no date, pp. 7–69

7. Luisa Spagnoli angora conquered Italian and foreign markets, and under the leadership of Mario, the founder's firstborn, the continent's most important business was developed in 1943, with 525 employees and 8,000 farms. In 1952 the company changed its name to 'Luisa Spagnoli Confezioni a Maglia' coinciding with the beginning of production diversification.

8. Few are the notes on the history of Avon Celli, see Vergani 2010, p.72. Today the brand, after various transfers, has been purchased by WP Lavori in Corso, who is preparing its global relaunch. The company still owns an extensive image archive, which I was able to access thanks to the Attila agency, which monitors its relaunch. Unfortunately historical garments do not seem to have been preserved, but only contemporary reproductions. My thanks to Flavio Cerbone of Attila, who has facilitated the finding of never-before-seen images from the Avon Celli Archive.

Signed photograph of Pasquale Celli and
Yves Saint Laurent, with a note from Yves Saint
Laurent: 'Pour Monsieur Celli, avec toute ma
sympathie', 1960s.
Courtesy of Avon Celli archives

Outfit created by Avon Celli for Christian Dior, 1960s. Courtesy of Avon Celli archives

From the beginning with knitted bathing costumes, which caused an immediate scandal in the 1930s, up to stockings and eventually knitwear, Avon Celli succeeded in establishing itself as the premier high-end knitwear brand, creating unique subtleties such as 36 gauge, using the finest yarns, such as Tasmanian merino wool, cashmere and silk. Creations, which with their elegance and superior quality would become a status-symbol around the mid-1950s, dressing several Hollywood celebrities as well as personalities from the cultural world. Avon Celli won over famous names, among which Frank Sinatra, Gary Cooper, Clark Gable, Grace Kelly, King Hassan II of Morocco, Sophia Loren and Gianni Agnelli. Thanks to the company's valuable historical archive, we see Picasso painting while wearing Avon Celli striped polo shirts. It is precisely the production of uncompromising quality with a broad range of weights, the finest merino wools, the exceptional selection of Tasmania super 15/16 micron count and the combination of wool, silk and cashmere that have ensured Avon Celli's success. A method that appealed to some of the most famous couturiers of the 1960s, among whom Christian Dior and Yves Saint Laurent, making the brand recognisable throughout the world.

Among the numerous businesses active in Tuscany, focusing on high-end production, Mely's Maglieria must be mentioned, and is the partner of French designer brands such as Chanel, Dior and Chloé. The production of Mely's knitwear started in 1956 in a small apartment in Arezzo thanks to the passion of its founder, Amelia Donati. The name 'Mely's' was given by Amelia, who was of French origin, and who devoted herself to knitwear, backed by her husband, Italo Sanarelli. As early as 1961, Mely's products had crossed the national borders and Amelia returned to France to offer her knitwear to the Galeries Lafayette department store, and was greeted with instant approval. In the early 1970s, Italian and French houses requested Mely's collaboration in order to develop their own knitwear collections, thus making it a point of reference for high-end ready-to-wear garments. In 1985 her children, Elena and Marco Sanarelli, joined the company and revamped it by building a new plant equipped with state-of-the-art machines, but still keeping it in Olmo. As Marco Sanarelli states, the Italian handmade industry is among the best in the world for know-how that is not found in other countries, with a unique production capacity enabling it to develop fully hand-made prototypes and complex processes. It is not by accident that the majority of the main lines of Italian brands and French designers are made in Italy. Mely's is able to offer a broad range of processes, from industrially produced to handmade products, with endless variations of embellishments. The company's core business is the designer and the interpretation of the latter's creative project. Among the first fashion houses to turn to Mely's were Christian Dior in 1970 and 1971, Valentino who created his first knitwear with Mrs Mely's. Then came Gucci, Hermès and Chanel: from the mid-1980s French luxury brands have primarily found a true partner in the company to develop special garments that required many hours of handwork.[9] Today the company is a small 'Made in Italy' gem, which employs 120 workers and owns an appealing archive of garments, providing full support from prototype development to finished product.

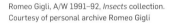

Romeo Gigli, A/W 1991–92, *Insects* collection. Courtesy of personal archive Romeo Gigli

Also in Tuscany, in Capalle, Lineapiù must be taken into consideration in the production of yarns. A company founded in 1975 by Giuliano Coppini, which from the start has stood out with its constant experiments in the research of yarns.[10] Over the years, Lineapiù has explored all raw materials, applying special techniques, at times invented on an ad-hoc basis to achieve special effects. Over the years, the company has collaborated with major designers such as Kenzo, Krizia, Yves Saint Laurent, Giorgio Armani, Valentino, Romeo Gigli, including the Antwerp school among which Dries Van Noten, Dirk Bikkembergs, Ann Demeulemeester, followed by Martin Margiela, A.F. Vandevorst and Veronique Branquinho. In the Lineapiù labs, yarns are born that set trends in terms of colour, raw materials and blends, independently from seasonal production. In order to support research, the company invests major financial and intellectual resources to create expressive and versatile yarns.[11]

9. Among other experiments, Mely's has launched a fully biodegradable and natural cashmere production, a project in collaboration with the University of Pisa. The cashmere is dyed in tufts applying 100% natural techniques.

10. In 2005 Lineapiù celebrated its 30th anniversary with an exhibition at the Galleria del Costume di Palazzo Pitti in Florence. The exhibition catalogue represents a valid tool for understanding the significance of the company and the research carried out over the years. See Giordani Aragno, 2005, pp. 13–25. And also, Gruppo Lineapiù 1975–2000, 2000.

11. Among the cutting-edge yarns developed by Lineapiù, *Relax* should be recorded, an 'ecological yarn' able to shield up to 60% of the impact of electromagnetic fields. In addition, Lineapiù invented the 'rubber yarn' with the ability to absorb light and release it slowly in subsequent hours; *Metallica*, the first yarn with shiny metallic effects; *Pristis* opaque viscose; *Camelot* featherlight mohair, introduced in the first collection and still a major bestseller.

Top left: Model showing knitwear silhouettes at the second edition of 'MAIT' (Italian Knitwear Market Exhibition), Florence, 1970

Bottom left: Model showing knitwear silhouettes at the first edition of 'MAIT' (Italian Knitwear Market Exhibition), Florence, 1968

Bottom right: Models showing knitwear silhouettes at the third Pitti Filati fair, Florence, 1978

Top right: Models showing knitwear silhouettes at the first edition of 'MAIT' (Italian Knitwear Market Exhibition), Florence, 1968

Courtesy of Pittimagine.dok historical archive

Missoni A/W 1996–97. Courtesy of Missoni archives

Furthermore, Lineapiù is creating an archive with 50,000 stitches within the company, in addition to all the garments produced in order to showcase the best yarn designs. An ambitious project aimed at the future creation of a Knitwear Museum. The Lineapiù archive also comprises numerous knitwear garments created by famous designers, such as, for example, Giorgio Armani, who during two seasons (spring-summer 1982–83) held fashion shows at Pitti Filati for Lineapiù.[12]

Tuscany in particular, on the one hand with companies such as Malo Tricot, founded in 1972 by the Canessa brothers in Capalle, or with Pitti Filati on the other hand, has played a major role in providing input to all the industry players, from knitwear factories to designers to buyers. The Centro di Firenze per la Moda Italiana extends its area of operations into various sectors, from men's fashion (Pitti Uomo was created in February 1972), to children's fashion (Pitti Bimbo was added in 1975) to knitwear. For the first time in 1968, the Centro di Firenze per la Moda Italiana organised the MAIT (Mostra Campionaria Nazionale della Maglieria — Italian Knitwear Market Exhibition), while in 1977 the first edition of Pitti Filati was launched.[13] The MAIT was an annual trade fair targeted at the American and Canadian markets. During its eighth edition in June 1978 at the Waldorf Astoria Hotel, 118 Italian knitwear companies exhibited. The MAIT experience, whilst it is, on the one hand, a testament to the interest on the part of the American market in Italian knitwear products, on the other hand highlighted the impending crisis already ongoing in the early 1980s, a time that would see the event's demise. The knitwear fashion shows at Pitti in the 1970s and the Pitti Filati boosted the creativity of numerous designers on the catwalks: Giorgio Armani (for Lineapiù), Walter Albini (for Lane Grawitz), Gianfranco Ferrè (for Dondi Jersey), Regina Schrecker (for Filpucci) and Gianni Versace (for Be.Mi.Va). In newspapers at the time, one could read: 'Girls in the 1970s certainly are not waiting for their prince charming while sitting at their pianos, they are out to look for him in a sweater, jeans and boots and exchange him without fainting spells or too many sighs' (La Stampa, 14 October 1970). Thanks to knitwear houses such as Avagolf, Mirsa, Laura Aponte, Albertina, and above all Missoni and Krizia, Italian knitwear has overcome the financial depression. As can be seen from a number of fresh designs spotted in Pitti's archives, these companies availed themselves of designers and talented illustrators such as Alberto Lattuada, Jean Claude Morin, Brunetta, Walter Albini, to name but a few.[14]

When discussing other major districts in the development of Italian knitwear, the Carpi area has to be tackled, which even after suffering major losses due to changing socio-economic conditions, was able to reinvent itself and develop thanks to new industrial and distributive models.[15]

Carpi-based industry started blossoming in 1947, but the background already existed with the production of straw hats: an activity that experienced the greatest expansion during the two first decades of the 20th century. Carpi straw hats were exported to the four corners of the world, to America and Asia, however, after World War I, due to changing tastes, the hat fell into disuse and straws were replaced by yarns; knitwear could be produced at home and required few financial means and above all manual dexterity found primarily in the female population, as can be seen in a number of images spotted in the Archive of the Carpi Ethnographic Museum. It is precisely the low cost of home work that made 'Made in Carpi' products particularly competitive, which is why Carpi knitwear rapidly conquered European and American markets.

From top to bottom:
Krizia, A/W 1986–87;
Gianfranco Ferrè, A/W 1990–91.
Courtesy Fondazione Gianfranco Ferrè;
Malo A/W 2008–09

12. Today the business, after having been placed in receivership for some time, was relaunched in July 2010 as Lineapiù Italia spa, a company that aims to consolidate and reinforce the tie between Lineapiù and Filclass. The new company's Chairman of the Board of Directors is Alessandro Bastagli. Source: company press release.

13. Thanks to Pitti Immagine and in particular to Elisabetta Basilici for having opened the company's historical archive, which has been partially digitalized and represents a precious research tool for the history of Italian fashion. For an outline of the facts and characters in Italian style and the role of the Centro di Firenze per la Moda see: Mulassano, 1979

14. Profiles of these knitwear houses when moving from handicrafts to industrial production in Massai-Lombardi, 1989, pp. 292–294

15. For a survey on Carpi and the tradition of knitwear, see Brigidini, Tedeschi, Carpi, 1992, pp. 41–199; the volume represents a valid tool for understanding the Capri phenomenon and the major Italian and international knitwear companies; for the development of the district, see the annual report produced by the Osservatorio del settore tessile abbigliamento nel distretto di Carpi, Carpi, 2009; published in January-February 2011 the 10th report that will provide an outline of the district post-crisis. For their support in this research on the Carpi region, I wish to thank Alessandra Praudi, Andrea Scappi (Director of Carpiformazione), Andrea Scacchetti, (President of Carpiformazione and owner of the Sintesi Fashion Group), Deanna Borghi (consultant fashion trends), Manuela Rossi (Director Servizi Museali Palazzo dei Pio (Carpi), Luana Ganzerli (Director Consorzio Eco Carpi). For research on archive images at the Museo Etnografico, my gratitude goes to Natascia Arletti.

From top to bottom:
Interior of a Carpi Factory, Carpi, ca. 1950s
Workers in the factory, Carpi, ca. mid 1960s
Home Workers, Carpi, ca. mid 1950s
Home Workers, Carpi, 1951
Workers, Carpi, ca. mid 1950s
Workers in the factory, Carpi, mid 1960s

Courtesy of Etnographic Research Centre,
Silmar Photographic Collection

In 1970, the Province of Modena ranked first for export in Italy, primarily thanks to the driving force represented by the Carpi industries. The district experienced a true economic boom, expanding production to other sectors such as fabric clothes, which is why Carpi became one of the emblematic sites amid what was defined as an Italian economic 'miracle'. An industrial phenomenon made up for the most part of small businesses that rely on home work (see 1975 article in *La Stampa*[16], which states that in Carpi, true companies, with equipment and in-house workers, total just over 250). It is precisely home work that allows companies to offload the expense of machines on workers (those who want to work at home must acquire all their own equipment).

In 1984, a crisis was in the air: the knitwear sector was in trouble and in the Carpi district, export came to a halt. In addition to the cost of outside labour, other factors that contributed to the crisis in the district was the medium-to-low quality of the exported knitwear, except for a few companies that focused on production for major labels (the case of Miss Deanna is an example in this respect).[17] Carpi consequently aimed to escape the initial crisis wave concentrating on quality and on a fashion-forward product, improving its aim on a medium-to-high target group. It is not by accident that in July 1984 newspapers announced that 'Made in Carpi' fashion had landed in Bologna with a high-impact fashion show in Piazza Maggiore in which the three leading Carpi knitwear brands took part, i.e. Antonella Tricot, Antonella Baby and Blumari-ne. The Bologna event represented a moment of major revaluation for Carpi, which in those years not only saw various fashion events and fashion shows blossom locally, but also the creation of *Carpi Maglia* magazine, which disseminated all the latest innovations in the world of knitwear. These represented the golden years for the district, which proved to be able to produce at excellent quality levels, relying on the presence of famous designers such as Armani, Versace, Ferrè, who produced their collections in the area.

Prime examples are in fact Blumarine, a business founded by Anna Molinari, who inherited her passion for knitwear from her parents, with the historical knitwear factory 'Molly'; Luisa Savani, who introduced her first collections in 1965–66, creating a company that grew to 200 employees with exports to the four corners of the world. And also Carma, a company founded in 1947 and specialised in cable knits, which initially developed its own brand, *I Maschi*, to subsequently launch more creative knitwear designs by Jean Charles de Castelbajac in 1986 and later also produce Armani.[18] These are but a few of the more typical business examples, but the Carpi landscape was truly rich in small and medium-sized enterprises, which closed their doors during the 1993 crisis. It is nonetheless interesting to see how the district transformed itself in the 21st century, increasing sales by repositioning itself in target markets with higher added value with a relative decrease in the quantities produced. Furthermore, in 2005–2008 fabric clothing became the prevailing production standard compared to knitwear, which had been the region's core business for many years.[19]

These days, a new generation of companies has emerged around Carpi, such as Twin Set, Liu-Jo, Via delle Perle, Sintesi Fashion Group with the brand Anna Rachele, Olmar and Mirta are all achieving financial success in an area that remains permeated with a culture of 'know-how'. A tradition that was not lost through the centuries, like the desire to experiment. Just think that companies such as Olmar and Mirta have been producing knitwear for Rick Owens and Gareth Pugh, two designers known for their revolutionary and outside-the-norm creativity, manufactured right in Carpi. In this respect the *genius loci* — the talent of a region — may surprise us.

16. See historical archive for *La Stampa*, today fully computerised and viewable at www.lastampa.it

17. See the contribution by M.L. Frisa in this catalogue; a company history of Miss Deanna, Bologna, 1995. Today the company has been bought by the Gruppo Armani, but the owner has opened the Modateca Deanna, an archive dedicated to knitwear, which gathers all the garments produced by the company over the years.

18. For biographic news on these companies and entrepreneurs, see Brigidini, Milan, 1992; *Storie di moda. Le imprenditrici di Carpi si raccontano*, Carpi, 2002, pp. 7–86.

19. According to the report by Carpi's *Osservatorio del settore tessile*, finished knitwear companies are more numerous than clothing manufacturers, however being on average smaller, they achieve a lower turnover.

a Parigi, come a Londra e a New York...

benetton è moda vivente

Una moda che va in tutto il mondo,
che cammina disinvolta fra mille colori,
al passo del nostro tempo.

benetton
maglieria internazionale

Benetton advertising campaign, profiling Benetton as a youthful, relaxed and lively knitwear brand, 1972

Interracial breastfeeding in a notorious Benetton advertising campaign,
photographed by Oliviero Toscani, 1989

I would like to close this essay with a final unusual example that has a place of its own in knit-wear, i.e., the 'Benetton case'. The business founded by the Luciano, Giuliana, Gilberto and Carlo siblings exploded in the 1960s. A phenomenon that was already born way back in 1957 in Ponzano Veneto (Treviso) with the name of *Maglieria Benetton*, which turned into the Benetton Group in 1965.[20] The business was based on the intuition of Luciano and especially of Giuliana Benetton, who began to knit for her brothers at a very early age, seeking alternatives to plain knitwear, using colours for the first time in her sweaters. Her experience proved to be fundamental in the company's continued experimentation and in providing input to loom manufacturers. That is how the *Maglieria Benetton* produced the first leisure knitwear collections, with numerous colour variations at affordable prices. The Benettons were among the first to introduce braided processes, coloured cable knits with striking optical effects, as can be seen in the various garments exhibited in the recently opened Historical Company Archive. The archive[21] — still a work in progress — gathers period garments and a collection of materials linked to the company's history. Among the garments in the archive is a cable knit sweater with geometric patterns — designed by the architect Tobia Scarpa for autumn-winter 1968–69 — precursor to the current collaborations between fashion houses and artists. In addition to the variety of colours and the innovation of piece-dyed garments, the other asset that has led to the company's success is communication, as noted back in the initial 1960s campaigns, at a time when the company was called *Maglieria Benetton* with the men's *Dorval* brand and *Lady Godiva's* women's brand. From these initial campaigns, the focus has been on a concept for leisure knitwear, easy and practical clothing, without compromising on colour and elegance.

It was probably the creative union with Oliviero Toscani, with his high-impact advertising campaigns, that would make the brand known to the general public, securing numerous acknowledgements throughout the world.[22] The concept of colours, at the base of Benetton knitwear's success, has become a metaphor for young people from various nationalities: a winning concept — that of *United Colours* — democratic knitwear in the most profound sense of the term, which includes the concepts of tolerance, peace and respect for diversity.

BIBLIOGRAPHY

B. Giordani Aragno, 'Quando il filo diventa storia', in: *Il Filo diventa storia. Trent'anni di filati Lineapiù*, Florence, 2005

F. Astone, *Gli affari di famiglia*, Milan, 2009

S. Black, *Knitwear in Fashion*, London, 2002

C. Brigidini & P. Tedeschi, *Carpi*, supplement with *L'Uomo Vogue*, Nr. 231, July-August 1992

V. Corvisieri, *Esposizione permanente Luisa Spagnoli*, Perugia, n.d.

M. Garofoli, *Le fibre intelligenti: un secolo di storia e cinquant'anni di moda*, Milan 1991

S. Gnoli, *Un secolo di moda italiana 1900–2000*, Rome, 2005

G. Grossini, *Firme in passerella. Italian Style, moda e spettacolo*, Bari, 1986

Gruppo Lineapiù 1975–2000, Florence, 2000

Guida al vestire critico, Bologna, 2006

R. Healy & R. Bigolin, *The Endless Garment: The New Craft of Machine Knitting*, RMIT Gallery, 12 February-21 March 2010, Melbourne

A. Lee, *Io e i miei fratelli*, Sperling & Kupfer, 1990

E. Massai & P. Lombardi, 'L'industria della maglieria nell'alta moda e nella moda pronta dal 1950 al 1980', in G. Bianchino, G. Butazzi, A. Mottola Molfino & A. C. Quintavalle (ed.), *La Moda Italiana. 1, Le origini dell'Alta Moda e la maglieria*, Milan, 1987, pp. 260–277

Miss Deanna, Bologna, 1995

A. Mulassano, *I Mass-Moda. Fatti e personaggi dell'Italian Look*, Florence, 1979

Osservatorio del settore tessile abbigliamento nel distretto di Carpi, 9th Report, Carpi, 2009

L. Pagnucco Salvemini, *Benetton/Toscani. Storia di un'avventura. 1984–2000*, Milan, 2002

F. Scianna & G. Vergani, *Maglia*, Milan, 1989

Sistema Moda Italia, *Consumi e distribuzione di tessile e moda aul mercato italiano*, Milan, July 2010

Storie di moda. Le imprenditrici di Carpi si raccontano, Carpi, 2002

C. Traini, *Maglia, Creatività e tecnologia*, Milan, 2004

G. Vergani, *Dizionario della Moda*, Milan, 2010, p. 72

20. Today the Gruppo Benetton is active in 120 countries across the world. Its core business is the fashion industry with the United Colors of Benetton, Sisley and Playlife brands. The company produces more than 150 million garments per annum with a total turnover in excess of 2 billion euros. Source: Benetton press office. On the Benetton case clear observations in Scianna, Vergani, 1989, pp.13-22; various points of view on the development of the company in Astone, Milan, 2009; *Guida al vestire critico*, Bologna 2006; for the history of Benetton family see Lee, Milan, 1990.

21. I thank Benetton for having shown me a preview of the company's archive.

22. Creative communication is still pursued today with the multimedia campaign 'IT'S MY TIME': conceived by Fabrica, the centre for research on communication within the Benetton group, the first global casting in search of personal style chronicling young people, their times, their vision of the future. On the long collaboration with Oliviero Toscani, see Pagnucco Salvemini, Milan, 2002.

[...] machines that make fabric are more and more able to produce uniform, flawless textures. I like it when something is not perfect. Hand-weaving is the best way to achieve this, but since this isn't always possible, we loosen a screw on the machines here and there so they can't do exactly as they are supposed to.[1]

Linda Spierings wearing 'lace' sweater by
Comme des Garçons, Paris, France, 1982

The formless is an operation.[2]

Since 1982, when Rei Kawakubo instructed her knitting machine operators to loosen some of the screws on their machines so that random holes would be knitted into her sweaters, the distressed or 'unravelled' look has taken centre stage on the knitting runway. The radical approach adopted by Kawakubo and her contemporaries was simultaneously indebted to punk's rejection of conventional formulations of corporal aesthetics as well as a philosophical exploration of the potential of the void or the 'formless'. Holes in knitting imply chaos and order, destruction and creation, and Kawakubo's apparent random deployment of them suggested the limitlessness of space.

More recently Mark Fast has had considerable success with his holey knitting, but are his designs (as was suggested of Kawakubo's work): 'a commentary on the redundancy of handicraft in an era of machine-made perfection', or an expression of the inevitable commercialisation of knitting's fundamental subversion?[3]

This text will utilise Georges Bataille's investigation of the term *informe* (formless), to consider Kawakubo's 'lace' sweater as an *operation* or process that encourages a dialogue regarding notions of craft (knitting and lace), the complete and the partial, and the dysfunctional as an alternative way of understanding clothing and its relationship to the body.

FROM REI KAWAKUBO TO MARK FAST
THE VOID
IN KNITTING OR HOW FORMLESSNESS SHAPED UP

NL P. 166–167

Jonathan Faiers

In the early 1980s, the appearance on the European fashion stage of Rei Kawakubo's work, including garments such as the 'lace' sweater, has been well documented. The confusion caused by her as well as Yohji Yamamoto's work is succinctly expressed by Colin McDowell who notes that: '... *within one season, they gave French fashion an inferiority complex verging on a communal nervous breakdown; excited hopes and dreams in young British designers and students; panicked the Italians and totally bewildered the Americans.*'[4]

However, whilst the assessment of the so called Japanese revolution in fashion has naturally centred on the most spectacular/difficult/aesthetic/nihilistic collections (any number of adjectives have been deployed to describe their work according to the commentator's prevailing perspective), it is perhaps a garment such as the 'lace' sweater that most effectively conveys Kawakubo's approach to making clothes.

1. Rei Kawakubo quoted in Deyan Sudjic, *Rei Kawakubo and Comme des Garçons*, 1990, p. 80

2. Yve-Alain Bois & Rosalind E. Krauss, *Formless: A User's Guide*, 1997, p. 18.

3. From the caption accompanying an illustration of the 'lace' sweater in Sudjic, p. 92.

4. Colin McDowell, *Fashion Today*, 2000, p. 134

Detail from hand knitted (on the machine) 'lace' sweater, designed by Rei Kawakubo, Comme des Garçons, Paris, 1982

Knitting at its most fundamental level is an operation that makes something from nothing. The act of enclosing spaces or more precisely of setting up temporary enclosures is after all the practice that constitutes knitting. The exploration of tension, both literally as in the tension of the particular stitch and emotionally when conscious of knitting's potential to unravel, seems in Kawakubo's 'lace' sweater to be its primary function. Furthermore, it can be argued that the demonstration of this tension and other conditions (which will be discussed shortly), takes precedence over its function as a garment. As a *dysfunctional* garment, however, the 'lace' sweater presents a number of opportunities to explore how knitting relates to other crafts, how it oscillates between fashion and non-fashion and how it intersects with the body.

When the sweater is examined in greater detail, it becomes apparent that it is structurally a 'formless' garment — it is full of holes that position it as a piece of clothing on the verge of imminent disintegration or collapse, and it is also formless in relation to how it might be worn — there is a superfluous *peplum* hanging below the ribbing, the sleeves if not folded back cover the hands and the larger holes offer the possibility of multiple points of entry for the head and arms. Its holes also undermine one of the most commonly prized attributes of knitting, which is to provide warmth. As is well known, mesh, or net-like fabrics (such as knitwear) consisting of regular enclosures have an ability to trap air and therefore to provide a layer of warmth when worn on the body (the string vest effect): Kawakubo's sweater with its random larger holes disrupts this, negating its thermal properties and transforming it into a dysfunctional sweater. Of course, as can be seen in the illustration, the sweater was originally designed to be worn over another garment, which would go some way to restoring its heat-generating properties; however it could also be argued that this transforms the sweater into a purely decorative garment divested of its chief function.

The apparent devaluing of the process of following a pattern, of not 'dropping a stitch' and finishing off the intended garment in hand and machine knitting alike, coupled with the 'betrayal' of knitting's function of providing warmth, positions the sweater firmly as fashion rather than knitting. The bewilderment, and in some quarters, anger that garments such as the 'lace' sweater generated when first produced suggest that it presented a threat to accepted vestimentary codes, and in addition exposed the intrinsic formlessness and impermanence that resides at the heart of the craft of knitting. But, as Bataille proposed when discussing a painting by Manet: *'To break up the subject and re-establish it on a different basis is not to neglect the subject; so it is in a sacrifice, which takes liberties with the victim and even kills it, but cannot be said to neglect it.'*[5] These 'liberties' are presumably what the fashion establishment felt could not be taken, but as we have seen Kawakubo's desire for the imperfect and the accidental that is found in the operation of formlessness has since become part of the language of fashion.

It is perhaps at the level of economy that Kawakubo's 'lace' sweater diverges most significantly from Bataille's notion of the *informe*, and provides new insight into the sweater's titular reference to lace-making. Lace, like knitwear, is a fabric that is constructed from the enclosure of small spaces, but this structural relationship aside, the two crafts differ significantly. Of course both are labour-intensive activities, but hand-made lace far outstrips hand knitting in terms of the amount of time taken to produce an equal amount of fabric. This fundamental difference of course results in lace's most commonly understood quality — its rarity and therefore value. As a result of its costliness, the history of lace is both violent and strangely corporal, littered with murders, and other more bizarre bodily contacts between fabric and flesh. The stories of lengths of lace bound around the body, of being secreted amongst corpses and even inserted underneath the skinned pelts of dogs, all in order to escape the heavy tax duties imposed on lace during the height of its popularity, suggest a discourse that juxtaposes the prized with the worthless similar to Bataille's consideration of the 'movement from refuse to ideal'.[6]

5. Bois & Krauss, p. 21

But Kawakubo's 'lace' sweater is far from refuse, even if it could be argued it is masquerading as such. Its classification as 'fashion' elevates it from its contingent knitting groups of the second-hand, the moth-eaten, and the thread-bare and passes from formless knitting to fully-formed fashion. As Bataille warns: *'In this way formless is not only an adjective having such and such a meaning, but a term serving to declassify, requiring in general that every thing should have a form. What it designates does not, in any sense whatever, possess rights, and everywhere gets crushed like a spider or an earthworm.'*[7] The economy of fashion is such that Kawakubo's sweater can only survive fleetingly as 'formless', its larval stage as an indeterminate form somewhere between knitting and sculpture cannot be allowed and therefore lasts no longer than its initial showing and then is swiftly transformed into its mature form — fashion.

Silhouette from graduate collection at Central Saint Martin's College of Art and Design, Mark Fast, 2008

Runway-side, what Fast's fans were actually focusing on was their next excuse to wriggle into something strategically holey to stretch across themselves… Still, Fast's attraction is more in his technique and the way he thinks of his knitting as a close cousin of hosiery rather than sweater dressing. (Twinsets have never really been his thing.) In the long run, that small but notable fact… could be crucial to a career path that might easily lead him into a lucrative future in leg coverings and underpinnings.[8]

Nearly thirty years after Kawakubo's 'lace' sweater appeared, the potential formlessness of that garment has in the work of Mark Fast found its final resting place. Fast's skill and success as a designer resides in his adaptation of machine knitting techniques, especially those originating in the manufacture of hosiery, to produce highly sexualised and saleable ready to wear fashion. Fast's work requires the body inside it to give it its form, unlike Kawakubo's which could be said to ignore the body, or at least dispense with a traditional understanding of how it should appear. The potential of yarns such as lycra when knitted in combination with wool, angora and viscose allows Fast to produce garments that whilst riddled with holes have none of the potential for obliteration that such an impending 'formless' garment would suggest. We understand that these holes (however many), will never join up to become one gaping void; the elasticity of their boundaries will not permit it; they may stretch, but never break. This quality of course is part of their success, like an oversized and laddered stocking when pulled over the body they eroticise it, accentuating its every curve and protuberance, so that the garments' incipient formlessness and porous potential is solidified and becomes part of the commodification of the body that is central to the fashion industry.

6. A concept detailed in 'The Big Toe', in: Allan Stoekl (ed.), *Georges Bataille: Visions of Excess Selected Writings 1927–1939*, 1985, pp. 20–3.

7. Georges Bataille, 'Formless', in *Encyclopaedia Acephalica*, 1995, p. 51

8. Sarah Mower on Mark Fast's spring-summer 2010 collection for Style.com | http://www.style.com/fashionshows/review/S2010RTW-MFAST

Mark Fast, S/S 2011

Ironically, Fast's work has a closer visual affinity to lace than Kawakubo's sweater, his dresses echoing the traditional look and techniques of lace-making that can be understood as the relationship between pattern and ground. Fast's lacy 'second skins' function as magnified pieces of lace where the dense areas echo the figurative sections of lace and the holes the net-like ground which join the embroidered sections together. However, lace's traditional associations with fragility and purity are absent from Fast's dresses: they display instead an insistent sexuality that is similarly alien to the majority of knitted garments. Whilst traditional knitting, it could be argued, deals with domesticated sexual stereotypes (its terminology is a testament to this; cosy, chunky, and so on), and Kawakubo's is perhaps asexual, Fast's borders on the sexual caricature. This quality is perhaps what Sarah Mower sensed in her musings on his future career prospects in 'leg coverings' and 'underpinnings', there is a sexual charge emanating from Fast's garments that has at its core an obvious, basic quality which is perhaps partly indebted to their manufacturing provenance and inspiration being derived from the hosiery industry.[9]

All of the sexual cathexis based on stockings, the act of pulling them on to the feet, past the ankle and up the leg, their association with striptease, their propensity to ladder and run, all focus an erotic spotlight on the lower regions of the body that is simultaneously 'improper' and familiar enough to be the staple of stereotypical sexual representation, as Bataille suggests: '... *classic foot fetishism leading to the licking of toes categorically indicates that it is a phenomenon of base seduction, which accounts for the burlesque value that is always more or less attached to the pleasures condemned by pure and superficial men.*'[10] It is perhaps precisely because Fast's clothes function as an eruption of base libidinal energy amidst the 'pure' and 'superficial' spaces of fashion that they have been both commercially successful and considered as 'not quite fashion' by some critics: '... *how could he build an entire collection from his particular area of knitwear expertise, which is so defined... no, make that restricted?... Still, it's never going to escape its showgirl associations. In fact, there were moments when Fast even seemed to be playing up that idea, so Vegas-ready were some of his outfits.*'[11]

So it would seem that within the fashion industry at least formlessness is never allowed to remain so for long. Rei Kawakubo's 'lace' sweater momentarily seemed to fulfill Bataille's promise of the *informe* being not only an adjective but also an *operation*, however her work was swiftly categorized as conceptual fashion, and has become fossilized as such. Mark Fast's more commercially driven exploration of formlessness only truly resides perhaps in his garments when they are not being worn, for once stretched over the body they emphasize form and have coagulated into sexual fancy dress. 'Formless' fashion it seems is not permissible and as Bataille declared: '... *does not, in any sense whatever, possess rights, and everywhere gets crushed like a spider or an earthworm.*'[12] So perhaps it is fitting that the only true architect or designer of the formless in fashion knitting: '... *is something akin to a spider or a gob of spittle.*' — the moth.[13]

9. Ibid. Perhaps somewhat predictably Fast has produced a more affordable diffusion line under the label Faster which has augmented his commercial success, particularly with a line of best selling tights.

10. Stoekl (ed.), p. 23

11. Tim Blanks on Mark Fast's spring-summer 2011 collection for Style.com | http://www.style.com/fashionshows/review/S2011RTW-MFAST

12. Bataille, pp. 51–52

13. Ibid.

Kirsten Owen wearing a knitted metal sweater,
Ann Demeulemeester S/S 2001

BIBLIOGRAPHY

G. Bataille & A. Stoekl (ed.), *Visions of Excess: Selected Writings 1927–1939*, Minneapolis, University of Minnesota Press, 1985

G. Bataille, etc., *Encyclopædia Acephalica*, London, Atlas Press, 1995

Y.-A. Bois & R.E. Krauss, *Formless: A User's Guide*, New York, Zone Books, 1997

Y. Kawamura, *The Japanese Revolution in Paris Fashion*, Oxford, Berg, 2004

S.M. Levey, *Lace, A History*, London, Maney, 1990

F. Lewis, *Lace*, Florence, Edizioni Remo Sandron, 1980

D. Sudjic, *Rei Kawakubo and Comme des Garçons*, London, Fourth Estate, 1990

Top left and right: Two handknitted dresses (on the machine) made for the exhibition
Kraka's Dresses – nearly nude, Iben Höj, Copenhagen, 2009

Right: Knitted fishnet stockings,
Jurgi Persoons S/S 1999

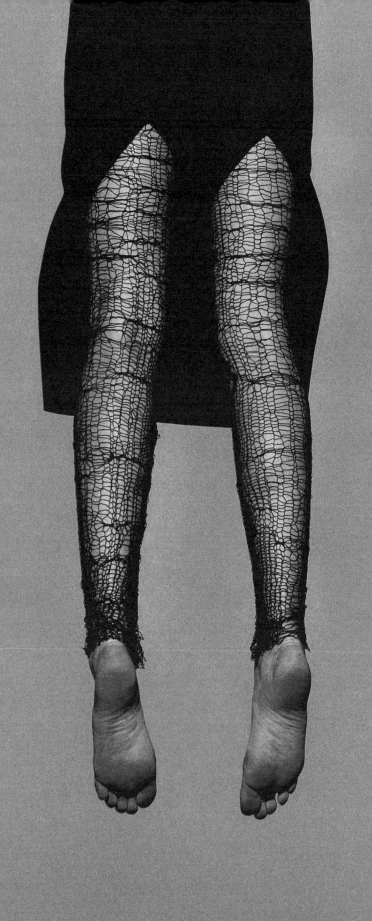

The Art of STOCKING-FRAME-WORK-KNITTING.

Engrav'd for the Universal Magazine 1750, for J. Hinton at the Kings Arms in St Pauls Church Yard LONDON.

'The art of stocking-frame-work-knitting', special engraving for *Universal Magazine*,
for J. Hinton at the King's Arms at St Paul's Churchyard, London, 1750.
MoMu library

When, at the end of the 16th century, William Lee invented the stocking frame, duplicating hand knitting on an ingenious frame with separate hooked needles, he encountered all the problems that inventors of new tools would face over the next centuries. Lee, who was a rural pastor in Nottinghamshire, probably intended to provide his parishioners with a means to earn their livelihood. But his invention found no favour in his community or with English authorities. He migrated to Rouen in France, where he founded a new textile industry.[1] His frame was mainly used for knitting stockings; and that would remain the case for the next two centuries. But a short while later after the invention, other clothing accessories like mittens, bonnets and night caps were knitted on a frame as well. His invention took root in Nottinghamshire and neighbouring Leicestershire as well.

Blacksmiths constructed the first knitting frames, and wood workers probably also lent a hand. In the 1660s, Joseph Widoson (1661)[2] and other specialist knitting frame makers were operating in Nottingham. Stocking or knitting frames where relatively small tools that could easily fit into a worker's cottage. They consisted of a sturdy frame equipped with a set of movable bearded needles (the forerunners of the latch needles used in knitting machines since the 19th century), sinkers, to depress the knitting yarn between the needles, jacks and springs and foot treadles to operate all this. Knitting on a frame was faster than hand knitting but required skill and physical strength in arms and legs.[3] Men usually did machine knitting, which provided a reasonable income in the 17th and 18th centuries.

MACHINE KNITTING IN THE 17TH TO 19TH CENTURIES
BETWEEN LUXURY TRADE AND MASS PRODUCTION

NL P. 168–169

Frieda Sorber

The first stocking or knitting frames were used in France and England, but Huguenots emigrating from France soon brought them to Germany, Russia, and other countries. In the Austrian Netherlands, Tournai and the smaller nearby towns of Peruwelz and Leuze became a regional knitting centre. Arendonk, located in the northern Antwerp province[4], followed at the end of the 18th century. Arendonk produced mainly the stockings and night caps for people in local rural communities. Brussels and Antwerp also had frame workers. Following the trend of assembling 'high-tech' workshops for the private amusement of Europe's rich and famous, Prince Charles de Lorraine installed knitting frames in his mansion in Tervuren where he had silk stockings and waistcoats made for himself and his friends. In much the same vein, Voltaire had earlier employed a stocking frame knitter is his residence in Ferney. His salesman's pitch also mentioned that he raised his own silk worms as well. *'Ce sont mes vers à soie qui ont donné de quoi faire ces bas, daignez les mettre une seule fois. Montrez vos jambes à qui vous voudrez et si l'on ne vous avoue pas que ma soie est la plus belle de Provence et d'Italie, je renonce au métier'.*[5]

1. For details on Lee's work and life see Chapman, 1972, p. 7–8

2. Chapman, 1972, p. 22

3. Palmer, 1984, p. 3–7

4. Leclerc, 1958, p. 14

5. Dubuisson, 1958, p. 14

Top: Dress in pink silk warpknit fabric, probably English, ca. 1810–20, MoMu collection T94/243B

Bottom: Dress in black silk machine lace and warp knit fabric, labelled 'Mme Van Bever-Schievers; Bruxelles-Louvain-Ostende', ca. 1900–10, MoMu collection T93/367AB

The original frame only allowed simple jersey knitting. Shaping was done by hand, by pulling two stitches over one needle to decrease or by looping the knitting yarn over an adjacent empty needle to increase the number of stitches. Simple patterning was done by hand, by creating designs with holes or by inserting different coloured yarns in horizontal stripes or in inlaid designs. This cut working speed considerably but produced more luxurious and even custom-made products. A 1755 advertisement in the *Salisbury Journal* promised that *'Gentlemen and Ladies may have their own name wrought in the stockings whilst weaving'.*[6] In 1804, William Gardiner from Leicester sent a gift of six pairs of stockings to Joseph Haydn in Vienna, *'in which is worked that immortal air "God preserve the Emperor Francis" with a few other quotations from your great and original productions'.*[7] Initially, silk and fine wool were the main materials for the knitting. Fine Indian cotton yarns became available in the early 18th century, followed towards the end by English machine-spun cotton. Incidentally, Richard Arkwright, who invented the first spinning frame (later called the water frame), worked in Nottinghamshire and was probably well-acquainted with the local knitting industry.

Although most of the production was clearly intended for a mass market, fashionable stockings and mittens offered a challenge to develop mechanical devices to make patterning and shaping easier, despite the fact that quickly changing trends sometimes made it hard for frame knitters to compete with hand knitting, especially if they were far removed from fashionable centres such as Paris or London. It also made for an unstable market as the Paris agent of a Guernsey supplier related in 1684: *'The manufacture of stockings in Paris ruins all your business, the continual changes in fashion makes the stockings cheap...'*[8] implying that out-of-fashion stockings were sold at bargain prices. The less fashionable items must have been a more reliable source of income for most knitters.

It is not easy to date the invention of knitting frames. Circular frames may have been around at the end of the 18th century but they were widespread in the 19th century. One model was on display at the 1802 Paris exhibition. Samuel Wise started experimenting in England around 1769[9]; the circular frame was used for stockings and wider fabrics and was eminently suited for knitted sweaters and underwear.

In the 18th century, the more important inventions concerned patterning and shaping. Little is known about the way clogs and heels were put in stockings or how mittens were shaped. Ribs often used in hand knitting posed a problem for frame knitters until Jedediah Strutt invented a machine with a double row of needles in 1758.[10] Around 1740, knitters in Nottingham imitated ribs by using a tuck presser to press every other stitch.[11] Hand-made eyelet holes served as a patterning device and allowed the customer to determine the quality of a stocking. A mechanical device to make eyelet holes was invented in 1764.[12] The practice may be rooted in the Tewkesbury Act of 1765 that decreed that the number of ends (individual threads) making up the yarn in cotton stockings had to be the same as the number of eyelet holes in row.[13] Numbers indicating the gauge (number of stitches over a standard width) were included in women's stockings up to the 1960s. Knotting involved looping stitches over adjacent loops and adding yarns at the back that were invisible at the front. This technique was popular in the late 18th century, but produced less flexible fabrics.[14]

6. Rapley, 1975, p. 28

7. Rapley, 1975, p. 28

8. Chapman, 1972, p. 9

9. Dubuisson, 1972, p. 133

10. Leclerc, 1958, p. 14; Rapley, 1975, p. 25

11. Rapley, 1975, p. 25

12. Rapley, 1975, p. 26

13. Rapley, 1975, p. 25

14. Rapley, 1975, p. 29–30

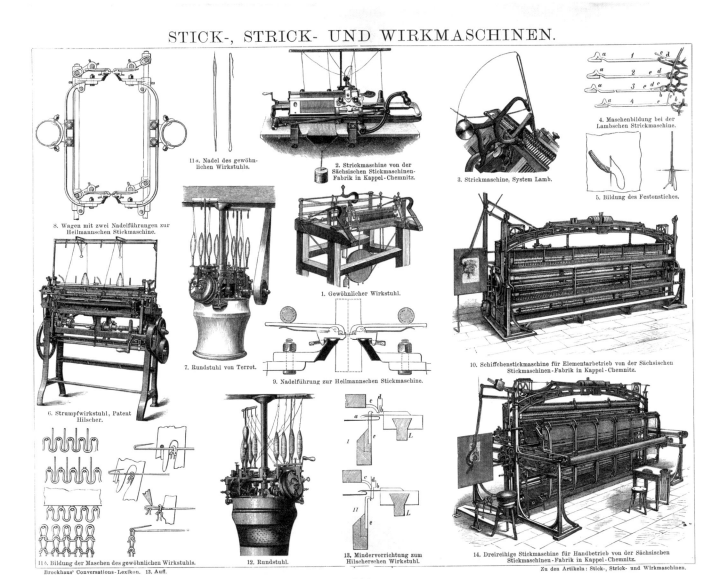

STICK-, STRICK- UND WIRKMASCHINEN.

11 a. Nadel des gewöhn-
lichen Wirkstuhls.

2. Strickmaschine von der
Sächsischen Stickmaschinen-
Fabrik in Kappel-Chemnitz.

3. Strickmaschine, System Lamb.

4. Maschenbildung bei der
Lambschen Strickmaschine.

5. Bildung des Festonstiches.

8. Wagen mit zwei Nadelführungen zur
Heilmannschen Stickmaschine.

1. Gewöhnlicher Wirkstuhl.

7. Rundstuhl von Terrot.

9. Nadelführung zur Heilmannschen Stickmaschine.

10. Schiffchenstickmaschine für Elementarbetrieb von der Sächsischen
Stickmaschinen-Fabrik in Kappel-Chemnitz.

6. Strumpfwirkstuhl, Patent
Hilscher.

12. Rundstuhl.

13. Mindervorrichtung zum
Hilscherschen Wirkstuhl.

14. Dreireihige Stickmaschine für Handbetrieb von der Sächsischen
Stickmaschinen-Fabrik in Kappel-Chemnitz.

11 b. Bildung der Maschen des gewöhnlichen Wirkstuhls.

Brockhaus' Conversations-Lexikon. 13. Aufl.

Zu den Artikeln: Stick-, Strick- und Wirkmaschinen.

Illustration featuring sewing, knitting and other machines from German encyclopedia *Conversations Lexikon*, 13. AUFL.,
published by Brockhaus between 1882–87. MoMu library

WELTAUSSTELLUNG CHICAGO 1893.

Nach der Natur aufgenommen von K. Liebhardt, Graph. Kunstanstalt Esslingen a/ Neckar.

Archival image of German knitting machine company Stoll,
winning the Exhibitor's Award at the World Exhibition in Chicago, 1893.
Courtesy of Stoll company archives

Cotton jersey knit jacket with glass bead embroidery, labelled *Au Bon Marché*, France, ca. 1886–88. Loan of Jacoba de Jonge

In the mid-18th century, a Mr Crane invented a warp frame in which he introduced the idea of knitting with a large number of threads placed on a warp beam. Warp knitting allowed vertical stripes in different colours. The way the different warps' loops interact also allowed structure-dependent patterns.[15] Warp knits are still very much in use today.

Most 17th- and 18th-century framework knitting was made to shape. Flat pieces had to be joined to make articles like stockings and mitts. But occasionally we find reference to knit fabrics meant to be cut and sewn. Nottingham knitter Robert Wright's waistcoat pieces (1797) were probably knitted to shape.[16] But they could also have been rectangular with designs adjusted to the shape of the front panels, pockets and button covers much like the embroidered and woven waistcoat pieces patterned to shape at that time. The machines named Gog (Nottingham) and Magog (Godalming) built for the inventor William Horton at the end of the 18th century made lined fabrics 54 inches wide, used for undergarments. The disadvantage of these machines, before the introduction of steam power in the knitting industry, was that they were extremely hard to work and they were probably never operated at their full width.[17]

The development of lace machines may have helped knit yardage to become popular in the 19th century. 18th-century English framework knitters had long wanted to imitate handmade lace. Valenciennes mesh[18], introduced in 1765, marked their first modest success. The knit mesh was too flexible for a lace-like structure. Lace imitations only became viable when, in the early 19th century[19], John Heathcoat of Nottingham invented a machine that imitated the exact interlacing of bobbin lace structures. These early lace machines could make very wide fabrics. It would not be surprising to find that knitters, often located in the same production centres (Nottingham, Lyon) imitated them as soon as water or steam came to power large machines.

Knit yardage is not often found as a component of late 18th century or even 19th century cloth-ing. However, surviving collections (collectors and museum curators are very influential here) may not necessarily reflect what was prevalent at the time. Silk and wool knit underwear chosen for comfort did not have the fashionable flair desirable in collections. Ordinary shawls, sweaters, and day dresses may have suffered similar rejection. Finer examples of silk-knit or cotton-knit evening dresses or men's waistcoats may lurk unrecognised in museum collections. The two early 19th-century pink evening dresses, both made from the same silk knit fabric and now in the MoMu collection, may not have been as exceptional, when new, as they are now. Knitted tulle dresses from the same period may be present in many collections. They were intended to look like real lace, and have probably fooled most curators and conservators today, as they probably did some of the women wearing them.

BIBLIOGRAPHY

S.D. Chapman, 'The Genesis of the British Hosiery Industry 1600–1750', in: *Textile History*, vol. 3, 1972, pp. 7–50

D. De *Prat, Bonneterie et Tricotage mécaniques*, Société Française d'Editions Littéraire et Techniques, Paris, 1932

M. Dubuisson, 'The Hosiery Museum at Troyes', in: *Textile History*, vol. 4, 1973, pp. 131–134

W. Felkin, *Felkin's History of the Machine-Wrought Hosiery and Lace Manufacturers*, Centenary Edition, David and Charles, Newton Abbot, 1967

G. Henson, *Henson's History of the Framework Knitters*, David and Charles Reprints, Newton Abbot, 1970

A. Jungblut, *Traité de Bonneterie mécanique*, Le Métier Rachel, Edition La Maille, Paris, 1930

E. Lacroix, *Rapports sur L'Exposition Universelle de 1878*, XXVI, Les Arts Textiles, '2e partie: Les Tissus Réticulaires', Librairie Scientifique et Agricole, Paris, 1878

R. Leclercq, *Historique de la Bonneterie dans le Tournaisis*, no publisher, 1958

M. Palmer, *Framework Knitting*, Shire Publications Ltd, 1984

J. Rapley, 'Handframe Knitting: The Develop-ment of Patterning and Shaping', in: *Textile History*, vol. 6, 1975, pp. 18–51

D.J. Spencer, *Knitting technology*, Woodhead Publishing Limited, Cambridge, 1989

15. Leclerc, 1958, p. 14

16. Rapley, 1975, p. 30

17. Rapley, 1975, p. 30

18. Rapley, 1975, p. 31; Felkin, p. 133–155

19. Felkin, 1967, p. 180–214

These three interviews with young knitwear designers — all of whom have work on display in the *UNRAVEL: Knitwear in Fashion* exhibition — look at why they personally opted for knitwear, the techniques they use, whether there is a new wave of knitwear in the fashion world and how they see the future of their own speciality. The creative and technical production processes are addressed, as well as the designers' own interpretation of the concept 'knitwear in fashion'.

INTERVIEW WITH CHRISTIAN WIJNANTS

Christian Wijnants, age 33, Belgian
Works in Antwerp
Education: Fashion Department, Royal Academy for Fine Arts in Antwerp,
Graduated in 2000
Number of collections: 14
Teaches at the Royal Academy for Fine Arts in Antwerp, specialisation in knitwear

THREE INTERVIEWS WITH YOUNG KNITWEAR TALENTS
YOUNG, HOT AND... KNITTING

NL P. 169–171

Karen Van Godtsenhoven

Whence your passion for knitwear?
My passion for knitwear began in my youth. When I was eighteen, I found my mother's old knitting machine in the attic; she had bought it in the 1970s-80s when it was popular to dress the whole family in home-made sweaters. I took the machine to my student lodgings, as by this time my mother had forgotten how to use it. Sofie Derijckere, who designed knitwear for A.F. Vandevorst and Josephus Thimister, was a teacher at the academy at the time, and encouraged me to experiment with the knitting machine. A good aspect of the culture at the Antwerp fashion academy is that it gave you a lot of freedom in choosing your speciality — like knitwear, for example — but still required you to learn absolutely everything (cut, patterns, draping). You might specialise in knit, but also learned to make men's suits. This resulted in a comprehensive education whilst allowing you to work for fashion houses as a specialist designer in knitwear, leather (shoes and accessories) or tailoring. Today you see a separate knitwear designer in every fashion house because knitwear has such a specific shape and technique.

Christian Wijnants, A/W 2008–09
This 'tie-dye' dress was one of the two models on which Christian Wijnants based himself for the new designs he created for the *UNRAVEL. Knitwear in Fashion* exhibition at MoMu, March 2011.

Detail from Christian Wijnants, A/W 2005–06
This 'open-knit' dress was one of the two models on which Christian Wijnants based himself for the new designs he created for the *UNRAVEL. Knitwear in Fashion* exhibition at MoMu, March 2011.

Have you noticed knitwear becoming more popular among students? Has there been a knitwear wave in recent years?

I see it more as a continuum than a sudden, major development; it's something that's always been there. Yet I often hear about and notice that more graduation projects are now completely in knitwear, which did not use to be the case. Knitwear is an ideal statement, an individualistic look that is innately eye-catching. It is well suited for experimenting with shapes and concepts, and it is just plain fun to work with. When I look back, my own graduation collection was not that knitwear-focused. Knitwear made up no more than thirty percent of the entire collection. So perhaps you can, indeed, speak of an upward trend, 'a knitting movement' *(laughs)*.

Do many new trends or techniques ensue from the students' work?

Strangely enough, students seem to be initially hesitant. They usually think that knitting is difficult and so start with draping and patterns. They are afraid to fail because they no longer know the technique or craft. Yet once they've learned the craft, they realise that it is certainly not more difficult — on the contrary. The knitting machine quickly triggers their imagination when they see how much structure and shape they can produce by applying several simple techniques.

Does Belgium still have a knitwear production industry?

Not really, nearly all the textile and knitwear companies have disappeared because of the high cost of labour. Although fashion can draw a crowd, you can't really call it a popular investment. It is difficult to find companies in Europe that want to make anything other than simple knit V-necks for supermarkets. Small-scale production does not leave companies with adequate margins. I used to work closely with three knitting workshops in Antwerp and Brussels, but they have gone out of business. It takes a lot of time and energy to think up and develop new things every season; moreover developing samples and prototypes is very labour intensive. All the top companies are in Italy, but they work mainly for large luxury players like Prada, Missoni and Alaïa. In Belgium, you still have one family-owned, industrial company, Cousy in East Flanders. It is a minor miracle. They really brainstorm with designers and constantly look for ways to innovate. I think they are the last ones standing because they work creatively with Belgian designers like Walter Van Beirendonck, Ann Demeulemeester, Dries Van Noten, Haider Ackermann, all of whom have a very personal and individual style. Although the Belgians use industrial techniques, they tend more toward manual machine knitting because of its greater potential for finishing and relief.

Detail and silhouette of Christian Wijnants, A/W 2005–06
This collection was inspired by the techniques and silhouettes of 1970s designer Ann Salens.

Multicoloured silk knit evening dress,
Ann Salens, 1974–75, MoMu collection T07/76A

Multicoloured silk knit evening dress, the skirt partly in ajour knitwork,
Ann Salens, 1970–75, MoMu collection T07/201

Which techniques did you use in the creations that you made for *UNRAVEL*?

I combined two designs: a dress from the autumn-winter 2008–09 collection and one from the autumn-winter 2005–06 collection. The first design contains my favourite experiment with dyeing knitwear, the second shows the circular and open-knit shoulders that look a lot like crochet. Hereby, as MoMu requested me to, I'm referring indirectly to Antwerp crochet and knitwear designer Ann Salens. Each of the items is technically rather challenging and labour intensive. For the final creation, I made the dress firstly by hand on the machine, after which I used a tie-dye-technique to dye it on both sides in blue and purple with a white centre. I then turned the dress inside out so the knit shows the purl side. This gives a 'pixel effect', which makes the whole look more modern than a traditional tie-dye. Finally, I unravelled the dress by hand to the mid-body and then proceeded to reknit on the machine. Doing this gave each dress a unique colour pattern thanks to the dyed yarn that, once unravelled, produces a new and irregular pattern. By doing this, I can make a contemporary dress, which is informed by and refers to the typical *dégradés* in Ann Salens' work.

I chose to use these methods because I like to experiment with colour and shape. The interaction between dyeing and knitting is an interesting design element, especially when you dye something that has already been knitted. I think that tie-dye on (fabric) T-shirts, for example, produces something more predictable. In knitwear, the result is always surprising because of the structure. On the other hand, it is more difficult to weave than to knit. You have more control over knitting. The large loose stitches and purl technique give these dresses a more pronounced graphic appearance.

How do you see knitwear's future and your place in it?

Well, I presume that my love for knitwear will endure, because the scope is endless. Although my mother's Singer knitting machine still works perfectly, I prefer to use my Brother, an innovative Japanese machine with which I can experiment endlessly, even at home, everything happens naturally. I come across new ideas simply by starting to knit. While attending international knitwear fairs, I saw many developments in sport clothes, in which knitwear seemed to go back to its roots but did so futuristically. These are mainly fabrics for aquatic sports, so they have to be waterproof. That's just my thing. On the artistic level, I see a return to virgin wool, the rougher wool that permits larger structures. You see a tendency to get back to basic materials in designer fashion.

Top and bottom: Performance of late Belgian singer Ann Christy wearing a dress by Ann Salens, late 1970s. Ann Christy's music is available via iTunes Music Store.

INTERVIEW WITH SANDRA BACKLUND

Sandra Backlund, age 35, Swedish
Works in Stockholm, Sweden
Education: Beckmans College of Design, Stockholm
Graduated in 2004
Own collections since 2004

Where did you get your love for knitwear?
My love for knitwear began very early on. It was as a child that I had a predilection for handiwork. I liked crafts and designed clothing, even then. In the 1970s, my grandmother taught me the basics of knitting. My school in Sweden also paid a lot of attention to handwork and crafts, especially work with wood and wool. That was my favourite subject. Of course, when as a child you show a talent for something and receive many compliments for your work, you feel stimulated to pursue it further and to experiment. That is how I came to develop my techniques in specialist art classes in secondary school.

Did Sweden offer fertile ground for your designs?
Not really, in the beginning I had to make nearly everything myself, with my mother's help. Sweden has no manufacturing companies and the craft has also disappeared in the meantime. Moreover, I find it difficult to have someone else do my work because it emerges as a spontaneous development, like a collage; sometimes there are things included that I cannot explain or ask someone else to do. Sometimes I do a few stitches on the same spot, turn the work over and then do so many things that I cannot explain, I use quite advanced techniques.

I could describe my style as a mix of traditional techniques (basic cables and stitches) and artistic, improvised shapes, duplications and stitch collages. That is my signature, a blend of machine and hand knitting with shirring, twisting, lining and improvisation.

Still, did you find a company to manufacture your designs?
Yes, with the Maglificio Miles company in Italy, where my production has been for the last two seasons, we have found a way to produce my items by machine. After I knit initial samples by hand, they make a few copies on the machine, to which I then add a few touches by hand again. My designs always have two sides: one is minimalistic and sophisticated, the other more impressive in-your-face volumes and effects. I constantly struggle to keep the two in balance to make them wearable, to infuse them with life. I hope you can see that in my silhouettes. They are never totally bombastic; the two sides are always kept in a stylised balance.

Hand knitted wool minidress,
Sandra Backlund, A/W 2008–09,
Last Breath Bruises collection

Knitted wool/cashmere vest, Sandra Backlund, A/W 2009–10, *Control-C* collection

Knitted wool top, Sandra Backlund, A/W 2009–10, Control-C collection

Have the new production methods inspired you to develop new techniques?

Certainly, because I was unfamiliar with it at the start. Initially I didn't want to work with machines at all, but there were limitations to how finely I could knit by hand. Now I can use hand-knitting and collage techniques on very finely knit gauze made of many different threads. Of course, it also gives me more time and, since I like complicated stitches — even in machine knitting — I now have more opportunities to achieve this, which, in turn, means I can reach more customers. But make no mistake: even my machine-knit items require a lot of time and manual work.

Can you say something more about the silhouette worn by Tilda Swinton on the cover of this book?

It is actually a collage made up of four pieces from different collections. Stylist Panos Yiapanis combined them for a shoot in *Another Magazine* (Autumn 2009). The two uppermost items come from the same spring-summer 2009 collection which contained mainly crocheted items because they are lighter and intended for summer wear. You can also give them more structure than you can large, loosely knit stitches. I like the way that I, as a designer using knit, can choose to clothe some parts of the body and use holes to leave others unclothed. The other two pieces are much more voluminous; they come from the autumn-winter 2008–09 collection.

How do you see your creations evolving in the future?

Well, even as a student I had always started with collages using them as mood boards that I turned into an item of clothing. When I studied at Beckmans College for Design in Stockholm, I always put a lot of work into my collages; people read them very well. In future, I would like to work with 2-D collage techniques, with different colours, textures and yarns. Although I usually work in monochrome, I would like to experiment with colours in 2-D collages so that they come to resemble prints. I think that will be my greatest challenge for the future. I still haven't found a Sandra Backlund way of doing this.

You still work and live in Sweden. Is this country a source of inspiration?

My work method is quite introverted. I wouldn't be able to make the same things in a metropolis like London or Paris. I have to be alone with my challenge. I am very focused when I work. All my inspiration comes from within. There are no themes in a literal sense. Sometimes I simply focus on a thread or a technique and go on from there. That makes Sweden an ideal place for me to work.

Tilda Swinton wearing four Sandra Backlund silhouettes, styled by Panos Yiapanis for *Another Magazine*, autumn 2009.

From top to bottom:
Hand made crochet cotton/viscose dress and hand knitted cotton/viscose dress in graphite grey, S/S 2009, *Pool Position* collection, plus hand knitted wool/silk top and wool mini dress, A/W 2008–09, *Last Breath Bruises* collection.

Knitted dress with holes, Mark Fast, A/W 2010–11, appeared in French Vogue, June 2010

Mark FAST

Robe col V en maille crochet noire et anthracite.

INTERVIEW WITH MARK FAST

Silhouette from graduate collection at Central Saint Martin's College of Art and Design, Mark Fast, 2008

Mark Fast, age 30, Canadian
Works in London
Education: Central St. Martin's College of Art and Design
Graduated in 2008
Own collections since the spring-summer 2009
Collaborations with Pinko (spring-summer 2011 and autumn-winter 2010–11) and Danier leather goods (autumn-winter 2010–11). Christian Louboutin has made bespoke catwalk shoes for Mark's collections since spring-summer 2010.

Where does your passion for knitwear stem from?

I found my first knitting machine in a local second-hand shop (Oxfam), but I didn't know how to use it. My flatmate encouraged me to buy it and try it, saying that if it didn't work out, I could always get rid of it again. I'm really happy that I bought it, because I'm still using the same machine today. It's delightful to control the material and the silhouette. I am a man of texture and complexity; knitting lends itself perfectly to this.

What techniques do you use to produce your sculpted designs?

I use a blend of hand and machine knitting. I have a very manual way of working with the machine. There are so many levers and latches and buttons to operate while the machine is knitting that it is an especially intensive task. It is a very mathematical and complex affair.

Have you witnessed any new trends in the knitwear movement since you started? Where do you see them going?

There is most definitely a knitwear movement going on. We have so many talented designers and everyone's work is different. That is the beauty of knitwear. It is like a sculptor's clay. I see a far reaching experimental trend among knitwear designers, even at the major fashion houses who usually tend to take a more commercial approach. Customers are now also more frequently drawn to the more difficult pieces. In addition, knitwear now has a more refined, sexier look, just like in the 1990s. I hope that over the next five years home knitters will have access to more advanced technology. The problem is that the production of household knitting machines has nearly ceased, which I find totally senseless because there is such a need for them. I would like to find a way to make these machines once again available to all.

How do you view your own creative activity? Is it technical, artistic, intuitive...?

It is definitely a very technical affair. I like to challenge my own mind with the machine and then see whether I have control of it. There is a certain beauty in a craftsman's hands and mind.
You can see the love for the craft in the beauty of the garment.

CONCLUSION

These interviews show that these young designers' choice of knitwear has very personal and creative reasons. The great artistic and technical potential offers young designers an opportunity to stand out as knitwear designers while still remaining original within that domain.
The love for handwork and the craft of machine knitting was often present from an early age or was passed on by older family members. This demonstrates knitwear's continuity in fashion: although one can speak of a renewed interest for knitwear in fashion, as technique and creative undertaking, it has never really vanished.

THE SUPERMARKET OF STYLE

Designed by Angelo Figus, art director and trend forecaster at Pitti Filati/Pitti Immagine, Florence.

In 2004, Angelo Figus designed an installation entitled *The Supermarket of Style* for the Italian Fashion fair Pitti Immagine to predict fashion trends in 2006. He wanted to leave a strong impression of a world where everything was knitted. Figus created knitted versions of typical status symbols of all types ranging from Vuitton and Hermès bags, over Prada shoes, designer chairs — among which Van Rietveld's — to vacuum cleaners and washing machines; he even included vegetables. Everything that you could buy in this store filled with icons, was knitted. You could wear knitwear and eat knitwear. It was great that a real Vuitton bag appeared in knitwear in 2006. It had become 'knitwear as lifestyle'.

Figus chose knitwear at that time because it offers numerous vistas: it is an art, but also a science, almost like algebra, that gives rise to new formulas that lead to new results. Each step, from the choice of the yarn to the stitch and the colouring can impact on the result. One can mix techniques to create a spectacular 3-D structure. Knitwear is one way to create and read fashion in a very personal style.

Angelo Figus, *The Style Supermarket*, 2004
This installation is part of the MoMu collection.

Long felt dress, long grey knitted pullover open on one side, cap,
Yohji Yamamoto A/W 1996–97. Courtesy of Yohji Yamamoto archives

Woollen knitted turtleneck jumper, heavy woollen hand knitted skirt, small woollen knitted hat,
Yohji Yamamoto A/W 1998–99. Courtesy of Yohji Yamamoto archives

Braided knitted dress with cables, MA collection Irina Shaposhnikova at Royal Antwerp Academy of Arts/Artesis Hogeschool, Fashion Department, 2008

Knitted woollen sweater with a very wide rolled neck that partly hides the face, Maison Martin Margiela A/W 2008—09

Left: Oversized draped jacquard knit top with circular gather details in angora and cashmere, Kevin Kramp 2009.
Yarn sponsored by Filati Biagioli Modesto.

VOGUE

APRIL 15

2 Summer Fashion Plans
charted and priced

Travel Clothes
for a new kind of
land cruise

Drawn from the seemingly unrelated clothing categories of women's undergarments and men's sportswear, the twinset has become an iconic yet underestimated garment, unwittingly weighted with cultural and social significance. It stands as a measurable sartorial representation that parallels the development of women's social status in the 20th century.

The twinset is an adaptable and transgressive garment that has, since its genesis, reflected the prevailing silhouette for women and, whilst at first challenging established ideals of femininity due to its appropriation of male garments, ultimately come to define them. The twinset articulates the contradictory conventions prescribed to women: at once prim yet sexy, maternal yet glamorous, luxurious yet homely; and worn by royalty, actresses and housewives alike. These juxtapositions inform the twinset's cultural capital, its diversity and longevity of appeal.

Primary focus will be given to the twinset in a pre-war and post-war context through an investigation of its origins within lingerie, sportswear — specifically golfing dress — and menswear as an item of apparel derived from leisure pursuits and activities. It examines the twinset's gradual appropriation and transition to a staple garment of the female wardrobe expanding the idea of the twinset as a gauge of women's social advancement through an investigation of the circumstances that facilitated this shift.

THE CULTURE OF THE TWINSET

TWINSET AND MATCH

NL P. 172–174

Alistair O'Neill

Contemporary representations of the twinset continue to reaffirm its legacy as a source of social and cultural significance within current fashion discourse, informed by a post-war legacy of marketing by luxury knitwear companies such as Pringle of Scotland, that promoted the twinset as an aspirational garment worn by Hollywood starlets, such as Lana Turner and Margaret Lockwood, the so called 'Sweater Girls'.

Since men are the creators of sports clothes, they may consistently claim to be the arbiters of the questions as to the right and wrong way to wear them.[1]

At the beginning of the 20th century, women's golfing dress was constrained by the regulatory conventions of male-dominated clubs. In contrast to the ornament and frou of Edwardian fashion, women's golfwear was one of stoic practicality derived from strict adherence to club dress codes where contemporary fashion details such as decorative pleating, exposed legs and short sleeves were forbidden. Reluctant to provoke the status quo and unsettle a long-fought battle for inclusion, women eschewed the frivolities of fashionable dress. Paradoxically, according to Catherine Horwood, the golf course afforded the middle-class man the opportunity to 'relax his innate inhi-

---

1. Lee-Porter, 1984, p. 7

Top: Twinset featured in knitting magazine
Breien, Nr 4, 1950, p. 2

Bottom: Twinset featured in knitting magazine
Breien, Nr 19, 1951, p. 13

MoMu Library

bitions about fashion' adopting 'a gallery of gaudy colours and patterns, predominated by fancy checks as favoured by the Prince of Wales'.[2] Initial forays into leisure activities had women battling with the restraints of fashionable dress where social conventions compelled women to adhere to formal dress codes. According to Campbell-Warner, women's clothing for sport was 'almost by definition clothing for interaction with men'.[3] As such, the adoption of masculine dress by women, despite its imposition from a male autocracy, represents a considerable achievement for women who wished to play sports. Thus the golf-club presents itself as a sort of sphere of gendered sartorial experimentation, where women could play unhampered by the constraints of fashion.

Adherence to such dress codes had women 'looting the wardrobes of their husbands and brothers'.[4] American *Vogue* dismissively wrote: 'In Britain, most lady golfers continue to appear in crumpled pullovers, shapeless skirts and deplorable hats and shoes.'[5] Knitted jersey and woollen fabrics were worn out of practical and functional considerations, providing greater freedom in playing, while the layering of knitwear and cardigans provided protection against the inclement conditions of British golf courses. James Laver noted in his book *Taste and Fashion* that, 'the period immediately following the War of 1914–18 was to women the age of the jumper, and in no sphere was it more appropriate than in the world of golf players'.[6] Fostered out a sense of team spirit and camaraderie, or indeed, perhaps out of a covert subversion of the dress codes imposed upon them, ladies frequently adopted one particular colour for their golfing outfits and then matched all their accessories to it; thus creating the prototype for the twinset as we know it today. The status of golf as a leisure pursuit of the upper classes meant that it wielded an influence on society and fashion. Golf was the originator of the first casual garment to filter into the mainstream, introducing the sweater from 1919. As early as 1895, the fashionability of golf dress was extolled by the publication *The Housewife*, positing that the 'fashionable golf jersey' looked best in red.[7] In 1934, then Creative Director of Pringle of Scotland, Otto Weisz marketed the twinset as elegant sportswear for the 'out-of-doors girl'.[8]

Sports have freed women, and continue to free women, from restrictive dress, behaviour, laws and customs – and from the belief that women can't or shouldn't achieve or compete or win. [9]

The development of the twinset from golfing dress and appropriated male garments to a distinctly feminine wardrobe staple allows us to chart its capacity for transference. In a time of women's suffrage, where active participation in sports was instrumental in the growth of women's rights, the parallel development of the twinset and its permutation from menswear into something inextricably feminine is highly significant. Women took ownership of these masculine pieces, imposed upon them by patriarchal dominance, gradually feminising them to create an iconic piece of female apparel. 'For sport, women needed comfortable clothing, which they often devised themselves.'[10] In this light, the twinset becomes something of a polemic — a sartorial symbol of female emancipation and autonomy.

2. Horwood, 2005, p. 87

3. Campbell-Warner, 2006, p. 6

4. Crane, 1991, p. 28

5. Lee Porter, 1984, p. 9

6. Laver, 1937, p. 236

7. Lee-Porter, 1984, p. 13

8. Barty-King, 2006, p. 110

9. Burton Nelson, 1998, p. XI

10. Cunningham, 2003, p. 204

British golfer Mrs Allen Macbeth on the fairway at Troon in Strathclyde, Scotland,
during the second day's play of the Ladies Golf Championship, May 20, 1925

Grace Kelly wearing a Pringle twinset, 1950s.
Courtesy of Pringle company archives

The dress reform movement of the late Victorian era, arising in part from women's greater participation in sport, developed the 'moral aesthetic argument for reform that equated good health and the natural body with beauty unique to each individual'. The movement aligned itself with a wider discourse of modernity, proposing the 'aesthetic concept that beauty lies in the fitness of an object to its purpose'.[11] The twinset's simplicity of design and functionality of form posits it as one of the first modern female garments, a garment for living that combines grace and beauty with comfort and convenience.

The only item similar to that of the twinset in women's wardrobes prior to its invention appears to have been an item of underwear called the Spencer Vest. As underwear tended to be woollen in adherence with the widely promoted beliefs of Dr Jaeger, a prominent 19th century physician, it is entirely possible that the Spencer, a knitted, long sleeved, buttoned vest, was the precursor to the twinset. It was often patterned at the neck and worn with a camisole underneath. Spencers were worn during the late 19th and early 20th century for added comfort and warmth. Similarly, as early as the 1890s, combinations — a garment which incorporated both the under-bodice, or *chemise*, and drawers into one item — were often buttoned up the front, and were frequently made from pure animal wool or *Aertex*, a 'breathable' woollen fibre covered in tiny holes.

In the 1920s, cashmere became a fashionable, yet expensive choice for women's underwear, offered in colours ranging from mauve to lemon. This in turn prompted the trend for matching underwear and nightwear sets in one uniform colour, perhaps informing the corresponding colour of the twinset. Another significant development in nightwear is the popularity of pyjamas for women. Though they had been occasionally mentioned in documents dating from the 1880s onwards, the advent of more youthful styles in the aftermath of the First World War gave them a new level of fashionability. They varied from tailored sets, similar to those worn by men at the time, to feminine interpretations with close-fitting sweater-style tops and wide-legged bottoms. This form of fashionable nightwear expanded the appeal of the sweater for both sexes: young women coveted its fashionability; young men favoured it evidencing what was forbidden from view.

Wool knit pyjama with angora pom-pom button closure, fluted sleeves, elasticized waist on trousers. This pyjama has the fine knit structure of thermal underwear, but is rather fashionable for nightwear, 1930s. Loan of Beverly Birks

Yet, this is also the period that marks the woollen vest's decline as a necessary piece of underwear, despite new knitting manufacture methods, which produced a broader range of fine gauge garments. This removal of knitwear from typical underwear ensembles may well have opened new possibilities for the knitted vest as an item of outerwear, as it began to become disassociated from what was previously its sole usage.

The transition of the sweater from underwear to an acceptable form of outerwear did not occur until the later war years, when the embourgeoisement of Britain was enabled, to an extent, by female emancipation. Wartime jobs for women and the correlation of the development of birth control meant that post-war working class women could control their destinies in a much more satisfactory way than their pre-war counterparts. This meant that the bodies of working class women were increasingly sexualised as, given their ability to govern their bodies and their increasing disposable incomes, they were more likely to adhere to the sexual ideals of their time. And nowhere was this more prevalent than in the advent of Hollywood's sweater girls, the 'less-censorable form of pin-up',[12] who, for over a decade, reigned supreme on the silver screen.

11. Cunningham, 2003, p. 216

12. Farrell-Beck, 2002

Model wearing a Pringle twinset, 1950s. Courtesy of Pringle company archives

Argyle twinset over leather skirt,
Christopher Kane, S/S 2011

Here, the twinset, previously a sporting garment prevalent amongst the upper classes, was adapted by heavily sexualised young actresses, such as Lana Turner and Marilyn Monroe, who in turn popularised it amongst teenagers, particularly college girls.[13] The clingy nature of the twinset enabled the female figure to be admired whilst remaining appropriately covered, denoting a primness that was at once at odds with the popular voluptuous silhouette so easily revealed by its figure-hugging stretchiness.

In 1937, Lana Turner made her first screen appearance wearing a tight, belted sweater. What had previously been a garment reserved for factory girls, sportswomen and bedtime became, almost overnight, a fashion statement loaded with sexual implications, enabled largely by the new size, shape and production methods to which the sweater was readily adapted. Women workers who adopted the sweater-girl style were criticised for coming into factories wearing clothes that would distract the male workforce, and some women were actually accused of causing dangerous working conditions because of the 'provocative' nature of their sweater sets and slacks.[14] Up until this point, the prevailing silhouette for women had remained boyish, as was the 1920s ideal, and in the late 1930s, the *sweater girls* used masculine items of clothing like sweaters and slacks to segue into the tight-fitting, 'real' figure enhancing styles of the 1940s and beyond. The sweater became shorter and far tighter, enhancing the bullet shaped breasts so popular in Hollywood at the time, and interlocked seams, previously unheard of, allowed every contour of the body to be shown without interference from the raised distraction of sewn seams. The clingy, body-conscious nature of seamless knitted garments such as the sweater and cardigan — both derived from the masculine wardrobe — allowed them to become loaded with sex appeal given their ability to showcase the female figure in a way that no casual outerwear had previously accomplished.

As the sweater girls matured in the 1940s and 1950s, so too did the garments in their wardrobes. Many women who had come of age in this era continued to wear twinsets and subsequently they began to be regarded as dated. It was even widely marketed as an acceptable form of childrenswear, adding to its reputation as a safe and asexual garment and, by the 1960s, a time of women's liberation and the burning of bras, it was predominantly associated with middle-aged women. Women were no longer obliged to cover their breasts and arms, and the fashionable silhouette was more akin to that of a pre-pubescent girl than the curvaceous sirens of the 1940s and 1950s. However, the twinset remained popular with film directors and costume designers due to its variable symbolisms; Edith Head utilised a pale blue twinset in the storm scene of Hitchcock's *Marnie* (1964), in which Tippi Hedren plays the flawed, eponymous female character. Here, the primness and propriety associated with the twinset masks the unsettling and disconcerting nature of Marnie's past and her resultant instability.

Carla Sozzani twinset, 195 Collaboration
Project, Pringle of Scotland, A/W 2010–11.
Courtesy of Pringle company archives

Despite a few appearances in films of that era, the twinset largely fell away from mainstream fashion, though it still enjoyed considerable prowess in certain circles, and, chameleon-like as ever, has gradually found a renewed contemporary resonance. Pringle of Scotland's recent collaborations with Carla Sozzani and Tilda Swinton have re-interpreted the twinset through homage to all its myriad of meanings. Swinton's design is inspired by the classical demeanour of the twinset drawing upon the first Pringle jumper that she pilfered from her grandmother, while Sozzani's interpretation is informed by her own personal subversion of the twinset when in the 1980s she would wear 'Pringle twinsets but with the buttons in (sic) the back'.[15]

13. Farrell-Beck, 2002

14. Farrell-Beck, 2002

15. Pringle of Scotland website, 2010

Tilda Swinton twinset, 195 Collaboration
Project, Pringle of Scotland, A/W 2010–11.
Courtesy of Pringle company archives

Vivienne Westwood, wearing *Harris Tweed* crown, designed by Stephen Jones, A/W 1987–88.

Twinsets make you feel prim… It's like the local Conservative Club has trapped you in constricting layered cashmere and is about to strangle you with a pearl choker. You can try to fight this by wearing the twinset with irony… (It) has a political agenda and is the most restrained double act in the business. [16]

As a designer who plays with British sartorial traditions and idiosyncrasies, Luella Bartley whimsically articulates the contemporary status of the twinset. The long-standing marketing of the garment as the epitome of luxury Scottish knitwear by companies such as Pringle of Scotland and Ballantyne, and its established adoption by upper class British women, has imbued the twinset with persistent notions of class, propriety and heritage. It is synonymous with icons of traditional British conservatism such as H.R.H. Queen Elizabeth II, Mary Whitehouse and Margaret Thatcher. So firmly entrenched is the twinset in this political view that critics of Thatcher seized upon it as a symbol of her 'upper-class snobbery' in spite of the fact that, in a British TV interview, she claimed that she 'hadn't worn a twinset in ten years.'[17] These preconceptions have been fundamental to the twinset's capacity for subversion by contemporary fashion. Vivienne Westwood, in collaboration with John Smedley, produced a twinset embroidered with the Westwood Orb insignia for her influential collection *Harris Tweed* (autumn-winter 1987–88), that revived and reworked traditional British fabrics, including Harris tweed, to startling effect. The first order was in four colours — Saxe blue, camel, ecru and tomato — and variations of the garment have remained in production ever since, recognising the twinset as a Westwood staple. It represents her interest in challenging traditional British class values through the juxtaposition of 'upper class snobbery' with her own background, informed by her early life with Malcolm McLaren.

We shared an art-school squat and [Vivienne] liked to walk around naked. She got pregnant almost immediately. My grandmother gave us the money for an abortion and was horrified when Vivienne spent it on a cashmere twinset instead. [18]

More recently, designers such as Miuccia Prada, Luella Bartley and Christopher Kane have all manipulated the iconography of the twinset, its heritage and aristocratic connotations, as a style reference both celebrated and challenged. The continued use of the twinset by fashion designers highlights its longevity of appeal and its endurance within the sartorial lexicon. Yet no matter who adopts it, the twinset cannot be complicated, cannot be compromised; it subjugates subversion, and remains stronger than the dictates of fashion. It is a testament to its legacy that when a fashion designer uses a twinset, it remains a twinset.

This essay originated and developed through research conducted by BA Fashion History and Theory students Eleanor Slee and Richard O'Mahony as part of a collaborative archive project between Central St. Martin's College of Art and Design and Pringle of Scotland.

BIBLIOGRAPHY

L. Bartley, *Luella's Guide to English Style*, Fourth Estate, 2009

H. Barty-King, *Pringle of Scotland & the Hawick Knitwear Story*, Quiller Press, 2006

M. Burton Nelson, 'Who We Might Become', in Lissa Smith, *Nike is a Goddess*, New York, Atlantic, 1998

P. Campbell-Warner, *When the Girls Came Out to Play*, University of Massachusetts Press, 2006

R. Cossey, *Golfing ladies: five centuries of golf in Great Britain and Ireland*, Orbis, 1984

M. Crane, *The Story of Ladies' Golf*, Stanley Paul, 1991

P.A. Cunningham, *Reforming women's fashion, 1850–1920: Politics, Health, and Art*, Kent State University Press, 2003

C.W. Cunnington & Ph. Cunnington, *The History of Underclothes*, Dover Publications, 1992

E. Ewing, *Dress and undress: a history of women's underwear*, Batsford, London, 1978

J. Farrell-Beck & C. Gau, *Uplift: The Bra in America*, University of Pennsylvania Press, 2001

A. Hitchcock, *Marnie*, [film] United States, Universal Pictures, 1964

C. Horwood, *Keeping Up Appearances: Fashion and Class Between the Wars*, Sutton, 2006

S. Husband, 'This Much I Know: Malcolm McLaren', in *The Guardian*, 16 November 2008

J. Laver, *Taste and Fashion*, Indiana University, 1938

Ch. Lee-Porter, *Sportswear in Vogue since 1910*, Abbeville Press, 1984

R. Lewis, *Margaret Thatcher: a Personal and Political Biography*, Routledge & Kegan Paul, London [etc.], 1975

S.R. Owen, 'Victorian Women and Sport', in *Women's History Then and Now: Women and Sport*, 2002, www.cwrl.utexas.edu

E. Wilson & L. Taylor, *Through the Looking Glass: A History of Dress from 1860 to Present Day*, BBC Books, 1989

16. Bartley, 2010, p. 233

17. Lewis, 1975, p. 147

18. Vivienne Westwood's husband, *The Guardian*, 16.11.2008

'Ulla Danielsen on the road to Thoiry',
wearing knitted woollen boilersuit by Courrèges, 1970

Knitwear — the remarkable material long excluded from haute couture — earned its spurs in France during the 20th century thanks to some extraordinary personalities who braved both social customs and technical constraints to associated it closely with their style, and by doing so invented a new trajectory for it.

Among its historical promoters was Gabrielle Chanel, a woman who enjoyed a challenge, and who, having decided to become a couturier after starting in fashion as a milliner, set her heart on jersey to create her first designs in the 1910s... The choice was entirely unusual for the time because this 'mechanical knitting' discovered at Rodier was intended for the manufacture of hosiery items for sports-minded men. The constraints of this poor, soft, not easily controllable material inspired at Maison Chanel simple and novel forms for the female wardrobe: jackets and blouses evoking the fishermen's sailor blouse tied with a loose belt around the waist were worn over supple skirts. Success was instant, and the Chanel signature style was evident from the outset in the simplicity of these garments: comfort conceived for a body in motion. The name of its designer became inextricably linked with this material; we read for example in the American *Vogue* of 1 November 1916: *'Chanel is master of her art, and her art resides in jersey'*. From that date onwards, jersey in various forms and treatments regularly took pride of place in her collect-ions and from 1928 to 1933, the house even collaborated with the artist, Iliazd, to devise exclusive drawings and techniques for the Chanel fabrics factory. In 1937, Chanel created a bag covered in brown jersey wool, in 1955 another model in jersey followed, this one quilted and equipped with a gold chain, which was to become the emblem of the house under the codename '2.55'.

NL P. 174–176

FROM GABRIELLE CHANEL TO SONIA RYKIEL
KNITWEAR IN FRENCH FASHION

Lydia Kamitsis

Jersey offered Chanel the opportunity to fashion the allure of the modern emancipated woman, freed from the constraints of corset and superfluous decorations. In the hands of Madame Grès, another great figure of Parisian Couture, it became a material of great malleable force. Alix Barton, better known under the name of Grès, which she adopted at the opening of her new Couture house in 1941, won quick renown for her obsession with the draped pleat. Between 1932 and 1987, she created a myriad of cleverly pleated dresses in a silk jersey that was made up at her request by Rodier and which she draped directly on the body, the garments recognizable by their quasi-monumental appearance. Contrary to Madeleine Vionnet with whom she is often compared, she denied, against all probability, any reference to classical Antiquity: *'I've never been inspired by antiquity'*, she said. *'At the time when this fabric (a very fine silk jersey) didn't exist, I had no idea of making drapes. But as soon as I had it, the fabric fell into place all on its own...'*.[1] She conceived her designs as a sculptor would, sculpting being a craft to which she had always aspired, claiming that 'working fabric or stone is the same'.

But where as Chanel exploited jersey's lightness and elasticity in order to emancipate the body from its centennial fetters, Grès used a considerable quantity of yardage in order to develop her fabric sculptures, transforming women into *'hieratic* (Egyptian) goddesses'.

1. Quotation taken from the catalogue of the exhibition *Alix Grès, l'énigme d'un style*, Villa de Noailles, Hyères, 1992.

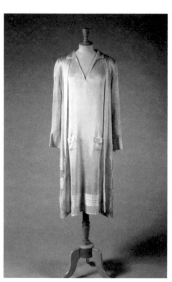

These two opposing approaches emerging from the same material highlighted its multiple qualities; qualities that many 20th-century designers would appropriate and make their own, and thereby extracting knitwear from the traditional field of hosiery and diverting it from the sports arena to which it had been so long confined.

Elsa Schiaparelli, who like Chanel was self-taught although that is where the comparison ends, imposed a new concept of fashion during the 1930s. She began her career by proposing hand-knitted pieces, the creation of which she entrusted to Armenian craftsmen who had emigrated to Paris. After some initial experiments were met with critical acclaim but little commercial success in 1927 she offered jumpers featuring *trompe l'œil* sailor collars, tie or knot designs that heralded a unique, immediately recognizable style. In the jumpers we see a manifestation of the Surrealist spirit that was to impregnate all her collections of the 1930s, as they demonstrated the taste for playfulness that she was to exploit in several areas; whether as decoration, choice of materials or its uses, Schiaparelli was to excel in this art of *détournement*, in particular by articulating each of her collections around an artistic or cultural theme, a concept that enabled her to explore a wide range of representations and artisanal techniques. These first knitwear pieces escaped knitwear's humdrum connotations and uses and could be worn instead for a formal lunch, something the designer did in order to promote her designs.

This change in use was not only the result of the particularity of the designs and the use of contrasting colours, but also down to the technique employed to produce the jumpers which gave them a more 'solid', less baggy look than its contemporary counterparts and which transformed the everyday jumper into a chic option. Copied and largely distributed at low prices on the US market, Schiaparelli's *trompe l'œil* knitwear, not only contributed to the international fame of the brand new house in Rue de la Paix in Paris, but more importantly marked an irreversible turning-point in terms of the jumper's use.

To these illustrious pioneers we must add the House of Patou, which in the 1920s was one of the very first to privilege jersey and knitwear in its early sportswear collections. Knitwear, whether mechanical or 'hand-knitted', regularly appeared in the couturiers' collections, mostly for the so-called 'sports' fashion...

We had to wait for the 1960s for a veritable revolution to take place, one that recognised knitwear as a material in its own right and that made it permissible attire for all occasions. In the course of that decade knitwear was to benefit from the combination of an exceptional economic situation, technological advances and the climate of profound questioning which proved the perfect breeding ground for its ascent. In search of new horizons, now grown-up the so-called baby-boom generation, did not recognise itself in the middle-class standards of its parents. In a breath of revolt, it invented its own references and forged a new feminine ideal that was somewhat reminiscent of that of the *garçonne* that had been developed shortly after the First World War. Youth became the new standard and its look, short skirt and flat heels, flat chest and unmarked waist, radically overthrew the mainstream fashion codes that were up to that point heavily influenced by the 'lady look'.

A new generation of designers in tune with the artistic and cultural movements of the time explored new forms, which found expression both in haute couture and in the budding ready-to-wear. Beyond the individual styles that they each developed, their vision of fashion seemed to be imbued with the same desire for freedom: no obstacles, no more diktats, freedom of gesture, and freedom of attitude. Fashion became a powerful means of individual expression, a way of freeing oneself from propriety and from social shackles.

Babushka hand knitted woollen wedding dress,
Yves Saint Laurent Haute Couture A/W 1965–66

In this context, knitwear, through its elasticity and its dual parentage, sportive and intimate, offered a field of experimentation particularly adapted to this search for comfort in ones movements, at a time when the young, firm body was exposed to view without false modesty. Paradoxically, contrary to warp and weft fabrics, it seemed a 'modern' material, unblemished by references to the past, and for this reason apt to express the spirit of the present, if not of the future.

In 1965, the eccentric designer Jacques Esterel prophesized *'Tricot is the civilisation of tomorrow'*. The designer had risen to fame by creating the Vichy pink wedding dress worn by Brigitte Bardot in 1959. This prophecy was joined by other shocking proposals including the promotion of unisex clothing, in particular through his line of clothing exclusively made of jersey named *Négligé Snob*, composed of identical designs intended for the entire family...

Pierre Cardin shared the same ethos, an his roll neck jumper became the essential companion for his heavy jersey pinafore dresses, his zipped men's' jackets and his famous *Cosmocorps*, which projected fashion into the future.

At Yves Saint Laurent, knitwear — although not over-significant in his work — is nevertheless encountered in some of his most famous designs: the wedding dress with the spectacular *Matriochka* look was made entirely of white woollen knitwear, the *Mondrian* dresses of 1965 are in jersey, as are those of his 1966 *Pop Art* collection created in homage to Tom Wesselman.

Even more unexpected is the presence of knitwear at Paco Rabanne, the anti-conformist designer famous for his plastic and metal dresses. However, while impugning the age of fabric and stitch, Rabanne did not retreat into the exclusive exploitation of rigid materials that were unsuitable for sewing, but positioned himself from the outset as someone who wanted to experiment. Through his research into materials and their uses, he paved the way for a whole area of contemporary conceptual creation. When in 1968 he got his hands on fur, it was to knit the scraps that were usually left aside. Hand knit with broom handles serving as needles, the coats and capes thus created, enhanced with gold, silver or coloured ribbons, were as light as though made of feathers, further more and entirely reversible. In this particular case, the knitting technique effectively served several objectives: desacralization of fur, intentionally treated like a vulgar ball of wool, recycling, and exploiting intelligently its heat-giving qualities (the hair indifferent to being either on the inside or the outside of the garment).

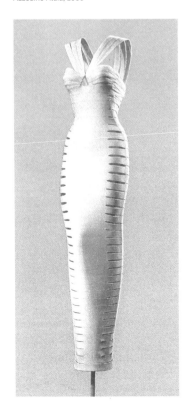

Body-hugging stretch jersey dress,
Azzedine Alaïa, 1985

When in January 1969, *Marie-Claire* magazine questioned couturiers on their vision of the woman in 1990, André Courrèges replied: *'The clothes will be like a second skin, but on a structured body'*. Following his shake-up of the haute couture world a few years earlier by making his young models dance while wearing mini-dresses and trousers, he continued his enterprise of emancipating the body by launching his 1968 knitted boiler suit (detachable by a patented zip system at the waist). The suit was worn by the salesgirls and the female employees of the Maison who had to cope with shocked or lusting looks it generated. Although much hyped in the media, this avant-garde 'second skin' garment was deemed to have come too early to be adopted by women.

Two decades later, the 'second skin' garment championed by Azzedine Alaïa was imposed as a matter of course. The invention of 'stretch' fabric, with its high elasticity allowed every audacity at a time when bodies, maintained and hardened by daily fitness sessions, were asking only to be exposed. Alaïa excelled in the development of these sensual outfits that clung to the body, accentuating the curves by an erudite play of judiciously placed cuts. Thanks to him, knitwear became eminently sexy, and the leotard that he developed, became the fetish garment of the 1980s.

Excentrique, scandaleuse mais
Structurée,
Elle invente.
Personnage de roman,
Inquiétante et mystérieuse
Violente avec désinvolture
Elle détourne le tricot
Pour l'attacher autrement et s'enrouler dans les manches
Le renouer, encore ou le
Lâcher
Rayé, bicolore
Noir et blanc ou rouge et bleu
Et construit puis le détruit
Pompons posés
Rouge à lèvres, poudre de riz,

LE TRICOT

Mascara gris poussière
Une ceinture
Avec une fleur à la boutonnière
Femme de l'hiver, fourrure aux lèvres
Points jersey à l'envers
Sacs Rykiel
Lainages fantasques,
Tricot volupté oiseaux brodés
« Tac au tac »
Sublimé,
Immortel
A mourir de rire !
Il avance, se pose, s'expose,
Répète jusqu'à l'obsession
« Je suis un pull Rykiel »

Knitted dungarees, Sonia Rykiel S/S 2008

It is in quite a different light that Sonia Rykiel's work, distinguished for its assertive but non-aggressive femininity, described by some as typically Parisian, has to be viewed in. Sonia Rykiel — *'The Undisputed Queen of Knitwear'*, so crowned by the American press at the start of her very first successes in the 1960s — likes to say that, above all, she creates 'gestures'. Her very thin little jumpers left the neck uncluttered, her skirts, ample trousers, dresses, coats, waistcoats and jackets were layered in unconventional ways and were often equipped with pockets for putting ones hands in, the hems and linings were removed, the seams turned inside out and left exhibited… These designs, conceived as a kind of permanent uniform, were expressed in every possible version of knitwear, from the lightest jersey to the most voluptuous mohair, and combined between themselves beyond seasons and fashion, according to the discretion of the people who wore them. Through this virtual monomania for the material (which did not completely exclude others), Sonia Rykiel tirelessly expressed the same desire for freedom, and by refuting any temporality (of date, of season, of time of day), she freed herself from the majority of fashion's codes.

In this overview of some of the most outstanding approaches to knitwear by couturiers and designers in France, one has to mention a particularly original production initiative. By launching *Maillaparty*, Marithé and François Girbaud, already well-known for their research in the jeans and casual field, in 1979 set up a production system in Mazamet in the southwest of France (the then world capital of wool pulling) that brought together the designer, the material manufacturer (the spinner), the knitter, the hosier (who cuts and fashions) and the dyer, a pole around which several little artisanal units were created, allowing for great manufacturing flexibility. The venture quickly proved to a commercial success (production increased tenfold in less than five years) but also in terms of creation, where the new designs and colours for the collections of jersey knitwear and some jacquards became landmarks.

Inca skirt worn by French actress Amira Casar, Marithé+François Girbaud for Maillaparty A/W 1987–88
De l'Inca, Maillaparty ty ty tire une partieee… Mayaaa. Les silhouettes féminines s'amusent en variation dans une atmosphère de fête altiplano.

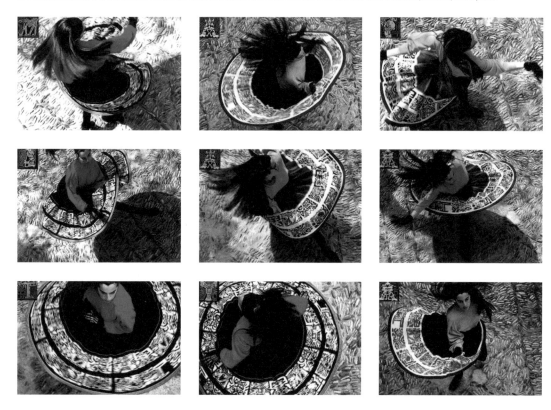

Knitted dress made by Jean Paul Gaultier for the 40th anniversary of the label Sonia Rykiel in autumn 2008. S/S 2009

Donut – Kim, 1994
Both models wearing garments from Vivienne Westwood's *On Liberty* collection, A/W 1994–95.
This collection contains the knitted *Liberty Dress*, Vivienne Westwood's 'favourite dress ever'.

Handsome machine-knitted cotton socks with striking motifs were amongst the eye-catching accessories in Bernhard Willhelm's spring-summer 2009 men's collection. Stylized tendril motifs in mustard yellow and gold against a black background, or black on yellow, are reminiscent of 16th-century renaissance arabesques, which were used in all domains of the applied arts, including fashionable and expensive silk fabrics.

What appear to be the most luxurious of the socks in Willhelm's collection are laced around the top with knitted chords, the ends of which sport gold-coloured Lurex tassels. These are worn with short, puffed breeches and a vest inspired by the doublet. Both refer to, but do not copy, late 16th-century European men's fashions.

Back in that 16th century, important evolutions were taking place in what we now generally refer to as socks. Their predecessors were knitted stockings, which gradually replaced legwear made of woven fabrics that were cut on the bias to give them a modicum of elasticity. It was precisely this elastic quality of knitted fabrics, significantly increasing comfort for the wearer, which was such an important development. Worn at the time with loose-fitting knee-breeches, which were then becoming shorter and shorter, stockings took an increasingly prominent role in the male silhouette, with the result that ever more attention was being focussed on their appearance. A good fit, attractive materials — with silk taking preference — meticulous production techniques and richly embroidered decoration were all a must for fashionable, expensive stockings.

FASHIONABLE AND HISTORIC HOSIERY

NL P. 176–178

Wim Mertens

In part because of this switch to knitted hosiery in the course of the 16th century, the craft of knitting flourished in scores of locations across Europe, with important centres in Spain, England, France and Italy.[1]

It is unclear precisely when knitting techniques took firm hold in Europe, but in the 1500s, when the knitted stocking began its sharp rise, the continent already had a long-standing knitting tradition, primarily manifested as a cottage industry. Until well into the 19th century, an important percentage of total knitting production still took place in the home.[2] For a very long period, the knitting of stockings, hats, gloves and other articles of clothing, including underskirts, was an important source of extra income for people in rural areas, especially in the winter months when they were unable to work on the land. There were, however, also urban knitters. These were primarily women and children, but in some areas of England, such as the Dales, it was not unusual for men to knit. This was moreover an activity that was easy to learn, could be practiced by young and old and even allowed for other activities at the same time, such as caring for livestock. Knitting required minimal investment. One could get started with two or four knitting needles and yarn. The income it generated was proportionately low, and as a rule, knitters were amongst the poorest of the population. There were, however, many of them.

1. For an overview of the knitting industry in 16th-century Europe, see J. Thirsk, 2003, pp. 566–577

2. For information on this see L. O'Connell Edwards, 2010, pp. 70–86

In England, by the end of the 16th century, their numbers were around or in excess of 220,000, in a total population of about 5 million.[3] Nonetheless, knitting was not just an activity for the lowest population groups. William Felkin, in the reference work he published in 1867, quoted Johann Beckmann's *History of Inventions*, from 1797, stating that knitting took place in both the cottage and the palace.[4] This was certainly true for Beckmann's own contemporaries, when expensive knitting tables were being made of precious woods for a wealthy clientele, in which the yarns, needles and knitting could be stored. In the 19th century, simpler versions of such furniture pieces were fully integrated amongst the middle classes, who also now and then earned income from knitting.[5] The fact that weaving at that period was also an occupation for ladies of well-to-do milieus was poignantly caught in a print on the front page of the French fashion magazine, *La Saison. Journal illustré des dames*, on January 1, 1875, in which *une dame d'un certain âge* is pictured with a piece of knitting, namely a stocking. Knitting designs for articles that included stockings and gaiters, which were regularly published in the magazine, also testify to this.

The invention of a hand-operated knitting machine in 1589, by the Englishman William Lee, did not initially represent a threat to hand knitting. Although the machine was a technical wonder, in the beginning, its repercussions were limited, in part because of the fear of loss of income on the part of many knitters.[6] Thanks to lack of interest in his own country, at the beginning of the 17th century, the inventor would try his luck in France, where he began a knitting workshop in Rouen with the support of the French king, Henry IV.

In the 17th and 18th centuries, William Lee's original knitting machine was further refined. By the end of the 18th and early 19th centuries, a new type, the circular or rotary frame knitting machine, had been developed.[7] In contrast to hand knitting, these machines were more frequently operated by men, who were organized in trade unions with their own criteria for membership and training, etc. The relatively small knitting machines on which stockings were primarily produced were usually installed in people's homes, where knitters worked either independently or for merchants or investors. Only with the development of steam-driven knitting machines in the 19th century would the first knitting factories be built.[8] In addition to the knitters themselves, many thousands of hands were still needed to finish the knitted articles, stitching seams together and embroidering decorations.

Model wearing a pair of machine knitted stockings in cotton, synthetic fibre and Lurex, Bernhard Willhelm, S/S 2009, MoMu collection T09/467AB

Pair of woollen machine knitted stockings with cotton flowers in crochet, Bernhard Willhelm, A/W 2007–08, MoMu collection T09/281AB

3. L. O'Connell Edwards, 2010, p. 71

4. W. Felkins, 1867, p. 19

5. L. O'Connell Edwards, 2010, p. 74

6. The literature contains the most imaginative and fictionalised stories about the invention of the knitting machine. See M. N. Grass, 1955, pp. 125–135 and elsewhere. For a thorough yet brief summary see J. Thirsk, 2003, pp. 573–576. For an explanation of how the knitting machine worked, see the article by Frieda Sorber.

7. For an explanation of the technical innovations on the first knitting machine see P. Lewis, 1986, pp. 129-148. In the late 17th and early 18th centuries a noteworthy machine-knitting industry arose in and around the English cities London, Nottingham and Leicester. A similar industry developed in France around Paris, Rouen, Troyes and Nîmes to which English machines were imported. Around that same time, English knitting machines were exported to Saxony in the German territories and to the Netherlands. For documentation on the knitting industry in our area in the 17th and 18th centuries see H. Deceulaer, 2002, pp. 1–28,

8. J. Farrell, 1992, p. 56; and W. Felkin, 1867, p. 464

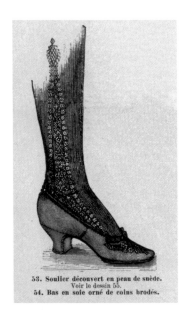

53. Soulier découvert en peau de suède.
Voir le dessin 55.
54. Bas en soie orné de coins brodés.

Top left: Engraving showing a fashionable stocking, *La Saison*, 1 February 1888

Top right: Fashion plate with an elderly lady knitting, *La Saison*, 1 January 1875

Bottom left: Engraving showing a set of fashion-able stockings, *La Saison*, 16 June 1888

Bottom right: Engraving showing a set of fashionable stockings, *La Saison*, 1 September 1886

MoMu Library

LA SAISON
JOURNAL ILLUSTRÉ DES DAMES.

N° 1. Paraissant le 1er et le 16 de chaque mois. 1er Janvier 1875. Publié en onze langues différentes. VIIIme Année.

1 à 5. Toilettes d'intérieur.
1. Robe-blouse pour petite fille. 2. Toilette d'intérieur avec tablier. 4. Toilette pour fillette. 5. Toilette de bébé. 3. Toilette pour petit garçon.

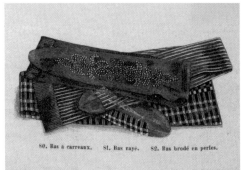

80. Bas à carreaux. 81. Bas rayé. 82. Bas brodé en perles.

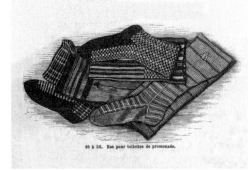

49 à 52. Bas pour toilettes de promenade.

New adaptations of the knitting machines continued throughout the 19th century.[9] Worthy of note here is the introduction of the Jacquard mechanism in the 1830s, making it possible from then on to machine-knit simple, open motifs into the work.[10] At this time, more intricate decoration was still always the product of inexpensive hand labour. For this entire period, machine and hand knitting were done side-by-side, each with its own share of the market. Both continued to innovate in terms of design and manufacture.[11] In contrast to machine knitting, the hand knitters were still able to produce more variations in patterns and quality.[12] The principle of the Jacquard would, however, continue to be refined, so that by the second half of the 19th century, more complex *ajour* or lace knitting would become mechanically possible. Thanks to these technical innovations, not only could more be produced, and for less, but fashionable stockings came within the reach of an increasingly growing group of consumers.

From the mid-19th century, the regular world exhibitions that were held primarily in European cities were a catalyst for the knitwear sector — as they were for so many other branches of crafts and industries. This was true both for manufacturers of knitting machines and for the knitwear producers who were able to show their products at these immense exhibitions, to millions of potential customers. Fashionable stockings were being introduced by way of the fashion magazines as well, which were now being distributed in increasingly larger editions, although less frequently, primarily beginning in the 1880s.

The MoMu collection includes a limited but attractive collection of hand-knitted and machine-knitted stockings dating from the period of industrial expansion and fashionable mass production in the second half of the 19th century. They give an idea of the broad selection that was available at the time.

Amongst the hand-knitted examples are six similar pairs in relatively coarse white cotton yarn, knitted in different stitches, with geometric motifs and trimmed in lace knitwork. White cotton stockings of this kind remained available for a considerable period after the mid-19th century, making it difficult to date them accurately. These heavy, hand-knitted stockings cannot be compared to machine-knitted stockings of the same period, knitted from so-called *fil d'écosse*.[13] This cotton thread was exceptionally popular from the 1830s onwards. MoMu has a few pairs of fine, machine-knitted, white cotton ladies' stockings from ca. 1870–1900, decorated on the instep and shinbone in lace knit and/or flat stitch embroidery. Because of the cool quality of cotton, such stockings were often, but not exclusively, intended for the summer months. In October 1, 1887 and October 1, 1889 publications, the fashion magazine *La Saison* presented the very latest winter stockings produced in *fil d'écosse*.[14] Cotton stockings were sometimes worn together with wool stockings, with the woollen stocking worn either over or under the cotton.

Before 1850, white stockings, either solid white or embroidered with white or light colours, were an absolute must for every wardrobe, both for women and men. In England, they then fell slowly out of fashion, in contrast to the Continent, where for example, French ladies were still wearing traditional white silk stockings for evening dress right to the end of the 19th century. Ultimately, even in France, after 1893, they would still be considered suitable only with white apparel worn at the seaside.[16] One could still wear the machine-knit, white silk stockings with lace knitwork on the instep, dating between 1880 and 1900 and included in the MoMu collection, for evening dress.

9. There is no room within the confines of this article for a survey on this; for more information see J. Farrell, 1992; S. Chapman, 2003, pp. 824–845 and elsewhere.

10. W. Felkins, 1992, p. 46

11. W.D. Cooke and M.B. Tavman-Yilmaz, 1999, p. 200

12. J. Thirsk, 2003, p. 579

13. This lisle or Scottish thread is known for its tight twist; after spinning, the yarn is passed through a gas flame to produce a sleek surface.

14. *La Saison. Journal illustré des dames*, 1 October 1887, p. 148 and p. 150, n° 46 and 47; Idem, 1 October 1889, p. 147, n° 21 and 22

15. *La Mode illustrée. Journal de la famille*, pp. 51–52

16. W. Felkins, 1992, p. 61

While white stockings were being worn less, thanks to the vicissitudes of fashion, black stockings continued to be fashionable and, as time went by, became more and more *incontournable*. Where by the beginning of the 19th century, black stockings, if they were not solid, were decorated with black embroidery,[17] in the latter half of the century, these stockings were more and more frequently decorated with other colours and combined with multicoloured embroidery. *La Saison*, in its issue of 16 February, 1888, presented partly black and red women's stockings adorned with multicoloured embroidery, and although this combination was recommended for a masked ball, other black woollen stockings with multicoloured burls were indeed promoted in the magazine for the winter fashions of 1889.[18] Black was worn by both women and men, as well as children, and amongst the women, not just by the *élégantes*, but also by working women.[19] The MoMu collection includes several pairs of black silk ladies' stockings adorned with *ajour* lace knitwork and flat stitch embroidery on the shinbone and instep, dating from the last quarter of the 19th century.

As a rule at the time, the colour of the stockings was expected to be attuned to the colour of the dress, but in the case of the fashionable black in France around 1885, this idea was not followed, because the lady would otherwise appear to be in mourning, something that was in contrast to the first half of that century, when black stockings had generally been worn only with black dresses.[20]

There were also stockings in one or more colours, whereby fashionable colours and tints changed with the years and the seasons.[21] The MoMu collection includes a range of machine-knitted stockings, including a silk pair from 1880–1890, with the foot and top border in plum purple and the leg above the ankle in old rose. The sides of the foot and ankle are embellished with a thin, embroidered stripe, crowned at the top with a checked motif. Another silk pair, also from the late 19th century, has a black foot and a light pink leg and is decorated at the sides at ankle height with an embroidered, stylized array of leaf tendrils. Embroidered motifs of this kind were prevalent until the early 20th century and were found on stockings for both women and men.

Especially appealing and surprisingly playful are two pairs of comparable machine-knitted stockings with the feet in a checked pattern and solid legs, one pair in oil blue and the other in olive green, both with checked patterns in red, black and yellow and dating from around 1880–1890. In its issue of 16 August, 1889, for example, *La Saison* showed a pair of summer stockings for women with a solid-coloured foot and the leg in a checked motif.[22] Stockings with diamond or checked patterns regularly came back into fashion, often together with similarly patterned fabrics.

One can certainly consider it striking that women's stockings, from the second half of the 19th century, when dresses touched or nearly reached the floor, were often in emphatic colours and were fashionably decorated. They were, after all, only visible in the case of certain movements or postures. Here, there is a notable difference from the early part of the century, when women's stockings were much more visible through transparent cotton empire dresses, and also one or two decades later, when skirt lengths rose above the ankles. In the 1840s, the stocking industry experienced a crisis, precisely because of the longer skirt hemlines, which reduced the focus on decorative stockings. Only with the arrival of crinoline in 1856, when people again dared reveal the ankle and the lower leg, would the demand for imaginative stockings pick up again.[23] In selecting stockings and ensuring that they suited the entire outfit — even if they were only rarely seen — the same need for conformity with the dominant fashion ideal applied, as it did in other domains of citizens' lives in the late 19th century, in a society dominated by social etiquette.

Top: Pair of machine knitted stockings with *ajour* knitwork and embroidered motifs, 1870–1910, MoMu collection T02/164AB
Middle: Pair of silk machine knitted stockings with embroidered motif, 1880–1910, MoMu collection T00/66AB
Bottom: Two pairs of silk machine knitted stockings with check pattern, 1880–1910, MoMu collection T00/63AB & T00/64AB

17. W. Felkins, 1992, p. 44

18. *La Saison. Journal illustré des dames*, 16 February 1888, p. 31, n° 56–57; Idem, 1 October 1889, p. 147, n° 21–22

19. W. Felkins, 1992, p. 60

20. *La Saison. Journal illustré des dames*, 1 September 1886, p. 135, n° 49–52; J. Farrell, 1992, p. 45

21. For an overview of the colours in style in the 19th century, see J. Farrell, 1992

22. *La Saison. Journal illustré des dames*, 16 August 1889, pp. 127–128, n° 67

23. J. Farrell, 1992, p. 58–59

Left: Pair of cotton machine knitted stockings in *ajour* knitwork, Bernhard Willhelm S/S2007, MoMu collection T11/15AB

Middle: Pair of machine knitted stockings with *ajour* knitwork and embroidered motifs, 1870–1910, MoMu collection T02/161AB

Right: Pair of silk machine knitted stockings with embroidered motif, 1880–1910, MoMu collection T00/62AB

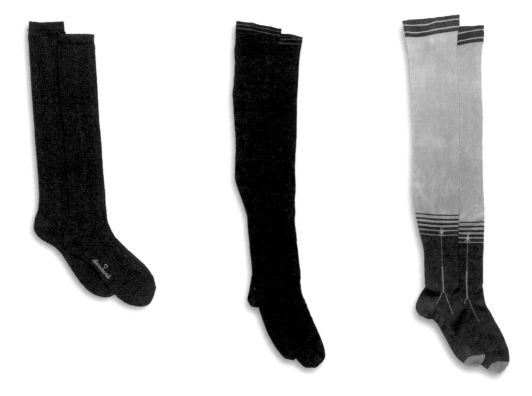

BIBLIOGRAPHY

S. Chapman, 'The Hosiery Industry, 1780–1914', in: *The Cambridge History of Western Textiles*, ed. D. Jenkins, dl. 2, Cambridge, 2003, pp. 824–845

W.D. Cooke and M.B. Tavman-Yilmaz, 'Hand Knitting, Frame Knitting and Rotary Frame Knitting in the 17th, 18th and 19th Centuries. A Question of Identification', in: *Textile History*, 30 (2), 1999, pp. 199–206

H. Deceulaer, 'De breigoedsector in de Zuidelijke Nederlanden in de zeventiende en achttiende eeuw: tussen consumptie, politiek, gender en technologie', in: *Tijdschrift voor sociale geschiedenis*, 28, 2002, pp. 1–28

J. Farrell, 'Stocks and Stockings', in: *The Costume Accessories Series*, ed. A. Ribeiro, vol. 9, London, 1992

W. Felkins, *A History of the Machine-Wrought Hosiery and Lace Manufacturers*, London, 1867

M.N. Grass, *History of Hosiery*, London, 1955

I. Harms, 'Keep it unreal', in: *Bernhard Willhelm. Het totaal rappel*, tent. cat., ModeMuseum Provincie Antwerpen, Antwerp, 2007, n.pag.

P. Lewis, 'William Lee's Stocking Frame. Technical Evolution and Economic Viability 1589–1750', in: *Textile History*, 17 (2), 1986, pp. 129–148

L. O'Connell Edwards, 'Working Hand Knitters in England from the Sixteenth to the Nineteenth Centuries', in: *Textile History*, 41 (1), 2010, pp. 70–86

J. Thirsk, 'Knitting and Knitwear, c. 1500–1780', in: *The Cambridge History of Western Textiles*, ed. D. Jenkins, dl. 1, Cambridge, 2003, pp. 566–577

By following the guidelines of fashion as admired in the fashion magazines and the department stores — the new temples for the consumer — the wearer could create her own feeling of correctness and social well-being. Beneath the surface, within that strict social straitjacket, the attraction of the unseen was no doubt at play, and stockings entered into the erotic realm of lingerie. In contemporary fashion magazines, stockings were rarely shown on a well-formed leg, but were presented lying alongside or on top of one another, rather loosely arranged as ordinary accessories, devoid of anything erotic.

Equally indispensable to our overall picture, and completely and forever visible are the socks designed by Bernhard Willhelm with which this article began. In his case, colourful, fanciful and imaginative socks make up an inseparable part of the silhouette. In his men's collections, the designer moreover considers hosiery and the man's legs as highly erotic elements.[24] Hosiery of this kind, from Willhelm's spring-summer 2009 men's collection, which defines itself in history, is in fact exceptional in his work. A pair of women's stockings in lace knitwork, from his spring-summer 2007 women's collection, also deserve mention here because they are reminiscent of open-knit stockings from the latter half of the 19th century. It is primarily the playfulness and the attentive focus on the hosiery that allows us to make an imaginative link between Bernhard Willhelm and historic stockings of the past. Willhelm, by the way, is not the only one. For her autumn-winter 1994–95 women's collection, English designer Vivienne Westwood was inspired by 16th-century stockings with tassels and — consciously or otherwise — she then brought to the spotlight an accessory that has been so important to the fashion history of her country.[25]

24. I. Harms, 2007, n.pag.

25. With thanks to trainee Everton Barreiro Silva, a student at Central St. Martin's College of Art and Design, London, for his help in preparing this article.

Model wearing a knitted cardigan, Fred Perry by Raf Simons, A/W 2009–10

In 2007, cardigans made a catwalk comeback: Hedi Slimane — then head of Dior Homme — described the garment as the wardrobe staple of 'quirky, indie-types' (a nod of acknowledgement to rock stars such as Pete Doherty) whilst in the same year, the mass menswear market embraced the cardigan for its versatility, with Topman reporting an increase in sales of 1000% from the previous year.[1]

The cardigan has an iconology of safety and homeliness, of comfortable masculinity, perhaps even geekishness, yet in 2007 the cardigan gained an edginess, a stylishness, that superceded its grandad image, moving firmly from the rocking chair to rocking the centre stage.
The cardigan is an unusual garment because it is neither smart nor casual, neither a jacket nor a sweater, and therefore falls somewhere inbetween menswear wardrobe essentials. It is a garment with a dandyish history and features in the most stylish designer collections, but nonetheless, is an item of clothing that is frequently represented as 'out of fashion', 'out of date', as Slimane implied 'outsiderish' or *The Daily Mail* as 'oppositional'.[2] Consequently, the comfortable cardigan is 'uncomfortable', and the mainstream is made marginal.

This paper discusses this discomfort, juxtaposing the garment with socio-cultural issues arising from changing understandings of masculinity, ultimately questioning the cardigan as a sign of resistance to male sartorial coding. By investigating the significance of the cardigan in shaping attitudes towards youthful, and desirous, 'new' forms of masculinity, the cardigan effectively comes out of the closet.

GEEK CHIC AND THE SIGNIFICANCE OF THE CARDIGAN IN CONTEMPORARY MENSWEAR
DRESSING LIKE GRANDAD

NL P. 178–181

Joanne Turney

UNBUTTONING THE CARDIGAN

The cardigan can be described as a waistcoat with sleeves, or as a soft knitted jacket, and as such imitates formal or business attire albeit in a more relaxed fabric and manner, originating and popularised by the dubious hero of the Battle of Balaclava, Lord Cardigan in 1854, who wanted a less formal 'jersey' that could be worn without disturbing his hairstyle. Indeed, it is more formal than a sweater; a shirt and tie can be worn with a cardigan.[3] Therefore the cardigan is contradictory; a garment that is neither formal nor casual, suited perhaps to those unable to fully conform or participate in either area. Indeed, in popular iconography the cardigan is utilised as the workwear of the 'hip' but relaxed college professor, aging in body and bohemian in mind, and the 'casual-wear' of the stuffy, overly formal man, for whom leisure represents a loss of control. Likewise, the cardigan situates itself within an age-centred hinterland, a condition of a demarked menswear market, which classifies clothing as age appropriate.[4] Cardigans are not fashionable and are therefore for old men, period.

1. Adam Kirby, Topman's assistant merchandiser for knitwear, Simon Chilvers, 'Just Button it', *The Guardian*, 20th April 2007

2. Liz Jones, 'I hate these crusties, with their droopy dyed skirts and boiled wool cardigans', *The Daily Mail*, 5th April 2009

3. Paolo Hewitt and Mark Baxter, *The Fashion of Football: From Best to Beckham, From Mod to Label Slave*, Mainstream Publishing Company, 2006, p. 79 & p. 85; Tara Jon Manning, *Men in Knits: Sweaters to Knit that he WILL Wear*, Interweave Press Inc, 2004, p. 2

4. Charlie Porter, 'Woolly Thinking', *The Guardian*, 5th March, 2008

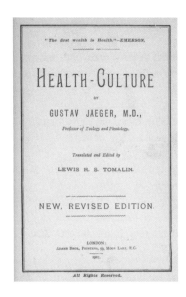

Opening page of Dr Jaeger's book *Health Culture*, 1907. Jaeger archives, courtesy of Greta Pawlowski

Wearing a cardigan is a sign of a maintenance of personal ideals and standards in awkward situations, a sign of comfort where there is none; a garment for older men or those deemed out of time, pace or place with the social environments in which they find themselves.

GEEKS AND GRANDADS: POSITIONING IN THE MALE MARKET — FASHIONS AND LIFESTYLE DRESSING

Since the 19th century, knitwear, particularly knitwear for men, has been synonymous with leisure, and by association sports activity. Knitwear has an inherent flexibility; it stretches with and covers the body, offering warmth, protection and resilience to movement, and is therefore a perfect fabric for sports. It also offers a contrast to less flexible forms of fabric construction, i.e. weaving or bonding, offering a more 'relaxed' alternative. Therefore knit becomes the fabric of choice for more relaxed and less serious pursuits as those undertaken within leisure time.
Since the cardigan's popularisation within mainstream mens fashion in the 1920s[5], the garment has been subject to fashion revivals and sartorial derision in equal measure. As such, the cardigan is often seen as 'the safe bet', a non-'manly' garment, satisfying none of the criteria that such a definition requires. Not progressive, aggressive, or challenging, and although the wearer may well be comfortable in it, the cardigan is imbued with impotency and an inability to feel in control. It conceals the body as a shroud, has no structure and consequently slopes the shoulders, reducing the body to a soft rather than hard, angular form, effectively weakening the physical stature of the wearer. In a cardigan, the body disappears and the wearer fades into the background; the wearer rendered passive.

NO SEX PLEASE, I'M IN KNITWEAR: ICONOGRAPHY AND ICONOLOGY OF THE CARDIGAN

In popular culture, representations of men in cardigans exude an embarrassment, and subsequently are interpreted as a sign of emasculation, i.e. cosy garments for the hen-pecked or impotent male in suburban sitcoms or knitting patterns.
The men featured in knitting patterns were on display; they were subject to the scrutiny of the women choosing patterns and therefore had to express aspects of masculinity that were comparative to the men for whom the garments would be knitted, whilst embodying what it was 'to be a man'. Men were pictured in active or creative leisure roles; painting, cycling, golfing etc., often in pairs, 'doing', rather than passively 'modelling' or 'displaying'. Similarly, their gaze never met the camera, the lens capturing subjects looking into the middle distance, emphasising a masculinity that could not be possessed or controlled, subjected to the gaze of another, avoiding any notion of sexuality[6], and embracing the sphere of masculinity described by Naomi Wolf as 'the eunuch', the polar opposite of 'the beast'.[7]

Cardigan-clad men here were attempting to show masculinity as active rather than sexual, as an extension of camaraderie, and of 'man at leisure'. The images were constructed as 'natural', a man in his leisure environment, captured unconsciously and fleetingly. Yet the models appear very conscious and as a result the photographs seem overtly staged, creating a camp sub-text. Knitting pattern photography exhibits camp styling through the overt and conscious posing, which feigns the natural and un-rehearsed.

5. Jennifer Craik, *The Face of Fashion*, Routledge, 1994, p. 190

6. Until the late 1960s, men in knitting patterns were ostensibly 'ordinary', either much older men or pre-pubescent boys, outside the remits of what could be described as 'desirable' or sexually alluring.

7. Naomi Wolf, *Promiscuities: A Secret History of Female Desire*, Chatto and Windus, London, 1997

Man in cardigan, ca. 1950s. Illustration taken from *Mensbook*, courtesy of Modateca Deanna's archive

Male model wearing a knitted woollen cardigan, featured in pattern magazine *Burda*, Nr 12, 1971. MoMu Library

The iconography of men in cardigans bear witness to the distance between the 'real' man and social perceptions of 'what men are', and the camp perspective can be seen as emasculating; not only are homosexual sub-texts alluded to, but men appear uncomfortable and embarrassed, and can be seen as vulnerable and without power.

CONTROLLING CARDIGANS: MAKING CLOTHES MAKE THE MAN

The meaning of knitted menswear is constructed around a gendered struggle linked to notions of possession and ownership[8], and home-knitted (or embroidered) garments were equated with social status, i.e. a man wearing intricate work made by his wife could afford for her not to work, whilst a man who had knitwear in his wardrobe demonstrated his leisured status. Such notions of wealth and the possession of a 'leisured' wife were largely replaced with ones of romantic or familial love, resulting from the dissemination of and increased demand for knitting patterns from the 1930s onwards, shifting the power from male to female, from wearer to knitter.

Women were knitting for the men in their lives and were therefore shaping not only their wardrobes and what they should wear, but also the idea of what their men represented, what they would like them to be, whilst establishing an inter-personal relationship based on need and supply, i.e. men needed clothes, and women were providing them.[9] This gendered transition of power and control over the formation of identity can be seen as a process and sign of emasculation, in which women were not only making for men, but were also shaping them too. The male image in the knitting pattern was being consumed by women and used as a means of possible transformation; the ideal had the potential to be realised in knitted form. So, the knitting of a cardigan by a woman for a man can be seen as an act of manipulation and control, of wish-fulfilment on the part of the knitter and complicity on the part of the wearer.

HARD MEN IN SOFT CLOTHES

Masculinity has been culturally constructed as oppressive, through the association with competitiveness, violence, aggression, power and strength. Paradoxically, this criticism reflects the way in which masculinity wishes to be defined, as all-embracing and dominant, allowing the masculine to be sited as the core from which difference or 'otherness' is marked.[10] Indeed, since the Victorian era and the socio-cultural division of the sexes, masculinity had been sited as the norm, as stable, and consequently white Western masculinity became the axis from which everything else was judged.

If masculinity was deemed 'normal', then the characteristics of masculinity could be seen as inherent in the dominant ideology. Such a sombre understanding of masculinity left little room for fashion and fashionable dress, as such a sartorial statement would be associated with frivolity or homosexuality.[11] Although seasonal changes were as frequent in menswear as they were in women's-wear[12], notions of the peacock male were viewed with suspicion to such an extent that formal suiting dominated business-wear for much of the following century. It might be suggested that the underlying issue was the display of the body and the performativity of the self rather than the clothes themselves. If masculinity was demonstrated through the display of what was perceived to be a masculine identity, then deviation from this could threaten the status quo and patriarchy in general.

8. Rozsika Parker, *The Subversive Stitch*, The Women's Press, 1984

9. Peter Corrigan, 'Gender and the Gift: the case of the Family Clothing Economy', in: Stevi Jackson and Shaun Moores (ed.s), *The Politics of Domestic Consumption: Critical Readings*, Harvester Wheatsheaf, 1995, pp. 116–134

10. Anthony Easthope, *What a Man's Gotta Do: masculine myth in popular culture*, Routledge, 1990

11. Valerie Steele, 'Clothing and Sexuality' in: C Kidwell and V Steele (ed.s), *Men and Women: Dressing the Part*, Smithsonian Institute Press, 1989, p. 61

12. Jennifer Craik, The Face of Fashion, Routledge, 1993, p. 176

The masculine body however was promoted, as a site of excellence, articulating the peak of mind-and-body co-operation, exemplified by the sportsman.[13] Sporting activity involves mastery, of the game or discipline, but also of the self over others. Sport engages in exercises of stamina, excess and pushing oneself to the physical and mental limit, and as such promotes a sense of heroism in displaying the strength of the individual to gain mastery over the weakness of the flesh.

In psychoanalytic studies, Michel Foucault discusses the significance of these images of 'hard', disciplined bodies, concluding that they demonstrate a phallic body, a body that demonstrates the ultimate masculinity, not only actual muscularity and strength, but the triumph of the will over nature and pain. Masculinity is presented as a means of perpetuating the ideals of masculinity and patriarchy.[14] Although any overt assertion of masculinity can be read as exerting a homosexual sub-text, the sporting or muscular body is exhibited as an extension of masculine ideals rather than as an object of desire. Although sexuality expresses potency and in turn power, these representations are devoid of the essence of the gaze, are not possessed or objectified by the viewer, and therefore are not submissive.[15]

Sports-oriented male bodies are hard: they display taught, rippling muscles. They cannot be penetrated, and like an armour, show masculinity as untouchable and superior. From this perspective, it is difficult to correlate such excessive hardness and competition with the rather soft, fluid and innocuous cardigan, yet this garment has come to represent the everyday expression of contemporary masculine ideals.

In the 1980s, the sporting male body combined with a new man ideology, fused with the iconography of nostalgia. Drawing inspiration from the rebelliousness of American teen idols like James Dean (who displayed a sexual ambiguity), college-boy, and working-class clothing became central to fashionable menswear and the construction of masculinity. The trend was encapsulated in advertising campaigns for Levi's 501's, Calvin Klein and Ralph Lauren, in which the mythology of 1950s Hollywood (the retro styling of the preppy and the high school jock, which incorporated jeans, penny loafers or suede shoes, t-shirts and college sports cardigans) became a contemporary consumer reality.

Male model wearing a knitted woollen cardigan, featured in pattern magazine *Burda*, Nr 12, 1971. MoMu Library

The popularity of a 1950s style was sexually ambiguous; it offered a body consciousness that was subject to the male gaze, and had been a reference point for gay men for some considerable time; who was looking at whom? The emphasis on the male body as a site of consumption highlighted a male sexuality that was both narcissistic and aspirational.[16]

The popularity of cardigans in this context can be assessed in two ways; firstly as a sign of stability, the all-boys club revisited, and secondly, as an expression of a new gym culture and body fascism that was culturally prevalent. Essentially this was clothing required for the performance and display of sporting prowess, demonstrating team belonging, and in an era in which heroism was marked by physical perfection and mastery of the body (1980s) sportswear expressed these ideals clearly. Such an overt articulation of male dominance was counterbalanced by narcissism, as many men who adopted these styles were not sportsmen, but men who wanted to demonstrate their affiliation to such ideals whilst alluding to the potential rippling muscles beneath a floppy cardigan.[17]

13. M. Pumphrey, 'Why do Cowboys Wear Hats in the Bath? Style Politics for the Older Man', *Critical Quarterly*, 31, 3, Autumn, p. 96, referenced in Jennifer Craik, *The Face of Fashion*, Routledge, 1994, p. 191

14. Donald F. Sabo Jr. and Ross Rinfola, Jock: Sports and Male Identity, Prentice Hall Inc, 1980, p. 7

15. Indeed, this iconology and iconography has permeated literature for young boys and men since the nineteenth century, conditioning men to believe that sporting prowess is both 'natural' and an expression of what it is to be male. *Garry Whannel, Media Sports Stars: Masculinities and Moralities*, Routledge, 2002, pp. 64–65

16. Tim Edwards, *Men in the Mirror: men's fashion, masculinity and consumer society*, Cassell, 1997, pp. 41–42 and 100–102

17. Richard Martin and Harold Koda, *Jocks and Nerds: Men's Style in the Twentieth Century*, Rizzoli, 1989, p. 26

Portrait of American actors David Soul and Paul Michael Glaser from the television series *Starsky & Hutch*, ca. 1977. Starsky was portrayed as the more 'masculine' character, expressed by his thick-knitted cardigan with Aztec motifs.

The cardigan reflected cultural and consumerist ambiguity, a desire to return nostalgically to a time of enthusiastic and confused adolescence, a desire to find oneself through imagery of the hero/anti-hero as neither innocent nor corrupt, fusing the traditional with the modern. In these representations, the 'college boy' and the 'jock' became synonymous with the transition from boy to man, a period fraught with danger, in which young men were encouraged to express themselves, explore their sexuality and make sense of the world around them. ·

BELT UP: THE PHALLIC CARDIGAN

Cardigans, although primarily understood as mediocre and impotent, became the height of fashionable male sexiness in the mid-1970s, with the broadcasting of the US cop show, *Starsky & Hutch*. The show revolved around two streetwise plain clothes detectives (from whom the show's name derived) who inhabited a fashionable yet seedy urban underworld, bringing the gritty realism of cinematic drama to the small screen. The characters were portrayed as aggressive, tough and competitive whilst upholding the law by whatever means necessary.[18] Both Starsky and Hutch (Paul Michael Glaser and David Soul) were young, good-looking men, portrayed as womanisers, who were both sexually potent and desirable.

Starsky and Hutch were action men, contemporary, competitive, and the iconography of the show focuses on cars and clothes, both indicators of speed, movement, display, acquisition and modernity. Costuming was significant, demonstrating characters were at home in their urban environment, comfortably displaying narcissism as an aspect of contemporary masculinity. The large, belted, banded cardigan worn by Dave Starsky became emblematic of both the show and a new sexually-alluring masculinity.

Whilst Hutch was constructed as sensitive, intellectual and cultured, and as a considered, tidy dresser, Starsky was undoubtedly more edgy, with a wardrobe that expressed his unkempt, fast-living lifestyle. The patterning on the garments, earthy toned geometrics reminiscent of folk motifs, Aztec culture and 'primitive' societies, embodies a sense of the 'natural' man, a man in control of his environment (a 'new' cowboy), which perpetuated the patriarchal dictate of man's position of dominance. Here the man becomes the beast; able to disrobe at any moment, ready to fight, defend, capture and dominate his environment.[19] Starsky, and his cardigan, embody the concept of phallic power, whilst simultaneously attracting admiration and desire from males and females alike.

The cardigan is fastened with a belt, and as such offers sexual potential and readiness through the ease of access to the body through the garment; it could easily fall open and reveal what lies beneath. Reminiscent of a smoking jacket or bathrobe, the cardigan expresses intimate leisure-wear for public consumption and display, extending to the wearer a sign of potency and sexual availability.

Starsky's cardigan proved extremely popular; becoming a fashion item and featuring in knitting patterns of the period, with one even featured in *Woman's Weekly*. Patterns featured models in action poses, either with or without a red sports car, gazing directly at the viewer. The distinct gesture and posing of the model show a clear understanding of the gaze, embracing concepts of both possession and the possessed. The models are assured in their environments, their clothes and with their sexuality. Directly referring to the TV show and the characters, the patterns illustrate the commodification of the body, i.e. make the cardigan, transform your man in to 'Starsky'. With men attempting to emulate the character's persona, and with women desiring him, the cardigan became a sign not only of identification, but of transformation and role-play. The cardigan enabled, however tenuously, to make the fictional a reality, and male narcissism a sign of modernity and desirability.

18. Plots centred on the characters relationships and whatever crime they were investigating, and although women appeared they did not figure in the narrative, occupying positions of girlfriends or potential love interests. *Starsky and Hutch* adheres to the generic format of the 'buddy' movie, following the inter-personal relationship between two very different men, and as such annihilates women and reinstates the patriarchal order.

19. Anthony Easthope, *What a Man's Gotta Do: the Masculine Myth in Popular Culture*, Unwin Hyman, 1990, p. 47

GEEKS AND GUITARS: CLOTHING ON THE MARGINS

The cardigan as a sign of outward narcissism merely reflects the wardrobe of the introspective and seemingly sexless intellectual dandy, exemplified in its iconographical association with indie rock stars (Pete Doherty, Kurt Cobain, Jonny Borrell) and angst-ridden male celebrities (Jude Law and Simon Amstell).

With the cardigan's long held association with an uncomfortable masculinity — a site of struggle between the incompatible arenas of work and leisure or of formality and informality — the paradoxical cardigan, simultaneously comfortable and (socially/sartorially) uncomfortable, was adopted by existentialists and the 1950s Beat Generation of writers, who used it as a symbol of social distance and anti-establishmentism. Here, the cardigan became imbued with the symbolism of the Romantic and non-conformist outsider, demonstrating the wearers inability to fit in with social convention of any kind. For Kerouac and his colleagues, the cardigan of choice was loose fitting and dishevelled, an indicator of men encased in poorly fitting surroundings, and indeed, choosing to do so.

Nirvana lead singer Kurt Cobain (1967–1994) wearing an oversized cardigan on *MTV Unplugged*, November 18, 1993.

Ann Demeulemeester, men's collection
A/W 2008–09

The Romantic soul needs comfort and nurture, a softness to combat the harsh realities of daily existence, and an outsize cardigan can conceal, protect and mask its wearer. Of course, for the Beat writers, the vagaries of fashion were of no concern; yet the choice of garment was not incidental. The out-of-placeness expressed through the cardigan became an indicator of a wearer out of time and place, of a tortured sensibility, or, more explicitly, of a man alone. The Romantic figure of the 'man alone' is unsurprisingly a typical guise for the rock vanguard, and cardigan wearing for young angst-filled men, a sign of masculinity in crisis.

BUTTONING UP: CONCLUSION

Although the cardigan became the sign of a new masculinity, it is ostensibly an item of 'unisex'[20] knitwear. One might conclude that this re-appropriation of the garments is an expression of a move towards a more fluid or even androgynous performance of gender through fashion, yet this move was temporary. Masculinity may well have been feminised through dress, but the concept and constituents of masculinity had changed very little.[21] The mix of a seeming respectability with anti-social behaviour through knitwear and style in general created a climate in which masculinity could be both consumerist and patriarchal, negotiating concepts of masculinity on the surface, whilst maintaining the status quo.

Whilst masculinity was undergoing a period of transformation, 'new' men could be seen as shrouding their social discomfort within the confines of cosy knitted garments, referencing and appropriating the styles of the past, thus attempting to ease and slow the inevitable transition. But was masculinity really under threat? Did a genuinely 'new' man emerge from his cardigan like a butterfly from the chrysalis? Essentially, one would suggest that the old man, much like the old cardigan, underwent a makeover; the traditional remained, but had been subjected to a touch of *zeitgeist*. The past was literally re-dressed; specific elements pertaining to the construct of masculine identities were selected, re-positioned and promoted. Strength, competition, aggression and potency, dominant aspects within the construction of masculinity, remained central, but were embellished with a fashionability previously reserved for womenswear and the female consumer. As masculinity came out of the closet as a fluid rather than static construct, so did the cardigan; no longer the uncomfortable preserve of sexless, middle-aged men bound by the rigidity of tradition and gender, the garment embraced masculinity as vibrant, potent and sexually alluring. Nonetheless, however fluid concepts and constructs of masculinity became, its presentation and representation largely returned to established concepts of patriarchy, reaffirming a dominance and power, which, in a post-modern society, was to be obtained and displayed through the acquisition of goods and sartorial codes.[22]

20. M. Gottdiener, *Postmodern Semiotics*, Blackwell, 1995, pp. 209-213

21. For example, Pringle's traditional Argyle patterned sweaters, muted pastel shades, soft, luxurious and hitherto a sign of wealth and conspicuous leisure, were re-appropriated in the 1980s by working-class men as a sign of aggressive masculinity with violence and hooliganism at heart. Phil Thornton, *Casuals: Football, Fighting and Fashion, the Story of a Terrace Cult*, Milo Books, 2003, p. 281; Paolo Hewitt and Mark Baxter, ibid, pp. 177–203

22. Sean Nixon, Hard Looks: *Masculinities, Spectatorship and Contemporary Consumption*, Routledge, 1996, pp. 18–19

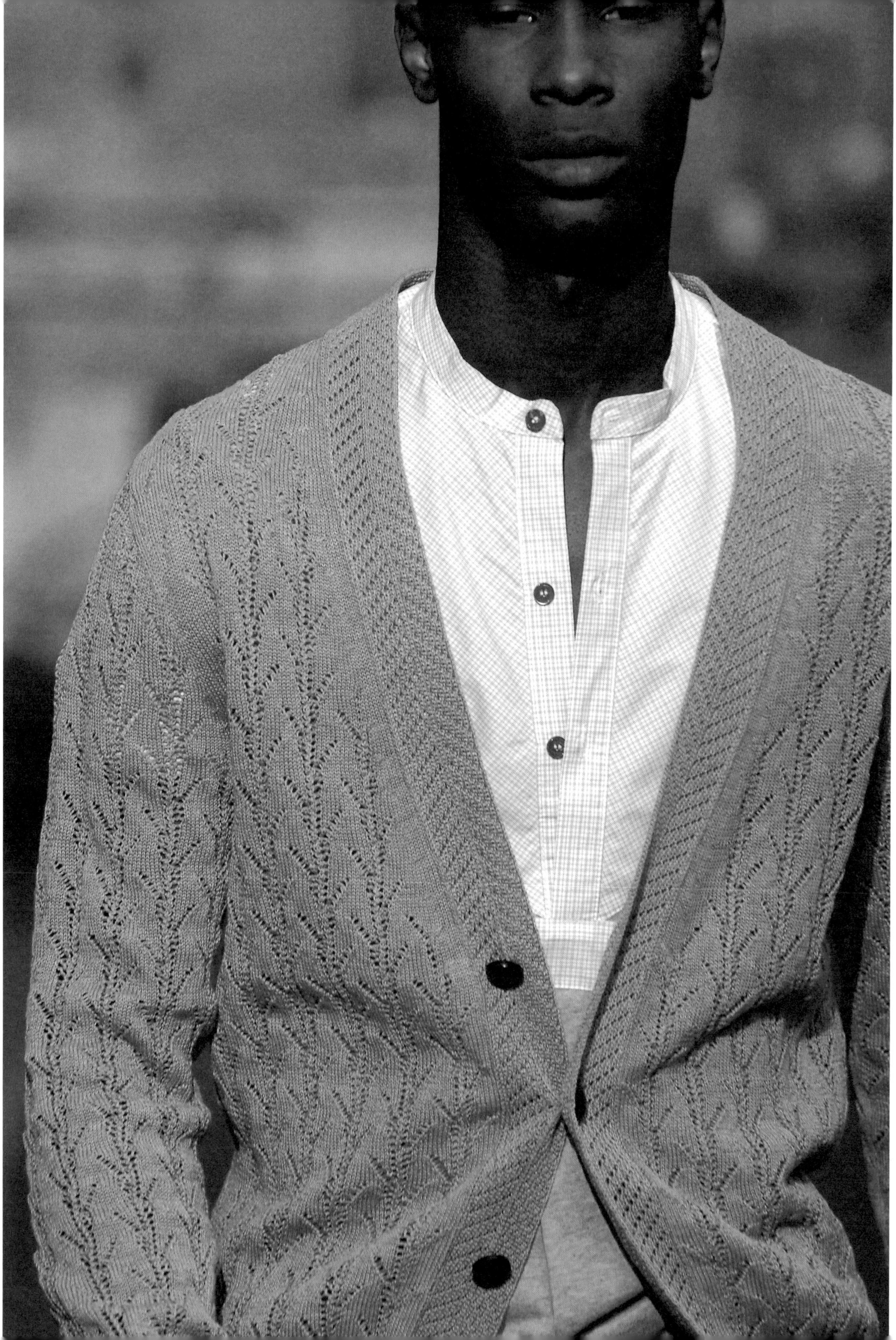

Close-up of a cardigan by Kris Van Assche, S/S 2008

Detail of *Face*, knitted jumper in synthetic fibre, the front is made of knitted tubes giving the effect of a human face, cotton patchwork sweater with paint print, Walter Van Beirendonck men's collection *Glow*, A/W 2009–10

ONTRAFEL. TRICOT IN DE MODE

Kaat Debo

Hoewel de techniek van het breien ogenschijnlijk bijzonder eenvoudig lijkt — in haar meest basale uitvoering volstaan een set breinaalden en een bol wol — zijn de achterliggende geschiedenis en context heel wat complexer en gelaagder. De diverse thema's in deze expo illustreren de veranderende status van zowel hand- als machinebreiwerk, onder invloed van factoren en evoluties zoals de industrialisatie, de veranderende status van de vrouw in de loop van de 20ste eeuw, de opkomst van *sportswear* en de evolutie in onze perceptie van comfort, welzijn, gezondheid en elegantie. Deze tentoonstelling wil geen exhaustieve geschiedenis van breigoed schetsen, maar wel verder kijken dan het stoffige laagje dat velen haar toedichten. Aan de hand van talrijke gebreide stukken van zowel gevestigde namen uit de prêt-à-porter en haute couture, als jonge avant-gardeontwerpers, krijgt breigoed in dit boek en deze expo de plaats die ze verdient in de context van de *high fashion*.

Karen Van Godtsenhoven (MoMu) en Emmanuelle Dirix (Winchester School of Art, Southampton University, Modeafdeling Koninklijke Academie Antwerpen), de beide curatoren van deze publicatie en de gelijknamige tentoonstelling, ontrafelden de voorbije maanden met veel geduld de verschillende connotaties van breigoed en de bijzondere plaats die deze techniek de afgelopen decennia heeft ingenomen in de mode.

ONGEËVENAARD TRICOT.

Hilary Alexander

Al sinds de tijd van het Gulden Vlies heeft wol een grote betekenis in mythe en mode. Van de complexe gebreide structuren met tientallen schakeringen in de typische stijl van de familie Missoni, over het breiwerk dat met behulp van houten bezemstelen in plaats van breipennen werd vervaardigd in een memorabele collectie van de Japanse ontwerper Yohji Yamamoto uit de late jaren 1990, tot de vermenging van wol, metaal en kunststoffen in de futuristische lichaamsaanpassende silhouetten van de jonge Britse breigoedontwerpster Louise Goldin: vaak bezit wol de kracht om te inspireren en te verbazen en uit te stijgen boven de nuttige functie van kleding om ons lichaam simpelweg warm te houden.

In het Verenigd Koninkrijk werd in het kader van de *Campaign for Wool*, met de steun van Z.K.H. de Prins van Wales, een reeks initiatieven genomen om wol opnieuw onder de aandacht te brengen en om designers en consumenten te herinneren aan de kracht en bruikbaarheid van dit materiaal.

In België wordt een baanbrekende tentoonstelling georganiseerd met de geschiedenis van breiwerk als thema. Daarin wordt ontrafeld hoe breiwerk door de eeuwen heen heeft bijgedragen tot maatschappelijke revoluties en ontwikkelingen in de mode.

ONTRAFEL. TRICOT IN DE MODE

Mijn bijzondere dank voor het vele werk en de energie die zij in dit project investeerden. Het onderzoek en de zoektocht naar objecten voor deze expo en dit boek werden met veel enthousiasme gevoed door Federico Poletti en Wim Mertens. Dank voor hun waardevolle inbreng.

Deze tentoonstelling kwam tot stand in samenwerking met Woolmark. Dankzij hun steun en knowhow konden we onder meer een aantal ontwerpers nieuwe opdrachten geven, met als resultaat bijzondere stukken van Christian Wijnants, Hilde Frunt en Sigi, Sandra Backlund en Bauke Knottnerus.
Voor de scenografie konden we een beroep doen op de vakkennis en innovativiteit van de Belgische breigoedfabrikant Cousy. Dit familiebedrijf is het levende bewijs dat breigoed ook vandaag nog inspireert en aanzet tot vernieuwing en creativiteit. Mijn welgemeende dank aan Ludo en Trees Cousy.

Mijn dank gaat vervolgens uit naar de talrijke modehuizen, ontwerpers, privéverzamelaars en musea, die ons hun uitzonderlijke breigoed in bruikleen gaven. Ook het voltallige MoMu-team verdient een bijzondere vermelding voor hun gedrevenheid en professionaliteit. Ten slotte ben ik bijzonder blij met de bijdragen van Paul Boudens en Bob Verhelst, die respectievelijk de grafische vormgeving en de scenografie voor hun rekening namen.

ONTRAFEL. Tricot in de Mode is het resultaat van een samenwerking tussen het MoMu en Woolmark, twee partners die veel belang hechten aan het behoud van de kwaliteit van wollen kleding en aan innovaties waardoor de natuurlijke vezel zich in de frontlinie van de mode kan handhaven.

Schitterende ontwerpen van toonaangevende designer labels uit binnen- en buitenland — Vivienne Westwood, Bernhard Willhelm, Sonia Rykiel en Missoni — zijn te zien naast historische haute-couturestukken van bijvoorbeeld Schiaparelli, Patou en Chanel, en meer gedurfde creaties van avant-gardeontwerpers zoals Maison Martin Margiela, Mark Fast en Sandra Backlund.

De tentoonstelling focust ook op de verschillende technische en conceptuele benaderingen van het breiwerk als kunst en als ambacht, en introduceert de bezoeker in de boeiende wereld van de vindingrijke en soms complexe methoden die in de loop der eeuwen werden ontwikkeld om de wol, met name de zachte merino, te transformeren tot zowel dagelijkse als luxueuze kledingstukken. Door haar grote diversiteit vormt gebreide kleding een belangrijk onderdeel van de geschiedenis van de mode, vanaf het 17de-eeuwse gilet, over de victoriaanse kousen en klassieke twinsets tot de experimentele hedendaagse creaties en de wonderen van de catwalk.

ÉÉN LATEN VALLEN – TWEE OPHALEN – ÉÉN LATEN VALLEN…
ONTRAFELING VAN DE STATUS VAN BREIWERK IN MODE

Emmanuelle Dirix

'Breien kampt met een imagoprobleem. […] De schijnbare eenvoud van rechttoe rechtaan breien zit diepgeworteld in ons collectieve bewustzijn. Dat breien diverse complexiteits- en betekenisniveaus kan bevatten eens men voorbij het beginnersstadium is, dreigt nogal eens te worden vergeten.'[1]

Breien op het meest eenvoudige niveau bestaat uit het vormen van een weefsel, bestaande uit verticale kolommen, door met één lange draad opeenvolgende lussen te maken. Op basis van *rechte* of *averechte* steken (een averechte steek wordt ook wel *parelsteek* genoemd) kunnen verschillende patronen en weefsels worden gecreëerd; dit kan handmatig worden gedaan op twee of meer naalden of met een breimachine. Maar breien is veel meer dan een vaardigheid of activiteit; het is ook beladen met culturele betekenislagen. Voor velen is het iets wat we associëren met huiselijkheid, met vrouwen — en maar al te vaak met oude vrouwen. We denken dat het iets is wat leidt tot babyslofjes, lelijke kersttruien, enigszins onregelmatig gebreide sjaals, kitscherige wc-rolhouders en duffe theemutsen… en daarom associëren we het niet direct met *high fashion*. Evenals de zojuist genoemde, beperkte veronderstellingen, is die visie niet alleen vooringenomen en beperkt, maar tevens, zoals in dit hoofdstuk zal worden aangetoond, volstrekt onjuist.

Dit hoofdstuk is zeker geen geschiedenis van het breien en gaat ook niet over het brede gamma aan gebreide 'producten' in de cultuur — het focust met name op de relatie tussen breien en *high fashion*. Willen we echter de 'lastige' en veranderende relatie tussen breien en mode goed begrijpen, dan moeten we ook kijken naar zaken als sekse, huiselijkheid en industrialisatie.

We zien momenteel een lichte revival van breien en breiwerk; als hobby en/of ambachtelijke vaardigheid heeft breien in de afgelopen paar jaar een ingrijpende *rebranding* ondergaan en is het van ouderwets ineens *übercool retro chic* geworden. Van *stitch'n'bitch* (breien en gezellig kletsen/roddelen) tot celebritybreiers en modellen die backstage zitten te breien tijdens coutureshows… Zoals een Brits magazine onlangs nog verklaarde: 'Breien is het nieuwe uitgaan.'

Ook breiwerk is opnieuw ontdekt en met open armen ontvangen door de ontwerpers, althans, zo wil de pers ons maar al te graag doen geloven. Spreads met speciale mode-editorials over designerbreiwerk – variërend van (Noord-Schotse) *Fair Isle*-motieven bij Dolce & Gabbana, delicate, kantachtige breisels door Mark Fast, *fifties*-twinsets door Prada en Louis Vuitton, avant-garde-experimenten door Margiela, tot de luxueuze moderne klassiekers door Pringle — hebben deze winter heel wat pagina's van de bekende modeglossy's gevuld. Het feit is echter dat breien nooit echt weg is geweest en dat breiwerk al decennialang een belangrijk onderdeel vormt van designers hun wintercollecties. Alleen is het ons nu door een verandering in de culturele perceptie ineens opgevallen, sterker nog: we zijn ons er weer op gaan focussen. Evenals breien is ook breiwerk nu weer cool — niet alleen iets om je 's winters warm te houden. Dit jaar is het echt Hot met een hoofdletter.

Betekent dit dat er nu definitief een hechte relatie is ontstaan tussen breien en mode? Waarschijnlijk niet. Het gaat hier tenslotte om mode; en wat vandaag nog hot is, is morgen alweer vergeten. Deze nieuwe interesse is slechts een van de vele statuswijzigingen die breien en breiwerk sinds het midden van de 19de eeuw hebben ondergaan.

De 19de eeuw werd gekenmerkt door het hoogtepunt van de industriële revolutie en door de definitieve overgang van *huisindustrie* naar *fabrieksindustrie*. Hoewel het breien al veel eerder een mechanisatie had meege-

maakt — in de 16de eeuw door de Britse uitvinding van gemechaniseerde *knitting frames* (breiramen) — had de breuk tussen handmatig en machinaal breien in de 19de eeuw de grootste impact op de status van gebreide producten.

De industriële revolutie was sterk gebaseerd op de uitbreidende textielindustrie. De grootschalige ontwikkelingen in de machinale stoffenproductie zorgden voor een drastische toename en diversificatie van de output, maar deelden tegelijkertijd een zware klap uit aan de traditionele textielindustrieën, waaronder de brei-industrie.

Er was, zoals gezegd, al eerder sprake van mechanisatie van het breien en een verschuiving van handmatig naar machinaal breien, maar toch kon het machinaal breien nog altijd grotendeels worden beschouwd als een huiselijke en ambachtelijke industrie met haar eigen georganiseerde productiesystemen via thuis- en stukwerk. Eind 18de en begin 19de eeuw werd deze ambachtelijke industrie gerationaliseerd tot fabrieksproductie, en dit — in combinatie met nieuwe technologische ontwikkelingen, in de vorm van rondbreimachines, en de opkomst van stoom- en waterkracht — bracht een radicale verandering teweeg in de snelheid en kosten waarmee gebreide producten konden worden geproduceerd.

Deze herstructurering had een ironische tegenstrijdigheid tot gevolg: de mechanisatie van gebreide stof leidde bijna tot de ondergang van het handmatig breien en tot een afname van het framework knitting (mechanisch breien met behulp van een knitting frame) voor commerciële doeleinden.[2] En dit leidde weer tot statusverhoging van het handgemaakte product, maar tegelijkertijd tot statusverlies van het thuisbreien voor privégebruik, omdat de consumptie van kant-en-klare innovatieve producten nu een uiting was van moderniteit, in plaats van de thuisproductie, die steeds sterker werd geassocieerd met vrouwelijkheid, noodzaak en hobbycultuur.

Veel 'traditionele' ambachten, waaronder het breien, hadden te lijden onder deze statusverandering. Door de mechanisatie werd de huisindustrie vrijwel overbodig, vooral binnen de textielproductie, en deze mechanisatie werd algemeen beschouwd als een positieve moderne verandering. Maar toen diezelfde mechanisatie bijna leidde tot de totale teloorgang van een grote georganiseerde ambachtseconomie, steeg de status van ambachtelijke objecten omdat ze steeds zeldzamer werden en — belangrijker nog — de 'stempel' van de maker in plaats van een machine droegen. Vooral in de textielwereld was er verzet tegen machinale producten, omdat deze inferieur werden geacht aan de meer luxueuze, handgemaakte stoffen uit de eeuwen daarvoor. Hoewel dit argument wel degelijk een element van waarheid bevat, mag zeker niet worden vergeten dat 1) machinaal vervaardigde stoffen waren bedoeld voor de nieuwe middenklasse en dus niet voor de eliteklanten, die min of meer trouw bleven aan de traditionele luxestoffen, 2) deze massaal geproduceerde stoffen aanzienlijk goedkoper waren, zodat er onvermijdelijk minder kwaliteit kon worden verwacht en dat 3) deze veronderstelde inferioriteit eerder een weerspiegeling was van elitair onbehagen over de groeiende middenklasse en haar verlangen hun sociale meerderen te imiteren, dan van een echte kwaliteitskwestie. Het ambachtelijke product kreeg bijgevolg niet alleen meer status vanwege zijn werkelijke kwaliteit, maar ook doordat in deze tijd van sociale mobiliteit, de inbeslagname van iemand anders' tijd uitgroeide tot een kostbare handelsfactor en een onderscheidend kenmerk.

Een mooi voorbeeld van deze tegenstrijdigheid is de Britse *Arts-and-craftsbeweging* — met de ontwerper William Morris als voornaamste exponent — die op grond van romantische motieven in opstand kwam tegen mechanisatie, omdat dit de lokale ambachten zou vernietigen. Deze veronderstelde destructie vormde echter tevens de belangrijkste bestaansreden van de beweging. Het stelde de beweging in staat om niet alleen diverse ambachtelijke gebruiken — waaronder handmatig breien — nieuw leven in te blazen, maar ook om binnen de artistieke kringen en de elegante Britse society nieuwe belangstelling en waardering voor ambachtelijke producten te genereren en de verkoop ervan te bevorderen. Maar hoewel de traditionele ambachtelijkheid nieuwe voorstanders vond en daardoor vanzelf nog extra status kreeg, had dit niet op alle ambachtelijke aspecten een positief effect. Vergeet niet dat de traditionele ambachtslieden meestal mannen waren en dat de groep rondom Morris een voornamelijk door mannen gedomineerd clubje was, waar vrouwen nauwelijks erkenning kregen voor hun ontwerp- en productievaardigheden, maar vaak een nederige rol speelden en werden gedegradeerd tot (passieve) muze. Dit debat ging niet alleen over de status van ambachten, maar ook over de scheiding der seksen.

Het thuisbreien in diezelfde periode is het perfecte voorbeeld van dat 'positieve' effect. Terwijl enerzijds de objecten die werden geproduceerd door professionele breiers — meestal mannen die gewoon hun oude ambacht bleven uitoefenen — in snel tempo hooggewaardeerde en luxueuze artikelen werden, werd anderzijds het thuisbreien — meestal door vrouwen — al snel gemarginaliseerd en van ambacht gedegradeerd tot hobby.

De hobbycultuur kwam voort uit de traditionele, 19de-eeuwse huishoudelijke regelingen: de splitsing tussen het publieke en het private. Nu de mannen uit werken gingen, werd de vrouw uit de middenklasse om fatsoensredenen geacht thuis te blijven. Haar plichten als huismoeder waren beperkt en met name in deze periode groeide ze uit tot de zogenoemde 'huisengel', een baken van eerzame vrouwelijkheid. Een huisengel werd geacht over aangeboren kwaliteiten te beschikken, zoals kinderen opvoeden, huizen inrichten, borduren en andere vormen van verfijnde handvaardigheden. Terwijl deze vaardigheden, waaronder breien, werden beschouwd als bewonderenswaardige vrouwelijke kwaliteiten, hadden ze in een bredere sociaaleconomische context geen enkele status. Vrouwen werden beschouwd als elegante passieve wezens, hun activiteiten als typisch vrouwelijk, huiselijk en charmant, en breien als een salonkunst. De status van breien raakte zeer nauw verbonden met, sterker nog: weerspiegelde de lage culturele en economische status van vrouwen.[3]

De reeds geringe status van breien vanwege de associatie met vrouwelijkheid en het huishouden verslechterde nog door de introductie van de naaimachine in het midden van de 19de eeuw — hierdoor drong de mechanisatie door tot in de woonkamer. De naaimachine bracht niet alleen moderniteit in de huiselijke sfeer, maar zorgde ook voor een statushiërarchie in het productieproces van naaigoed — waarbij de machine het al snel won van handwerk. Later in die eeuw kwam er ook nog een huishoudelijke breimachine op de markt die handmatig breien nog ouderwetser maakte. Tegelijkertijd daalde de status van breien ook omdat iets wat thuis kon worden gedaan, geen status rechtvaardigde en weinig waarde had in een economie van massaproductie. Vanwege het functionele eindresultaat werd breien bovendien op het gebied van mode als minder beschouwd dan activiteiten zoals borduur- en kantwerk, die geen utilitaire gebruikswaarde hebben en daardoor nauwer verwant zijn met de mode, die van nature 'anti-nuttig' is en gericht op frivole luxe. Zo verloor breien op twee niveaus, zowel in sociocultureel opzicht als in de modewereld.

Textiel heeft zijn eigen, speciale hiërarchie: met bovenin de luxestoffen, zoals handgeweven zijde, fluweel en brokaat, en onderin de goedkope, massaal geproduceerde stoffen, zoals katoen en kwalitatief mindere wolweefsels. Met name deze hiërarchie — die sterk wordt bepaald door schaarste, luxe, tactiele kwaliteiten en wisselende productie- en grondstofprijzen — beïnvloedt het bovengenoemde debat. Een materiaal dat in theorie thuis kan worden geproduceerd, maar inmiddels machinaal op grote schaal wordt geproduceerd, scoort laag op de hiërarchische schaal. De score van gebreide stof is dus dubbel negatief.

Desondanks kende de 19de-eeuwse mode een groot aantal gebreide artikelen, hoewel deze grotendeels waren beperkt tot accessoires en onzichtbare modeartikelen zoals petticoats (onderrokken) en korsetten.[4] Sjaals, omslag- en hoofddoeken, handschoenen, wanten, buidels, handtassen en — het belangrijkste — kousen konden allemaal met de hand of een machine worden gemaakt. De populaire hobbyboeken over breien, die vooral in de tweede helft van de 19de eeuw werden uitgegeven, bevatten een grote verscheidenheid aan patronen voor al die artikelen. Nu breien steeds meer als een respectabele vrouwenhobby werd beschouwd, verminderde de status ervan nog en werd de passieve rol van

vrouwen opnieuw bevestigd. Maar door een bizarre speling van het lot verschafte deze hobby heel wat vrouwen een eigen inkomen, en een aantal van hen zelfs een succesvolle carrière: sommige bijzonder capabele vrouwen verdienden hun eigen geld door stukwerk aan te nemen voor de groeiende industrie van dure prêt-à-porter, andere vrouwen openden een eigen fournituenwinkel, gespecialiseerd in breigarens en -accessoires. Met andere woorden: de hobby die de status van breien verminderde, lag tevens ten grondslag aan talrijke feministische succesverhalen. Tegenstrijdigheid lijkt kenmerkend te zijn voor de geschiedenis van breigoed in de mode.

In de laatste decennia van de 19de eeuw werden hygiëne en gezond leven een actueel onderwerp van discussie, met als gevolg dat de status van breien in 1880 een onverwachte oppepper kreeg vanuit de medische wereld. Gustav Jaeger, een Duitse bioloog en wetenschapper, publiceerde in dat jaar zijn boek *Die Normalkleidung als Gesundheitsschutz* (Gestandaardiseerde kleding ter bescherming van de gezondheid), waarin hij adviseerde om ter bevordering van gezondheid en hygiëne ruwe dierlijke vezels, zoals wol, 'dicht op de huid' te dragen. Onder de naam 'Jaeger' werd in Engeland een bedrijf opgericht dat was gespecialiseerd in gebreid ondergoed voor zowel mannen als vrouwen. Deze *Jaegers*, zoals ze al snel bekendstonden, waren dan misschien geen mode, maar droegen wel bij aan de publieke discussies over de toenmalige levenshervormingsbewegingen. Breien had nu een wetenschappelijke zegel van goedkeuring, waardoor de status ineens omhoogschoot van nuttig naar modern, omdat wetenschap indertijd als zeer modern werd beschouwd.

De discussies over gezondheid en hygiëne leidden in heel Europa tot de oprichting van verschillende organisaties die zich bezighielden met 'kledingreform', waaronder de 'Rational Dress Society', opgericht in Londen in 1881. Deze vereniging protesteerde tegen vrouwenmode die het lichaam belemmert en misvormt en promootte de deelname van vrouwen aan sport. Verscheidene volgelingen waagden het om te gaan fietsen en hulden zich daarvoor in *bloomers* (ook wel bekend als *knickerbockers* of *rationals*), slobberige knielange broeken, die vlak onder de knieën waren vastgesnoerd met een gesp. Voor fiets- en andere sport-'outfits' waren gebreide stoffen ideaal, omdat deze half-elastisch waren en de lichaamsbewegingen niet belemmerden. Evenals de *Jaegers* waren deze kledingstukken bepaald geen mode, maar ze onderstreepten wel het comfort van gebreide stoffen — een cruciaal kenmerk waardoor breiwerk in de komende decennia helemaal in de mode zou raken. Maar voorlopig waren comfort en mode nog grotendeels elkaars tegenpolen.[5] Pas na de Eerste Wereldoorlog konden beide met elkaar worden verzoend en kon het breiwerk eindelijk zijn rechtmatige plaats in de modewereld opeisen.

Hoewel het vrouwelijke silhouet in het eerste decennium van de 20ste eeuw een radicale vereenvoudiging had ondergaan dankzij de herintroductie van de *empirelijn* door Paul Poiret, was diens mode qua structuur, materialen en opsmuk wel nog steeds zeer complex, extravagant en uiterst luxueus. Desondanks werd zijn idee om vrouwenkleding sterk te vereenvoudigen, integraal overgenomen en zelfs tot nieuwe hoogtepunten gebracht door Gabrielle 'Coco' Chanel. Als visionair ontwerpster begreep zij de nieuwe ideeën en behoeftes als gevolg van de oorlog en vertaalde deze in kleding.

Chanel had eveneens begrepen dat de bevoorrechte klasse die naar Biarritz en Deauville vluchtte om daar de oorlog in stijl uit te zitten, nu meer behoefte had — door de ontdekking van de geneugten van buitenactiviteiten — aan comfortabele en losse maar toch elegante kleding. In 1915 opende Chanel in Biarritz haar eerste modeboetiek, waar ze elegante vrijetijdskleding presenteerde, gemaakt van beige *jersey*, een machinaal gebreid materiaal dat voorheen alleen werd gebruikt voor werkkleding en ondergoed. Ze gaf ruiterlijk toe dat ze werd geïnspireerd door de kleding van mannen, bedienden en werklieden; en hoewel ze zeker niet de uitvindster is van jerseykledingstukken, kreeg jersey dankzij haar meer status en groeide het uit tot een populaire modestof. Chanels zogeheten *chic pauvre*-mode was een eclatant succes en de veranderingen die ze introduceerde voor het modieuze silhouet en voor modieuze stoffen waren nog veel belangrijker dan de koppeling die ze teweeg-bracht tussen mode en breisels.

Het interbellum was voor vrouwen een tijd van aanzienlijke sociale, poli-tieke en economische bevrijding. Dit was het tijdperk van de 'nieuwe vrouw' die zich een veel vrijere en actievere levensstijl kon veroorloven dan haar moeder en die een garderobe nodig had die paste bij de nieuwe kansen. De sportmode die tijdens de oorlog was geïntroduceerd door Chanel, stond model voor een groot aantal modeontwikkelingen van de jaren 1920, waaronder het toegenomen gebruik van jersey.[6] Handgebrei-de en verfijnde machinaal gebreide artikelen, met name de trui, werden in alle klassen een ware rage en zouden in de jaren 1920 en 1930 een cruciaal onderdeel blijven van de modieuze garderobe. Het is onduidelijk wie de 'truienmode' introduceerde — zoiets is vrijwel nooit te herleiden tot één bepaald persoon — maar toch zijn er twee ontwerpers die veel hebben bijgedragen aan de pop\ulariteit en duurzaamheid van deze mode: Jean Patou en Elsa Schiaparelli.

Patou was zijn carrière begonnen met het maken van praktische maar elegante tenniskleding voor vrouwen, waaronder gebreide mouwloze V-halstruien en -vesten. Evenals Chanel onderkende hij de verleidelijk-heid van en het nieuwe verlangen naar comfort en begon hij met de productie van sportkleding die ook buiten de tennisbaan kon worden ge-dragen. Hij creëerde een reeks sweaters en vesten — aanvankelijk nog in subtiele kleuren, maar later met opvallende, felgekleurde kubistische motieven — die bij duizenden werden gekopieerd door zowel confectie-bedrijven als handige huisvrouwen. Zijn truien waren voornamelijk ma-chinaal gebreid, maar de breitijdschriften van destijds informeerden hun lezers nauwgezet hoe zijn stijl handmatig kon worden gekopieerd. Deze bladen voor 'thuisbreiers' waren in die tijd allesbehalve hobbyistisch of uitsluitend gericht op handenarbeid — de goedkope exemplaren bevatten wel nog steeds patronen voor babymutsjes en -slofjes, maar ze waren allemaal (sommige zelfs uitsluitend) gericht op moderne modeartikelen in plaats van nuttige artikelen. Zoals een advertentie voor Viyellawol en -patronen aanprees: 'Alweer zo'n Parijse stijl voor u om te breien.'[7]

Hoewel de associatie 'vrouwelijk' nog steeds bepalend was voor het imago van het thuisbreien, was het nu ook iets om trots op te zijn: 'Les Parisiennes aux doigts de fées sont [...] consacrées aux travaux d'aiguille, travaux féminins. [...] La vraie Parisienne cache des trésors d'adresse, de goût et d'économie.' (De Parisiennes met hun gouden handjes zijn [...] voorbestemd voor borduurwerk, vrouwenwerk. [...] In de ware Parisienne gaat een schat aan behendigheid, smaak en spaarzaamheid schuil.)[8] Deze verandering is waarschijnlijk in gelijke mate toe te schrijven aan marketing als aan culturele ontwikkelingen.

De trui werd vaak gecombineerd met een passende gebreide rok en een vest met ceintuur. Dit driedelige mantelpakje, dat van 's ochtends vroeg tot 's avonds laat kon worden gedragen, groeide uit tot het modieuze uni-form van de 'nieuwe', ook vaak werkende, vrouw — de ruime toepasbaar-heid ervan weerspiegelde het nieuwe, veelzijdige en afwisselende leven van deze jonge vrouwen.

Maar niet alleen machinaal gebreide truien boekten succes in de haute-couturecollecties. Terwijl Patou een voorkeur had voor soepele, estheti-sche, machinaal gebreide exemplaren, introduceerde Schiaparelli bij de elite haar exquise handgebreide truien, waardoor deze vanzelf de status kregen van luxeartikelen. Schiaparelli had al een collectie sportkleding gelanceerd, waaronder sweaters in 1923–24, maar ze wordt vooral herin-nerd vanwege haar kasha-truien uit 1928–29, met trompe-l'oeil-motieven in Armeense kruissteek, waaronder een grote witte strik (een klassiek motief), een gestippelde sjaal en een vlinderdas.[9]

De trui, die aan het begin van de eeuw nog onmodieus, praktisch en een vast onderdeel van sport- of werkkleding was geweest, was nu dankzij het Parijse goedkeuringszegel helemaal in de mode en vormde het canvas voor echte moderne kunstwerken. Zoals in een Frans tijdschrift terecht werd opgemerkt: 'Aujourd'hui la laine est en faveur.' (Wol is tegen-woordig geliefd)[10] En wat betreft breien: zelfs Vogue lanceerde een eigen breitijdschrift en Vogue's Book of Knitting & Crochet bevatte een enorm aantal 'chique patronen [...] ontworpen door Vogue-deskundigen die alles weten over de laatste modeontwikkelingen in Parijs, Londen, New York en al die andere favoriete plekken van de beau monde.'[11]

Een ander iconisch, gebreid kledingstuk uit die periode dat nadere aan-dacht verdient, is het zwemkostuum. Zwemmen werd bij vrouwen met name in de periode tussen de twee oorlogen ongelooflijk populair. Bij de Olympische Spelen van 1912 hadden voor het eerst vrouwen meegedaan aan het onderdeel zwemmen en vanaf toen groeide de populariteit van deze sport — vooral in de tweede helft van de jaren 1920 nadat Gertrude Ederle in 1926 als eerste vrouw ooit het Kanaal was overgezwommen en het toenmalige mannelijke record met twee uur had weten te verbeteren. De officiële olympische erkenning van zwemmen als een vrouwvriende-lijke sport werkte als een katalysator voor de ontwikkeling van een mo-dern en praktisch vrouwenzwempak. De edwardiaanse tweedelige badpakken, een broek-en-jurkcombinatie, werden in de jaren 1920 ver-vangen door gebreide eendelige zwempakken van wollen jersey en zijde, die herinnerden aan de vroegere eendelige zwemkostuums voor mannen. Deze half-elastische kledingstukken sloten nauw om het vrouwelijke fi-guur (dit materiaal is een mooi voorbeeld van de toenmalige, sociale ver-anderingen met betrekking tot vrouwen en het vrouwelijke lichaam) en waren te koop in een grote diversiteit aan kleuren en patronen, conform de mode van die tijd. De nieuwe zwempakken waren oneindig meer ge-schikt voor wateractiviteiten dan hun historische equivalenten; zoals het Amerikaanse zwemkledingbedrijf Jantzen verklaarde in zijn reclame-slogan: The Suit That Changed Bathing to Swimming (Het pak dat van baden zwemmen maakte).

De moderne vrouw in haar moderne zwemkostuum die in de advertentie stond afgebeeld, groeide uit tot een ware tijdsicoon; de 'Bathing Belle' dook overal op — van reisaffiches met advertenties voor badplaatsen tot Hollywoodfilms. Ze was zo'n overtuigend en ambitieus modebeeld dat zelfs de Britse Daily Mail tot de verrassende uitspraak kwam: 'Every woman who wants to be "in the swim" of fashion [...] simply must possess a knitted bathing suit.' (Iedere vrouw die met de mode mee wil gaan, [...] moet gewoon een gebreid badpak bezitten).[13]

In 1939 hoorden gebreide truien, vestjes, rokken, badpakken, open-gewerkte kousen, handschoenen, hoeden, mutsen en sokken bij een modieuze garderobe, en beleefden handmatig én machinaal breien hun modieuze hoogtepunt. Door de gebeurtenissen die in de komende jaren zouden plaatsvinden, zou die status dramatisch veranderen en zouden breien en breiwerk weer worden teruggedrongen in de sfeer van huise-lijkheid, noodzaak en, nog erger, soberheid.

De Tweede Wereldoorlog beïnvloedde de nationale mode en mode-indus-trie op verschillende manieren. In Parijs bleef de haute-couture-industrie aanvankelijk gewoon nog open, maar toen Frankrijk gedeeltelijk werd bezet, kreeg de rest van de wereld weinig nieuws meer te horen over de mode die er nog werd geproduceerd. In vrijwel alle landen die waren getroffen door de oorlog waren versoberingsmaatregelen van kracht die de modeproductie reguleerden en aanzetten tot een attitude van im-proviseren en oplappen. In de praktijk betekende dit dat vrouwen werden aangemoedigd om oude kleren en stoffen, waaronder wol, te recycleren. Oud wolgoed werd ontrafeld, ontkreukeld met stoom en opnieuw ge-breid, sokken en kousen werden van een nieuwe voet voorzien of gestopt; thuisbreien werd nu niet meer geassocieerd met mode, maar werd be-schouwd als patriottisme en als een bezuinigingsmaatregel.[14] Nu breien uit noodzaak gewoon werd, kwamen de breivaardigheden die veel vrou-wen in de vorige decennia hadden verworven door het maken van modi-euze kleding, uitermate goed van pas.

De gedachte dat breien iets patriottisch was, bleek ook uit de campagnes waarin jong en oud — zowel mannen als vrouwen — werd aangespoord om te breien voor de soldaten aan het front, en uit de met patriottische slogans en het V-teken (van de 'V' van Victory, overwinning) bedrukte hoesjes van de breipatronen voor handschoenen, sokken, truien en bivak-mutsen.[15]

Hoe spaarzaam, eerzaam en prijzenswaardig breien uit noodzaak ook was, toch werd breiwerk — en dan vooral thuis geproduceerde breisels — hierdoor opgezadeld met nogal negatieve associaties, hetgeen betekende dat het in 1945 voor velen symbool stond voor soberheid, armoede, rantsoenering en een wereld die veel mensen liever wilden vergeten. Breiwerk verdwijnt aan het eind van de oorlog niet van het toneel, verre van dat, maar in de jaren vlak na de oorlog is het wel opvallend afwezig in de meeste haute-couturecollecties. Breipatronen en goedkope damesbladen bevatten wel nog steeds imitaties van modieuze kledingstukken — *Le Petit Echo de la Mode*[16] bijvoorbeeld toonde vrouwen hoe ze, door de toevoeging van gebreide banen in rokken en van gebreide stukken in de schouders van jurken, hun bestaande kledingstukken konden aanpassen aan het nieuwe silhouet en de nieuwe lengte conform Diors *Corolle*-lijn. Ook patronen die vrouwen lieten zien hoe ze de beroemde Jackie O-accessoires en later hun eigen Chanel-mantelpakje konden breien, waren zeer populair. Maar wat in de jaren 1920 voor de 'nieuwe vrouw' nog een slimme manier was geweest om modieus te zijn, voelde nu zeer middelbareleeftijd- en huisvrouwachtig aan — de vrouw die tijd had om te breien, bleef thuis en leek haar historische zusje in de steek te hebben gelaten. De modellen in deze tijdschriften en op de covers van deze patronen leken nu op de een of andere manier ouderwets en typerend voor een irreëel vrouwelijk ideaalbeeld waartegen op straat al zichtbaar werd gerebelleerd.

Het naoorlogse fenomeen van de teenager als aparte culturele categorie en aparte klant leidde tot een totaal andere mode dan het toenmalige, burgerlijke aanbod van Parijs. Breiwerk speelde in die jongerenmode een rol vanwege zowel culturele als praktische redenen.
Jonge mensen waren niet koopkrachtig en, belangrijker nog, hadden geen belangstelling voor de aanschaf van haute-couturemode of goedkope kopieën van zulke silhouetten. Hun engagement met mode was er vooral op gericht een verschil te creëren met de mode van hun moeder via herkenbare jongerenmode. De gemoderniseerde confectie-industrie voorzag in hun behoeften. Deze sector kon zich in de naoorlogse jaren snel en succesvol ontwikkelen vanwege de rationalisatie van de nationale kledingindustrieën tijdens de oorlog.[17]

Jongeren- en subculturen zetten zich vaak af tegen de traditionele genderrollen; hun mode was strakker, korter en had niets te danken aan Parijs. Elastisch breiwerk was het perfecte materiaal voor de strakke nauwsluitende truitjes van de *sweater girls* (meisjes met mooie borsten in strakke truitjes),[18] de korte BB-truitjes (van Brigitte Bardot), de zwarte existentialistische coltruitjes die populair werden dankzij Audrey Hepburn, en later de strakke minirokjes en -jurkjes van de *dolly birds* (leuke meisjes). Deze jongerenbreisels waren revolutionair, vooral vanwege hun seksuele associaties en insinuaties, maar ze werden evenzeer steeds meer geassocieerd met linkse politiek en, in de jaren 1960 en 1970, met actieve genderpolitiek.

Jeugdige ontwerpers, zoals Mary Quant, Rudi Gernreich en Barbara Hulanicki, de oprichtster van het cultlabel Biba, in combinatie met de massa's goedkope confectielabels en -boetieks, gaven de toon aan. Dit fenomeen had evenveel te danken aan het revolutionaire potentieel van elastische breisels, als aan de democratische prijs van jerseymix-stoffen. Parijs, waar de traditionele couture steeds meer in verval raakte, bekende al snel kleur en accepteerde de jongerenmode door soortgelijke kleding uit te brengen van de hand van Cardin, Yves Saint Laurent en vele anderen.[19]
Yves Saint Laurent, die in 1966 zijn confectielijn *Rive Gauche* startte en Sonia Rykiel, die in 1968 haar bedrijf oprichtte, namen afstand van het door de haute-couturesalons gepropageerde, traditionele ideaalbeeld van de vrouw, schaafden ten minste vijftien jaar van haar leeftijd af en stelden zich haar voor, discussiërend over politiek in de cafés van Parijs in plaats van perfect verzorgd in haar bekrompen appartement in het 16e arrondissement.

Over genderpolitiek werd verhit gediscussieerd, en met vrouwen die in de straten van Europa actief streden voor hun rechten en het recht op hun lichaam probeerden ontwerpers deze strijd voor bevrijding en gelijkheid te vertalen in hun kleding; ze stelden zich haar zonder beha voor in een truitje, ontspannen en gemakkelijk omgaand met haar seksualiteit. Breiwerk werd opnieuw een bevrijdingssymbool.

Er gold nu een tweeledig betekenissysteem: in het welgemanierde volwassen deel van de samenleving werden gebreide truien en twinsets beschouwd als een fatsoenlijk uniform van de middenklasse, terwijl breiwerk anderzijds ook kon wijzen op politieke en revolutionaire ideeën en — belangrijker nog — in symbolisch opzicht juist dat ouderwetse uniform en de 'welgemanierde middenklasse'-associaties van de lichamen die erin zaten, aan de kaak kon stellen. Het was het uniform van zowel de ouderen als de jongeren — één voet in het verleden, één in de toekomst.

In de jaren 1970 waren wederom twee tegengestelde uitingen van breiwerk te zien: terwijl het merendeel van de maatschappij was gekleed in romantische, escapistische 'etnische'[20] breisels, radicaliseerden de jongeren- en subculturen nog meer vanwege de groeiende economische crises en de opkomst van rechtse politiek. Door de punkbeweging, die hier het gevolg van was, kreeg de gebreide trui nog extra politieke betekenis. Deze zelfgemaakte punktruien met hun gaten en opzettelijke onvolkomenheden, uitgevoerd in vloekende felle kleuren, schopten tegen de kleinburgerlijke maatschappij aan en veranderden haar fatsoenlijke breihobby met opzet in 'lelijke' objecten die de duistere kant van alle nette dingen en de ontrafeling van het evenwicht onthulden.

Maar vooral in de jaren 1980 en 1990 werd het meest schokkende en revolutionaire hoofdstuk geschreven van de geschiedenis van het breiwerk: dit waren de decennia waarin het Italiaanse breiwerklabel Benetton wereldwijd furore maakte met zijn reclamecampagnes. Hoe revolutionair breiwerk ook had geleken in vroegere tijden, nooit eerder, noch daarna, veroorzaakte het zo veel controverse, vulde het zo veel centimeters in krantenkolommen, voedde het de angst van zo veel mensen; en het was waarschijnlijk voor het eerst sinds de *Luddite*-opstand in 1812 dat er over breiwerk werd gedebatteerd in het Britse parlement. De reclames van Benetton bevatten vrijwel geen breiwerk, maar in plaats daarvan beelden die speciaal waren ontworpen om mensen te confronteren met hun vooroordelen over controversiële onderwerpen, zoals rassenpolitiek, de aidsepidemie, kinderarbeid, doodstraf en gewelddadige conflicten. Diverse landen verboden een of meer campagnes, en toen de huisfotograaf van Benetton, Oliviero Toscani, in 2000 het bedrijf 'verliet' — mogelijk vanwege de beruchte *death row*-campagne — leek het breiwerk over de schreef te zijn gegaan, waarna het even wat rustiger werd aan het breiwerkfront.

En waar zijn we nu? In het afgelopen decennium hebben kranten en tijdschriften talloze keren de revival van breiwerk verkondigd. Maar we kunnen gerust stellen dat het in de mode eigenlijk nooit is weggeweest: we hoeven alleen maar te kijken naar onze eigen garderobe om ons te realiseren hoeveel breiwerk we eigenlijk wel bezitten. Misschien komt het juist omdat we er zo aan gewend zijn, dat we het als vanzelfsprekend beschouwen en vaak zijn aanwezigheid niet opmerken. Of misschien is breiwerk in de context van mode zo lang over het hoofd gezien, omdat het zo vaak een 'klassieker' of, nog erger, een 'basic' wordt genoemd. Hopelijk blijkt uit dit hoofdstuk dat dit volkomen onterecht is en dat het bij breiwerk veelal om mode gaat, ook al maakte het soms een lange omweg om er te komen. Breiwerk is klassiek, maar het is ook iets wat over de toekomst gaat, omdat het er het volgende seizoen, het volgende jaar en het jaar daarna, en ook het jaar daarna steeds weer zal zijn – weliswaar ietwat anders qua vorm en kleurenpalet dan de laatste versie, maar over het algemeen toch nauwelijks anders.

Er kan gesteld worden dat gebreide kledingstukken, zowel in het verleden als in de toekomst horen, of op z'n minst in het nu. Breiwerk kan onmogelijk worden ontward of ontdaan van alle betekenislagen dat het in de loop der eeuwen heeft verkregen, aangezien de culturele geschiedenis van breiwerk allesbehalve klassiek is: het is een verhaal van opkomst en verval, van tegenstrijdigheid, conformeren en subversief gedrag, en een verhaal dat ontrafeld dient te worden. In deze tekst is alvast stevig aan die draad getrokken, maar het is slechts een begin.

NOTEN

1. Montse Stanley, 'Jumpers That Drive You Quite Insane: Colour, Structure and Form in Knitted Objects', in *Disentangling Textiles: Techniques for the Study of Designed Objects*, Schoeser, Mary & Boydell, Christine (eds), Middlesex University Press, 2002.

2. Uitzonderingen hierop waren gespecialiseerde, lokale bedrijven waar zowel handmatig als machinaal werd gebreid en bedrijven die zich richtten op hoogwaardige luxegoederen.

3. Hoewel handmatig breien nu als een typisch vrouwelijke bezigheid wordt beschouwd, breiden, historisch gezien, zowel mannen als vrouwen eeuwenlang voor geld en ter ontspanning. Deze associatie met vrouwelijkheid lijkt ook een gevolg te zijn van het feit dat in de lokale brei-industrie mannen de leiding hadden. Omdat de allereerste breimachine was uitgevonden door een man, werd machinaal breien, het zogeheten *framework knitting*, algauw sterk geassocieerd met mannen, en toen in 1657 het *Framework Knitters Guild* (Gilde van Breiraam Breiers) werd opgericht, mochten uiteraard alleen mannen lid worden, met als gevolg dat technisch breien nog meer met mannen werd geassocieerd en vrouwen nog steeds als handbreisters werden beschouwd.

4. Uit de 19de eeuw bestaan nog diverse exemplaren van geheel en/of gedeeltelijk gebreide, modieuze jurken, maar vooralsnog is er geen bewijs dat gebreide bovenkleding voor vrouwen destijds gemeengoed was. In modetijdschriften uit die tijd zijn wel een paar verwijzingen gevonden naar gebreide stoffen (hoewel een juiste identificatie van de vele materialen waarnaar in deze mode-publicaties wordt verwezen niet altijd mogelijk is, aangezien vele inmiddels zijn verdwenen en andere in de loop der tijd een nieuwe betekenis hebben gekregen). Zie ook het essay van Frieda Sorber voor verdere complicerende factoren met betrekking tot de geschiedenis van gebreide kledingstukken.

5. In Nederland presenteerde de 'Vereeniging voor Verbetering van Vrouwenkleeding' (V.v.V.v.V.), opgericht in 1899, een reformsilhouet dat meer in overeenstemming was met de toenmalige mode, omdat de leden van deze vereniging beseften dat reformkleding iets anders was dan mode, maar dat eerstgenoemde geen kans van slagen zou hebben zonder met laatstgenoemde rekening te houden. In hun maandblad *Onze kleeding* stond te lezen dat dit blad 'voor de reformdragende vrouwen even onmisbaar is als voor de andere *De Gracieuse*, *Weldon's Damesblad* en de overige bladen zijn' (*Onze kleeding*, 1913, p. 1).

6. De introductie van vrijetijdskleding door de haute-couturewereld was niet enkel een reactie op de nieuwe vrouwelijke identiteit, maar ook een direct gevolg van de Eerste Wereldoorlog. In de jaren vlak na de oorlog was er weinig vraag naar luxueuze haute-couture-avondkleding. Hierdoor kwamen de couturehuizen op het idee om in plaats hiervan een complete damesgarderobe te ontwerpen — van overjas tot négligé. Deze draagbare ontwerpen voor alledag waren weliswaar goedkoper dan hun vroegere aanbod, maar zorgden toch nog voor een touch van haute couture in de dagelijkse kledingroutine van hun vermogende cliëntèle.

7. *Vogue's Second Book of Knitting & Crochet*, *Viyella*-advertentie, circa 1930.

8. *Le Livre de la Mode à Paris*, p. 25, circa 1921.

9. Hoewel Schiaparelli's das- en sjaalmotieven modeklassiekers zijn geworden, was zij niet de uitvindster van de *trompe-l'oeil*-truien — deze waren al jaren eerder in breitijdschriften te zien. Maar net zoals bij Chanel gebeurde, kreeg dit kledingstuk dankzij haar het goedkeuringsstempel van de mode en vanzelf extra status.

10. *Le Livre de la Mode à Paris*, p. 25, circa 1921.

11. *Vogue's Fourth Book of Knitting & Crochet*, p. 51, circa 1933.

12. *Jantzen*-advertentie, 1929.

13. Breipatroon, *Daily Mail*, 4 mei 1934.

14. In Groot-Brittannië betekende rantsoenering dat men, behalve over contant geld, ook moest beschikken over bonnenboekjes met coupons oftewel distributiebonnen voor de aanschaf van kleding, stoffen en wol. Jaarlijks werd de portie bonnen per persoon minder, zodat de zelfgemaakte kledingproductie en het sparen van bonnen werden gestimuleerd, omdat een zelfgebreide trui minder kostte in wolbonnen dan de bonnen die er nodig waren voor de aanschaf van een kant-en-klaar exemplaar.

15. Zie Jane Tynan, *Breien voor de overwinning* voor een gedetailleerd verslag over de breicultuur in oorlogstijd.

16. *Le Petit Echo de la Mode*, nr. 48, 1947, p. 5.

17. De nieuwe en verbeterde synthetische vezels oftewel kunstvezels die tijdens de oorlog waren ontwikkeld ter vervanging van gerantsoeneerde stoffen, bevorderden de naoorlogse productie van goedkope confectiemode eveneens.

18. Zie Alistair O'Neill, *Twinset en Match* voor verdere details over *sweater girls* en het ondermijnende potentieel van breiwerk.

19. Omdat de confectiemode door gerenommeerde couturiers goedkoper moest zijn en vaak was bedoeld voor jonge klanten, waren ook in deze collecties de jerseymengsels populair vanwege de lagere kosten van dit materiaal.

20. Het concept 'etnische kleding' wordt van oudsher benaderd vanuit westers perspectief, waardoor alles wat afwijkt van de hedendaagse, trendy westerse kleding (ten onrechte) 'etnisch' wordt genoemd en er een willekeurige mix ontstaat van tijd, plaats en culturen.

BREIEN VOOR DE OVERWINNING
THUISGEBREIDE MILITAIRE KLEDING VOOR DE BRITSE TROEPEN AAN HET FRONT

Jane Tynan

Achter de geschiedenis van de oorlogen in de 20ste eeuw zit een verborgen verhaal van breiwerk. Immers, zodra de burgerbevolking met veel ijver gerieflijke kledingstukken voor de troepen begon te breien, werd dit op het eerste gezicht onschuldige tijdverdrijf een belangrijk onderdeel van de oorlogvoering vanaf het Britse thuisfront. Het breiwerk werd door zijn mobiliteit het perfecte symbool van de enthousiaste inspanningen van de bevolking om de strijdkrachten te helpen. Enerzijds werd de overheidssteun aan de huisvlijt ongetwijfeld ingegeven door de wens om de rollenpatronen te herstellen, anderzijds hing de algemene geestdrift voor de huisambachten ook samen met het vrijwilligersengagement dat zich tijdens de Eerste Wereldoorlog over heel Groot-Brittannië verspreidde. Breien voor de overwinning was geen exclusieve vrouwenbezigheid. Tijdens de Tweede Wereldoorlog wijdden ook mannen zich eraan, omdat breien zich heel makkelijk in het dagelijkse leven liet inpassen en omdat het vervaardigen van *comforts* (gerieflijke kleren zoals sokken, truien, sjaals, wanten en mutsen, ter aanvulling van het militaire uniform) een bijdrage vormde aan de oorlogsinspanning. De welgemoede patriottische breier was een populair symbool van het werk dat vrijwilligers in de oorlog konden doen, al klinkt in het gedicht *Socks* van Jessie Pope, uit 1915, ook vertwijfeling door:

Wonder if he's fighting now,
What he's done an' where he's been;
He'll come out on top, somehow –
Slip 1, knit 2, purl 14.[1]

(Zou hij nu aan 't strijden zijn? /
Wat heeft hij gedaan, waar is hij geweest? /
Hij zal winnen, op de een of andere manier – /
1 afhalen, 2 breien, 14 averechts.)

In zulke diep doorvoelde oorlogsgedichten, waarin dikwijls het beeld van het breien gebruikt wordt om de bezorgdheid over een afwezige geliefde op te roepen, verschijnen mannen steevast als strijders en vrouwen als tobbende huismoeders. Het breien leidde niet alleen tot nuttige materiële objecten voor de strijdkrachten maar droeg eveneens bij tot een beeldvorming die de rolpatronen in oorlogstijd versterkte. De Eerste Wereldoorlog was noch het eerste noch het laatste gewapende conflict waarin het thuisbreien in stelling werd gebracht. Al tijdens de Boerenoorlog manifesteerde zich een drang om dagelijkse kleding voor de soldaten te breien. Daarna gebeurde hetzelfde in de Eerste Wereldoorlog: thuisbreien voor de burgermilitairen was uitermate populair, en op die manier werd meteen ruime steun voor de oorlog gegenereerd. Voorstellingen van vrouwen die hartstochtelijk sokken aan het breien waren, riepen een geïdealiseerd beeld van het verleden op. Het populaire verlangen van vrouwen om voor mannelijke gezinsleden te breien werd gebruikt als propagandamiddel, om de boodschap te verspreiden dat de oorlog de traditionele sociale structuren veeleer versterkte dan vernietigde.

Zoals Glenn Wilkinson aantoont, moedigde de geschreven pers in oorlogstijd het idee van het thuisbreien aan, omdat het voor 'een veilige en gereguleerde huiselijke omgeving voor vrouwen' zorgde.[2] Dit was de context van wat Paul Ward schertsend omschrijft als een 'explosie van breien en naaien in de zomer van 1914'[3]: in de volkscultuur werd dit soort huisvlijt geassocieerd met de bezorgdheid van het thuisfront voor de soldaten in de loopgraven. Het krachtige beeld van vrouwen die vol toewijding aan het handwerken zijn, voedde niet alleen de traditionele opvatting van de rolverdeling tussen mannen en vrouwen wat betreft hun oorlogstaak, maar bracht ook een verbinding tussen de familie thuis en het front tot stand.[4] Oorlogsbreiwerk droeg bij tot het idee dat ook het — doorgaans als vrouwelijk afgeschilderde — thuisfront sterk in het oorlogsgebeuren betrokken was. In werkelijkheid keerde de oorlog de rollenpatronen om, want vrouwen werden opgeroepen om in wapenfabrieken of in de landbouw te gaan werken. Deze realiteit werd verdoezeld met voorstellingen die vrouwelijke bezigheden zoals handwerken ophemelden. Ward beschouwt het naai- en breiwerk als een vorm van actieve deelname aan het oorlogsbedrijf, maar hij stelt ook dat deze huisvlijt een vorm van patriottisme deed ontstaan onder dames uit de aristocratie en de middenklasse, wat een van de oorzaken was van het wijdverbreide conservatisme na de oorlog.[5]

De overheid beschouwde het thuisbreien als een nuttige activiteit voor de hele bevolking, niet alleen omdat er een tekort aan kleding was voor de soldaten, maar ook omdat veel vrouwen graag *comforts* breiden.[6] Handschoenen en sokken waren dikwijls niet, of slechts in beperkte hoeveelheid, bij de standaarduitrusting van de soldaat inbegrepen. Het leger organiseerde de verzendingen: de breisels gingen rechtstreeks naar de familieleden aan het front, als een blijk van waardering voor hun plichtsvervulling en als een teken van liefde en bezorgdheid vanwege de verwanten thuis. Soms kreeg het thuisbreien een te persoonlijk karakter en werd het met al te veel enthousiaste ijver beoefend, zodanig zelfs dat de overheid het raadzaam vond om deze vorm van huisvlijt enigszins te beteugelen met een regelgeving. Het probleem werd in november 1914 in het Parlement te berde gebracht.[7] Het breien was ontegenzeglijk een goed middel om uiting te geven aan menslievende gevoelens, maar een geharmoniseerde organisatie van het project en een uniformering van de toevoer was dringend gewenst. En dus leidde de publicatie van breipatronen al snel tot een ware breiwoede onder overheidscontrole. De breiers moesten kakikleurige wol gebruiken en hun creatieve inspanningen beperken tot een kleine gamma voorgeschreven kledingstukken. In het haak- en breipatronenboekje *Women and War*, dat acht pagina's telde en één penny kostte, werd aan de Britse vrouw uitgelegd *'How to Knit and Crochet Articles necessary to the Health and Comfort of our Soldiers and Sailors'* (Handleiding voor het breien en haken van artikelen die nodig zijn voor de gezondheid en het comfort van onze soldaten en matrozen).[8] Het bevatte een patroon voor een gebreide en een gehaakte bivakhelm, een voorgeschreven gordel, gebreide wanten, bedsokken zonder hiel, gebreide sokken, een gebreide sjaal, een bedsok, een kniewarmer en een gebreide mouwloze trui. Op de omslag stond een vers uit *The Absent-Minded Beggar*[9]:

To women, work of pleasure
Yet earning countless treasure
Of gratitude, forever

(Voor de vrouw, aangenaam handwerk / beloond met oneindige en onschatbare / dankbaarheid, voor eeuwig)

Poëzie en breiwerk kwamen nader tot elkaar in de volkscultuur van Groot-Brittannië tijdens de Eerste Wereldoorlog. Het bezig zijn met breien symboliseerde de zorg voor het lichaam van de afwezige man. De romantiek van de versregels bevat als het ware een uitnodiging voor de vrouw om te breien omwille van de liefde. Zelfs minister van Oorlog Lord Kitchener lanceerde een breipatroon dat ingegeven was door zijn bezorgdheid over de conditie van de soldatenvoeten in de loopgraven. De zoom van de sokken wreef namelijk soms tot bloedens toe langs de tenen. De onzichtbare 'Kitchenersteek' was een nieuwigheid waardoor sokken fijn afgewerkt konden worden met een onzichtbare naad. De huisgemaakte breigoederen die bestemd waren voor het front werden niet als modieuze kledij beschouwd, maar zij behoorden evenmin tot de gewone, functionele soldatenuitrusting voor de loopgraven. Ze kregen de status van geriefijke oorlogskleding, en het breien zelf bezat het evocatieve vermogen om het lichaam van de soldaat die ten strijde was getrokken, aanwezig te stellen.

Oorlogsbreiwerk weerspiegelt de affectieve waarde van kleding, de kracht van mensen om het lichaam te herscheppen, zowel in de verbeelding als materieel. Bij de aanvang van de Tweede Wereldoorlog ging breien een volwaardig onderdeel vormen van de oorlogsinspanning aan het thuisfront. Dit kwam in 1941 ondubbelzinnig tot uiting in een overheidspublicatie als *Knitting for the Army: Official Guide*, waarin te lezen stond: 'Breien is niet langer een prettige hobby. Niemand maakt nog

grappen over breien, want breien is geen grapje. Het is een omvangrijke oorlogsindustrie met een ontelbare menigte arbeiders die noch een loon vragen noch winst verwachten.'[10] Het oorlogsboekje beveelt een goede organisatie aan, waarschuwt voor achteloze verspilling en stimuleert thuisbreiers om hun taak ernstig op te vatten. In 1940 bestond het reglementaire breiwerk voor de soldaat uit een sjaalmuts, een mouwloze trui, wanten, en sokken van speciaal geoliede wol om in rubberlaarzen te dragen — alles in kaki of grijs breigaren. Een ander oorlogsboekje, *Make Do and Mend*, bevat eveneens adviezen en moedigt bij de burgerbevolking het naaiwerk en andere huisvlijt aan om de harde oorlogstijd beter door te komen en om de oorlogsinspanning van de natie te steunen. Ook de Amerikanen werden door de breikoorts aangestoken. Op 24 november 1941 was het hoofdartikel van *Life* gewijd aan het breien: *'How To Knit'*.[11] Bij het artikel hoorde een eenvoudig patroon voor een gebreid vest. De vrijwilligersgroepen *Citizens for the Army and Navy* stelden zich ten doel een miljoen van zulke wollen legertruien te verzamelen voor Kerstmis. Korte tijd later raakte Amerika in de oorlog betrokken en werd het breien van sokken, sjaals en truien voor de troepen een nationale obsessie.

De rituele evocatie van het lichaam op het slagveld gaf het oorlogsbreiwerk iets magisch en subversiefs. Hedendaagse modeontwerpers proberen gebruik te maken van deze eigenschap, maar het is in de straatmode en niet in de ontwerperswereld dat de functionele militaire stijl zich voor het eerst manifesteerde. In non-conformistische subculturen werd militaire kleding een symbool van subversie, door opzettelijk heiligschennis te plegen op het uniform. Persoonlijke improvisaties op het soldatenuniform kunnen immers, net als de eerste 'ongecontroleerde' producten van het oorlogsbreiwerk, een bedreiging inhouden voor de noodzakelijke uniformiteit van het leger. Sindsdien inspireren de rebelse eigenschappen van het kaki de kledingmode, zoals de *wrap cardigan* voor mannen van *Junky Styling*,, gemaakt van gerecycleerde legerpullovers. Het ontwerp, met de lekker warme hoge kraag, de zak op de mouw en de epauletten, suggereert een praktisch kledingstuk. Typerend voor de huidige trend naar utilitarisme in de mannenkleding is ook het gebruik van gerecycleerd textiel en 'geïmproviseerde' details die de militair geïnspireerde kledingstukken een stempel van authenticiteit geven. Diametraal tegenover het praktische kledingontwerp staat het stilisme van modeontwerpers als Balmain en Alexander McQueen. Zij associeerden het militaire thema met het luxueuze en exclusieve karakter van het prekakiuniform. Voor het begin van de 20ste eeuw was het mannelijke militaire vertoon namelijk een indrukwekkend spektakel dat niets te maken had met *comforts*. Een mode die zich de militaire vormgeving toe-eigent, hetzij in praktische details hetzij in een overdaad van stoere stijlen, verraadt belangstelling voor discipline en transformatie. Het legeruniform fascineert de modeontwerpers door zijn opmerkelijk vermogen om lichaam van vlees en bloed te transformeren in een vechtmachine. Vanuit een nostalgie naar het oorlogsbreiwerk bedacht Martin Margiela zijn van legersokken gemaakte *military sock sweater*, een hedendaags kledingstuk dat nauw aansluit bij de esthetiek van de strenge oorlogsjaren. Deze 'soktrui' van Margiela, uit de vroege jaren 1990, getuigt van zijn fascinatie met deconstructie en is tevens een hommage aan het oorlogsbreiwerk, als ultiem voorbeeld van zelfgemaakte kleding. Het gegeven van het thuisbreien in oorlogstijd werd evenwel zonder enige sentimentaliteit in het modieuze kledingstuk verwerkt. Evenmin scheen Margiela veel belang te hechten aan het beroepsgeheim toen hij zijn instructies voor het maken van 'je eigen Margiela-sweater' (*'Make your own Margiela sweater'*) op het internet zette.[12] Met deze zinspeling op de oorlogsbreiboekjes toont de ontwerper dat hij geboeid is door de wijze waarop kleding met historische gebeurtenissen verweven is. De soktrui, een vindingrijke commentaar op de status van legersokken als zeer nuttige artikelen in oorlogstijd, weerspiegelt duidelijk hoezeer kleding een onderdeel van de oorlogservaring vormt.

Breien in oorlogstijd daagt het sentimentele beeld van huiselijk handwerk uit. Daar waar de mobiliteit en de doe-het-zelfkwaliteiten van het thuisbreien het aantrekkelijk maakten voor vrijwilligers in oorlogstijd, hebben vandaag precies dezelfde eigenschappen het Guerrilla Breien en het gebruik van handgemaakt breiwerk in de ontwerpersmode geïnspireerd. Noch de conservatieve connotaties van het breien, noch de vele voorschriften voor breipatronen en garen konden de breiers destijds verwijderen van de oorlogsrealiteit. De burgerbevolking creëerde thuis een beeld van het soldatenlichaam, maar over die visie trok al spoedig een schaduw van verwonding en dood. Het beeld van opgewekte vaderlandslievende vrouwen die ijverig zitten te breien bij de haard maakt nu deel uit van de 'breien voor de overwinning'-mythe, maar tegelijk was het een groots kledingproject. Ook vandaag is het breien door zijn mobiliteit en eenvoud nog steeds een aantrekkelijke bezigheid voor mannen en vrouwen. Vooral nu 'oorlogsoverwegingen' als versobering, hergebruik en improvisatie weer actueel zijn, krijgen militair geïnspireerde breigoederen nieuwe betekenissen in de mode. Niettegenstaande de massaproductie van kakiuniformen en de strikte regelgeving omtrent de *comforts* via officiële patronen voor het oorlogsbreiwerk, waren de militaire breisels vooral het afzonderlijke en persoonlijke werk van een leger vrijwilligers. Het breien vormt de officieuze geschiedenis van de productie van het militaire uniform in Groot-Brittannië in oorlogstijd.

NOTEN

1. Catherine Reilly (red.), *The Virago Book of Women's War Poetry and Verse*, Londen, Virago, 1997, pp. 89–90.

2 . Glenn R. Wilkinson, 'To the Front: British Newspaper Advertising and the Boer War', in J. Gooch, *The Boer War*, Londen, Frank Cass, 2000, pp. 203–212 (m.n. 208).

3. Paul Ward, 'Women of Britain say Go: Women's Patriotism in the First World War', in *Twentieth Century British History*, dl. 12, nr. 1, 2001, p. 30.

4. Ibid.

5. Ibid., p. 31.

6. 'Winter Clothing for the Troops', 17 november 1914, *Parliamentary Debates*, [68] 325.

7. Ibid.

8.'Women and War: How to Knit and Crochet Articles necessary to the Health and Comfort of our Soldiers and Sailors', uitgegeven door Needlecraft Ltd., Manchester & Londen, 1914–1918, Acc. No 8208-203/3, *National Army Museum*.

9. Ibid., schutblad.

10. *Knitting for the Army: Official Guide*, HMSO, 1941, p. 3.

11. *Life* magazine, 24 november 1941, omslag.

12. 'Make your own Margiela sweater' op *A blog curated by Maison Margiela* | http://www.ablogcuratedby.com/maisonmartinmargiela/one-to-make-at-home/ [bekeken in december 2010].

ITALIAANSE HIGH FASHION IN TRICOT
PRODUCTIEHUIZEN EN ONTWERPERS

Maria Luisa Frisa & Elda Danese

'Wie het verhaal van het breiwerk vertelt, vertelt iets over de kledingstijl van onze eeuw.'[1] Zo omschreef Maria Pezzi, pionierster van de Italiaanse modejournalistiek, in een artikel uit 1985 kort en bondig het belang van tricot voor de mode. Ze inspireerde zich op de woorden van Bettina Ballard die, toen ze in 1953 terugkeerde van de Florentijnse modeshows, breiwerk — naast stoffen en accessoires — het sterke punt van de Italianen noemde op het internationale modetoneel. Maar na alle jaren die tussen de twee artikels lagen, kon ze het niet eens zijn met wat de Amerikaanse journaliste in haar artikel had voorspeld: dat de Italiaanse mode Parijs onmogelijk van zijn plaats zou kunnen verdringen. Bovendien was datzelfde breiwerk grotendeels verantwoordelijk voor die grote stap vooruit: Maria Pezzi had het werk en het succes van Missoni lang van nabij gevolgd en had dan ook goede redenen om zoiets met zoveel overtuiging te beweren.

Het vrij beknopte artikel over een modesector waarvan weinig accurate documentatie bestaat, overbrugde zestig jaar: in die periode hadden de niet-aflatende inspanningen van producenten en ontwerpers het succes van het breigoed in de Italiaanse modewereld mogelijk gemaakt. Het betekende een ware ommekeer voor de hedendaagse mode: stapje voor stapje, bijna geruisloos, heeft breigoed onze huidige kijk op kleding radicaal veranderd, door veranderingen in sociocultureel gedrag te weerspie-

gelen en op de voet te volgen. Het succes van breigoed is in grote mate te danken aan de grote populariteit van lichaamsbeweging en sport, die door het modernisme in zwang zijn gebracht, en heeft tot een beslissende omslag geleid in de kruisbestuiving tussen mode en sportkleding. Aan dit resultaat hebben de groeiende individuele mobiliteit en de sterke toename van woon-werkverkeer en reizen zeker ook bijgedragen: dit 'nomadenbestaan' had tot gevolg dat de inhoud van onze kleerkast er anders ging uitzien. Dat had Emilio Pucci goed begrepen, toen hij een definitie gaf van zijn breimode én van de tijdgeest: 'Dynamiek, weekendjes weg, reisjes, sport, lichte koffers en… nooit meer strijken.'[2]

Onder dat motto had hij in 1954 een ragfijne jersey van organzinzijde gebruikt, geproduceerd door de firma's Boselli uit Como en Mabu uit Solbiate, om er eenvoudige modellen van te naaien waarin de opdruk en kleuren de hoofdrol kregen. Een elegante kledingstijl werd beschouwd als de uitdrukking van een sérieux en een manier van leven die als al te volwassen en tuttig golden, en moest plaatsmaken voor soepele materialen die zich leenden voor een meer informele mentaliteit en stijl. Een foto uit 1948 van Toni Frissell, een Amerikaanse fotografe wier modereportages zich voornamelijk aan zee en in de openlucht afspeelden, wijst vooruit naar deze mentaliteitsverandering: Emilio Pucci is erop te zien naast een lange, slanke skister in een door hem ontworpen ensemble.

JERSEY ALS SUMMUM VAN MODERNITEIT

In de jaren 1970 was zachte jersey — van zijde, katoen of Trevira — een essentieel onderdeel geworden van Italiaanse boetiekmode: behalve Emilio Pucci creëerden veel ontwerpers en merken, zoals Ken Scott, Fedeli, Avon Celli en Ritz, jurken en truien die bekendstonden om hun kwaliteit en herkenbaar waren aan hun originele bedrukking. 1960 was het jaar van het soepele, dunne materiaal *Emilioform*, dat was samengesteld uit zijde en *helanca* (een nylongaren) en waarvan de beroemdste toepassing een 'après-skicapsule' was. Het eendelige pak werd capsule genoemd omdat de toekomst sinds 1957, met de lancering van de eerste spoetnik, in de ruimte lag. In dergelijke lichte stofjes kwam een strak, slank lijf goed uit, en de onnatuurlijk felle kleuren in combinatie met het vliesdunne, nauwsluitende materiaal vormden het toonbeeld van moderniteit.

Door de gladheid van jersey, die door de keuze voor zijde- of synthetisch garen nog uitgesprokener wordt, staat het ver van traditioneel breiwerk af en in gebruik dichter bij geweven stoffen. Bovendien wordt jersey op bijna dezelfde manier verwerkt als traditionele geweven stoffen: de delen waaruit het kledingstuk bestaat, worden uit één grote lap geknipt en vervolgens aan elkaar genaaid. Een andere methode geldt voor het in vorm breien, wat typisch is voor traditioneel handbreiwerk (dat tegenwoordig wordt uitgevoerd op *fully fashion*-machines): tijdens het maken van een kledingstuk krijgt het breisel onmiddellijk vorm, zonder dat er een schaar aan te pas komt. Meer recent heeft de *seamless*-technologie nog een stap uitgeschakeld zodat naadloze modellen geproduceerd kunnen worden, die in hun geheel op de breimachine gemodelleerd worden. Een van de eersten die met deze oorspronkelijk voor de kousenfabricage bestemde technologie experimenteerden, was de ontwerper Nanni Strada, met zijn project *Il manto e la pelle*[3] ('de mantel en de huid'). Het verscheen in *Casabella* in maart 1974, met op de cover Donna Jordan in een outfit in lichte stretchtricot die vooruitliep op de latere populariteit van nauwsluitende, rekbare kleding.

TRICOT — 'MADE IN ITALY'

De keuze voor een bepaalde productiemethode van breiwerk heeft aanzienlijke gevolgen, zowel voor het ontwerp als voor het uitzicht van het afgewerkte product. Zo wordt de methode van het in vorm breien gekenmerkt door een voortdurende wisselwerking van informatie tussen het moment van de productie en dat van het ontwerp. Dat is de reden waarom in deze sector meer dan elders het uitwisselen van ervaringen tussen producent en ontwerper voor de hand lag, zozeer zelfs dat het geen uitzondering was dat iemand de twee bezigheden in zich verenigde.

Het bekendste voorbeeld daarvan was Olga di Grésy, die eind jaren 1930 Mirsa oprichtte, een historisch Italiaans breimodemerk. Ze begon haar bedrijfje kort na de Tweede Wereldoorlog in Galliate, in de buurt van Novara. Aanvankelijk was ze artistiek adviseur en ontwerpster voor een Milanese producent, later ontwierp ze een eigen collectie onder de merknaam Mirsa. In de jaren 1950 en 1960 waren haar ontwerpen bekend en zeer geliefd bij inkopers van Amerikaanse warenhuizen. Een artikel uit 1960 verklaart de waardering die het breigoed van Olga di Grésy genoot door de hoge kwaliteit en inventiviteit, waardoor het de haute couture benaderde: 'Tegenwoordig is er namelijk breimode die met de mode van de couturiers harmonieert. Vanwege de verdiensten kreeg de markiezin di Grésy in 1953 de Neiman Marcus Award toegekend, de hoogste internationale onderscheiding voor de mode, in 1955 de Sunshine Fashion Award van Burdina uit Florida en dit jaar de Sports Illustrated Design Award.'[4]

Naast Mirsa was ook Avagolf een van de vroegste vertegenwoordigers van het Italiaanse breiwerk. Het merk uit San Colombano al Lambro werd opgericht door Luisa Poggi in 1958 en maakte school in de jaren 1960 en 1970 met een kwalitatief hoogstaande productie die de couturemode op de voet volgde. De bloei van dit soort bedrijfjes, voor het merendeel het initiatief van vrouwelijke ondernemers, was mede te danken aan de verspreiding van breimachines voor thuisgebruik vanaf de jaren 1930. Voor enkelen evolueerde hun tricotagehobby tot een succesvolle onderneming. Het tijdschrift *Chic*, dat van 1954 tot 1957 onder de leiding stond van Elisa Massai en Maria Pezzi, paste bij deze rage, de gemoderniseerde variant van het thuisbreien. Het bevatte breimodellen met instructies die waren ontworpen door de twee journalistes, die zich lieten inspireren door filmsterren.

'CASUAL' ELEGANTIE

Na de Tweede Wereldoorlog kwam machinaal breigoed op in Italië. Dat zorgde ervoor dat vooral in de jaren 1960 op grote schaal in opdracht van grote tricotmerken van huis uit werd gewerkt: overal in de Italiaanse provincie stonden breimachines. Daarnaast ontstonden veel kleine bedrijfjes die zich specialiseerden in producten van hoog niveau: origineel, modieus en van goede kwaliteit. Vooral in en rond Carpi, bij Modena, en in de rest van de regio Romagna waren tal van fabriekjes; het zou dé tricotstreek van Italië worden. Maar in het hele land waren dergelijke ondernemingen te vinden, zoals Emmevizeta bij Vicenza, Alma in Milaan en Pierluigi Tricot in Rome. In 1961 mocht de ontwerper van dat laatste merk, Pierluigi Scazzola, een modeshow geven in de Romeinse Galleria d'arte moderna, waarmee hij de waardering van de modejournalistes Irene Brin en Pia Soli oogstte. Eerder dat jaar had Albertina (Albertina Giubbolini), een ontwerpster met een passie voor technische innovatie, haar collectie van naadloze modellen uit één stuk gepresenteerd. In haar werk verkende ze de mogelijkheden van de bestaande technologie om een breed scala aan texturen en silhouetten te bereiken. Beide merken wedijverden in hun stijlexperimenten met de haute couture.

Een voorloper van deze trend was Pasquale Celli, die in de jaren 1920 in Milaan het merk Avon oprichtte. Begin jaren 1930 had hij Franse rondbreimachines voor kousen zo aangepast dat er badpakken op konden worden gebreid. Van zware wol maakte hij een licht, nauwsluitend materiaal dat de aandacht op het lichaam vestigde. Met hetzelfde systeem maakte hij dunne, verfijnde herentruien die geïnspireerd waren op de casual elegantie van Engels breigoed en sportkleding, maar met een eigen interpretatie en een nieuw verhaal voor een nieuw publiek. Overigens mag het woord Avon dan Engels klinken, het was niet meer dan de omkering van 'nova'.

Er moet worden benadrukt dat veel van deze bedrijven, die aanvankelijk gericht waren op de perfectionering van een traditioneel ideaal in kleding, als proeftuin fungeerden voor het aanpassen van tricot aan technische innovaties. Gebaseerd daarop konden ontwerpers vervolgens nieuwe stijlmiddelen vinden. In wezen werd breiwerk pas een volwaardig mode-item dankzij voortdurende technologische innovaties. Voor de emancipatie van het breigoed was met name de ononderbroken zoektocht naar nieuwe texturen, oppervlakken en reliëfeffecten van belang: de combinatie van de experimenteerdrift van de producent met de verbeeldingskracht van de ontwerper heeft het breigoed in de richting van de couture geleid. In een artikel uit 1956 over Luisa Spagnoli uitte de schrijfster Gianna Manzini onder het pseudoniem 'Vanessa' haar verbazing bij het zien van de nieuwe verfijning van breigoed, want tot dan toe '... straalden bijzondere jerseystofjes en geestige tricotmodelletjes voor mij vooral een soort elegantie uit die nonchalance als belangrijkste inspiratiebron had.'[5] 'De gebreide vrijetijdsmode uit Italië is inventief, praktisch en gedurfd',[6] vond de anonieme schrijver van een aan de Italiaanse mode gewijd artikel uit 1965 in *Life*. Zo vallen de korte zwart-witjurkjes van Laura Aponte in de fotoreportage van Milton H. Green op door hun vernieuwende vorm en grafische eenvoud, passend bij de visuele cultuur van hun tijd.

PLAATS BINNEN DE MODESECTOR EN VERHOUDING MET ONTWERPERS

Ondanks de vele erkenning en positieve waardering bestond het risico dat het etiket van consumptiekleding en boetiekmode aan het Italiaanse breigoed zou blijven kleven: bontgekleurd en eenvoudig. Begin jaren 1960 vatte hier en daar het idee post dat breiwerk los moest komen van de associatie met *casual wear* en dat zoiets kon gebeuren door de complexiteit van het ontwerp te vergroten. In een nummer uit 1964 van het tijdschrift *Novità*, dat een jaar later tot *Vogue Italia* zou worden herdoopt, gaf de begeleidende tekst bij een reeks modellen die bedoeld waren om thuis te worden gemaakt niet toevallig aanwijzingen om breigoed interessanter van vorm en stijl te maken: 'Op deze bladzijden wordt een ideale collectie modellen geshowd. Deze jurken, mantelpakjes en mantels zijn stuk voor stuk gebreid, maar het eerste wat opvalt is dat het echte ontwerpen zijn, in de ware zin van het woord. Handgemaakt breiwerk heeft een methode ontdekt om de hoogste modetoppen te scheren, met dezelfde zelfzekerheid als geweven stoffen en met een geheel eigen elegantie.'[7]

Uit dit soort teksten blijkt een bewustwording van de mogelijkheden van breiwerk, die tot uiting komt in de samenwerking van bedrijven uit de sector met opkomende ontwerpers. Deze samenwerkingen vermenigvuldigden zich exponentieel in de jaren 1970, tegelijk met de opkomst van de total look in tricot. Binnen deze context ontstond een nieuw netwerk van verhoudingen, met uitwisseling van informatie en nieuwe initiatieven, deels vanwege de erkenning van het belang van breiwerk voor de Italiaanse mode: in 1977 werd in Firenze de eerste editie gehouden van Pitti Immagine Filati, een salon gewijd aan de presentatie van nieuwigheden in de breigoedsector. Een voortdurende toevloed aan nieuwe garens en bewerkingen bood steeds nieuwe instrumenten aan breigoedontwerpers: texturen waarmee eindeloos kon worden gevarieerd met verschillende effecten, ingebreide stukken en kantwerk, innovatieve *finishes* en allerlei applicatietechnieken, zoals borduursels, bontapplicaties en pailletten.

Gaandeweg werden de karakteristieke eigenschappen en de zelfstandigheid van breigoed bevestigd, twee kenmerken die vol vuur werden verdedigd door Annamaria Fuzzi: 'Bij het maken van breigoed hoor je nooit een schaar te gebruiken, maar alleen de allerbeste bewerkingen; daarmee kun je bijna alles bereiken, en zo blijft de zachte lijn van een mooi vallend garen bewaard.'[8]

Tricotfabrikant Fuzzi was in 1954 opgericht en zette na een lange, bewogen geschiedenis als merk vanaf de jaren 1970 een hele reeks samenwerkingen op, waaronder met Jean-Paul Gaultier. Het bedrijf uit Romagna produceerde vanaf 1983 breigoed en badpakken voor de Franse ontwerper en bewees daarmee dat ze op één lijn zaten in hun non-conformistische omgang met de materie en het herschrijven van de tricottraditie. Die houding blijkt bij Gaultier bijvoorbeeld uit het voor hem onuitputtelijke marinethema en de variaties op de *argyle*-ruit, die dankzij een virtuoze snit en *délabré*-effecten tot een hele waaier van varianten leidden. In de *Soleil*-lijn vormden bedrukte stretchtule, laagjes en *mix-and-match*-motieven op lichte, transparante materialen een vernuftige interpretatie van traditioneel patchwork.

Een vergelijkbaar geval is de samenwerking die in 1971 begon tussen Deanna Ferretti Veroni en Kenzo. Zijn ontwerpen kenmerken zich door de rijkdom aan complexe motieven en kleurencombinaties in jacquard en vereisten de nodige interpretatie en een technische vertaalslag. De tricot-producent Miss Deanna werd opgericht in 1964 en werkte samen met tal van grote namen, waaronder Krizia, Armani, Prada, Valentino, Versace, Gai Mattiolo en Claude Montana; uit die samenwerkingen vloeiden telkens nieuwe ervaringen en innovaties voort. In dat opzicht vormde ook de samenwerking met Martin Margiela, die in 1992 van start ging, een uitdaging voor Miss Deanna om op zoek te gaan naar nog te ontdekken technieken, zodat de voorgestelde projecten van de Belgische ontwerper uitgevoerd konden worden. Op zijn verzoek een trui te creëren gemodelleerd op de lichaamsvorm werden bijvoorbeeld verschillende methodes uitgetest om het gewenste resultaat te bereiken, zoals het 'koken' in industriële ovens en een finish met chemische stoffen. Net als bij alle opdrachten die Miss Deanna uitvoert, werd ook hier vorm gegeven aan een concept: eind jaren 1980 koos Margiela ervoor om vormen te beschouwen als de sporen nagelaten door gebeurtenissen; een visie die ernaar streefde het ontwerp tot de neerslag van een levenservaring te maken.

In 1985, met de productie en distributie van de breigoedlijn Pour Toi, had Deanna Ferretti met ontwerpers Luca Coelli en Sam Ray een verbintenis gesloten waarin ontwerp en communicatie een nieuwe aanpak kregen. Pour Toi herinterpreteerde de ontleningen aan de folklore en het linguïstieke pluralisme van de jaren 1970 in een stedelijke variant en vertegenwoordigde daarmee het experimentele aspect van de jaren 1980.[9]

Het materiaal dat de activiteiten en samenwerkingen van de breigoedfabrikant uit San Martino di Rio documenteert, waaronder schetsen, foto's en kledingstukken, wordt bewaard in Modateca Deanna (op afspraak open voor het publiek), het internationale centrum voor modedocumentatie dat in 2005 ontstond en geleid wordt door Sonia Veroni. Het centrum werd opgericht ten behoeve van historisch onderzoek en voor de conservering en organisatie van documenten en andere materialen. Het is een fundamentele bron van inspiratie gebleken voor nieuwe ideeën en het interpreteren van bestaande creatieve oplossingen. Veel producenten die research hoog in het vaandel voeren, beschikken over een archief, als onmisbaar instrument voor het ontwikkelen van nieuwe technieken en voor de communicatie met ontwerpers. Daarom worden ook door de breigoedfabrikant Giordano's, die in de buurt van Treviso zit, stalen bewaard en gecatalogeerd, die bestemd waren voor Fendi, Armani en andere internationale modehuizen waar het bedrijf mee samenwerkte.

Een andere voorstander van deze methode is Maglificio Miles uit Vicenza, dat een archief bijhoudt, eveneens voor intern gebruik, dat bestaat uit een database met twaalfduizend steken, garens en prototypes, gerangschikt op productcategorie. Het meeste van dit materiaal getuigt van een lange reeks samenwerkingen in de loop der jaren met verschillende merken en ontwerpers als Chloé, Valentino, Walter Albini, Donna Karan, Sonia Rykiel, Vivienne Westwood en Marc Jacobs. Het zwaartepunt van het archief wordt gevormd door de prototypes, waaronder met name een serie modellen uitgevoerd voor Yves Saint Laurent, die eind jaren 1970 in Maglificio Miles een superieure gesprekspartner vond. Met de aandacht voor onderzoek, typisch voor alle producenten van couturebreigoed, vindt ook het bedrijf uit Vicenza doorlopend bewerkte garens uit met steeds nieuwe oppervlaktestructuren — gekaard, reliëf, plissé, jacquard, *point tissu* — en complexe driedimensionale structuren. Een goed voorbeeld van deze manier van werken zijn de projecten van Azzedine Alaïa, uitgevoerd door Miles: voor de *King of Cling* is tricot immers een uitstekend uitdrukkingsmiddel. Het modeproject van Alaïa laat de karakteristieken van tricot uitstekend tot hun recht komen, door middel van een complexe opbouw en bewerkelijke oppervlaktestructuren, met splitten en combinaties van materialen van verschillende dichtheid. De ontwerper slaagde erin een heikel punt in de verhouding tussen breigoed en mode om te draaien en er een van de herkenbaarste en bijzonderste kenmerken van moderne mode van te maken: de nauwsluitendheid van het materiaal, dat vloeiend de lijn van het lichaam volgt en daardoor associaties met lingerie oproept. De andere typische aanpak in hedendaags breigoed is de creatie van complexe sculpturale vormen. Een representatief voorbeeld

ervan vormen de projecten van Sandra Backlund, experimentele modellen die Miles recent in productie nam. Het eerdere werk van de Zweedse ontwerpster, die veelvormige, complexe volumes om het lichaam wikkelt, was met de hand gemaakt: om het in serie te produceren waren er geavanceerde technologieën nodig en nauw luisterende combinaties van garens van verschillend gewicht.[10]

Uit dit alles rijst het beeld op van een sector die de verhouding tussen breiwerkfabrikant en couturier vooropstelt. Het voorbeeld van Backlund toont echter aan dat er een meer specialistisch universum bestaat, met ontwerpers die in breigoed hun persoonlijke taal hebben gevonden. Een ander voorbeeld is Mark Fast, een Canadese ontwerper die door het Italiaanse merk Pinko werd ingeroepen om een capsulecollectie te creëren. Hij zorgde voor een collectie verfijnd maar modern breigoed, die een rijke waaier aan ajoureffecten laat samengaan met een consequent glad oppervlak, waarbij zowel speciale garens met metaalglans als dikke, matte materialen gebruikt zijn. Ook Paolo Errico, een ontwerper die voor Versace, Roberto Cavalli en Agnona werkte en in 2005 de eerste collectie van zijn eigen merk uitbracht, put zijn inspiratie rechtstreeks uit het garen en de garenbewerking. Hij werkt met uitgepuurde vormen, in lagen over elkaar of gedrapeerd, en besteedt veel aandacht aan de bijzonderheden van het gebruikte materiaal. Voor zijn prototypes modelleert hij de jersey op de paspop of breit hij machinaal in vorm. Dezelfde interesse voor research hebben Michel Bergamo en Cristina Zamagni, die in Firenze het merk Boboutic opstartten. Ook zij herinterpreteren de essentiële taal van het breigoed met nauwgezette aandacht voor proporties, layering en omkeerbaarheid; hun werk vormt een innovatief voorbeeld van een genre binnen het Italiaanse breigoed waarin de bewerkelijke totstandkoming van couture gepaard gaat met de dynamiek en het technologische aspect van industriële productie.

NOTEN

1. Maria Pezzi, 'Sessant'anni tra le trame di una maglia', in *Donna*, nr. 50, februari 1985, p. 150.

2. Emilio Pucci, in Maria Pezzi, ibid., p. 151.

3. Ter gelegenheid van de vijftiende triënnale van Milaan, afdeling internationaal design, werd de film *Il Manto e la Pelle* gemaakt; in 1979 werd het project onderscheiden op de elfde editie van het *Compasso d'Oro* (de belangrijkste prijs voor industrieel ontwerpers en kunsthandwerklieden) en de film werd gedraaid op de tentoonstelling 'Design & Design' georganiseerd door de *Associazione per il disegno industriale*.

4. 'Spunti dalla natura per la più giovane delle collezioni', in *Novità*, nr. 118, augustus 1960, p. 43.

5. Vanessa, 'Il jersey tentato' (22 april 1956), in Gianna Manzini, *La moda di Vanessa*, Palermo, Sellerio, 2003, p. 178.

6. 'New fashions, young blood, old splendour — it's a Bravura Year for Italian Beauty', in *Life*, vol. 50, nr. 17, 22 oktober 1965, p. 76.

7. 'Questa pazza, pazza, maglia', in *Novità*, nr. 165, december 1964–januari 1965, p. 66.

8. Giusi Ferrè, 'Acquisizioni tranquille e alleanze per Fuzzi', in *Corriere della Sera*, 4 maart 2002, p. 20.

9. De lacunes in de informatie over deze samenwerking zijn opgevuld door de opleiding Cultuur en techniek van het kostuum en de mode aan de universiteit van Bologna, die in 2006 een conferentie organiseerde (*Knitscape — 40 jaar onderzoek in de mode uit het archief van Miss Deanna*) en de tentoonstelling 'Pour Toi/Pure 80's', beide gecoördineerd en samengesteld door Mario Lupano en Alessandra Vaccari. Enkele stukken uit de collecties van Pour Toi werden, samen met het breigoed van Yves Saint Laurent geproduceerd door Maglificio Miles uit Vicenza, eveneens tentoongesteld in de tentoonstelling samengesteld door Maria Luisa Frisa, 'La materia dell'archivio', die in 2008 in de voormalige wolfabriek Conte di Schio werd gehouden.

10. Zie hiervoor ook het interview met Sandra Backlund in deze catalogus.

BIBLIOGRAFIE zie p. 57

UITERST CREATIEVE ITALIAANSE BREIMODE
EEN VERGELIJKING TUSSEN REGIO'S EN PRODUCTIEMODELLEN[1]

Federico Poletti

De creatieve brei-industrie in Italië heeft een lange weg afgelegd, langs verschillende hoogtes en laagtes, waarbij verschillende productiemodellen ontstonden op basis van geografische ligging. Vroeg in de jaren 1950 werd het Italiaanse breigoed vermaard dankzij de *'Made in Italy'*-mode van het Florentijnse couturehuis Giovanni Battista Giorgini.[2]
Twee decennia lang, van 1951 tot 1971, zou de brei-industrie blijven groeien. Niet toevallig wijdde het tijdschrift *Arianna* in augustus 1967 een extra bijlage van dertig bladzijden aan breigoed, onder redactie van Anna Piaggi, Anna Riva en Adriana Amelotti, met foto's van Alfa Castaldi. De dikke bijlage bevatte originele creaties van de medewerksters van het tijdschrift, waaronder kleding en accessoires van Fiorucci, Krizia en Missoni. Op dit hoogtepunt volgden perioden van stagnatie, zoals in 1973–1974, waarna weer een positieve trend werd ingezet die tot halverwege de jaren 1980 zou duren.

We zullen zien dat het geografische zwaartepunt zich in de loop der decennia heeft verplaatst: in 1951 was de productie met name geconcentreerd in Piëmont en Lombardije, terwijl ten tijde van een uitgebreid onderzoek in de industriële sector in 1971, de regio's Emilia Romagna, Veneto, Toscane en Puglia opkwamen.
De huidige situatie wordt beschreven in een rapport van *Sistema Moda Italia* over de consumptie: de laatste jaren — van 2005 tot 2009 — is een daling van meer dan 2 procent opgetekend in de verkoop van breigoed voor dames en heren, gevolgd door een licht herstel in het seizoen herfst-winter 2008–09. Er wordt verder herstel voorzien, zeker voor zwaarder breigoed, gestimuleerd door de ongewoon lage temperaturen.[3]

Breigoed krijgt weer een vooraanstaande plaats in onze garderobe, zo blijkt uit een vooruitblik van Pitti Immagine Uomo en Pitti Filati. In de wintercollecties van 2012 komt breiwerk weer op de voorgrond te staan: cardigans zowel als oversized wollen wintertruien met vervilte finish die als jas kunnen worden gedragen, truien in zware kasjmir of met handgebreid uitzicht, mohair breigoed in Noorse stijl en handgebreide alpacatruien.[4] Blazers krijgen een 'gebreid' effect, in verwassen stoffen, soms zelfs geïnspireerd op legerjasjes; overjassen met dubbele sluiting in een wollen weefsel met uitgesproken textuur, korte overjassen in stonewashed moleskin en donsjacks die er ook gebreid uitzien.

GEOGRAFIE VAN HET ITALIAANSE BREIGOED: VERGELIJKING VAN PRODUCENTEN PER REGIO

Breiwerk wordt her en der verspreid in Italië geproduceerd, in sterk gespecialiseerde centra in verschillende delen van het land. Historisch gezien hebben Lombardije en Piëmont een belangrijke rol gespeeld, terwijl de regio Veneto een traditie hooghoudt in het midden- tot topsegment (met enkele uitschieters, zoals Maglificio Miles[5]). In Umbrië dan weer gaan hoge kwaliteit, grootschalige productie en specialisatie samen met op klassieke leest geschoeide modellen en kasjmier (met als schoolvoorbeeld het succesvolle Brunello Cucinelli), terwijl Carpi zich aanvankelijk richtte op de onderkant van de markt, maar in de jaren 1980 de kwaliteit opdreef om niet achter te blijven bij de concurrentie. De hele streek is rijk aan bedrijven die verschillende marktsegmenten bedienen; in Toscane wordt ook breigoed van meer bescheiden kwaliteit geproduceerd (in de steden Prato en Signa) en zelfs het meest basic tricot (in het plaatsje Barletta). Ook in Ligurië zitten enkele belangrijke producenten: historische breiwerkfabrikanten als Fissore (met kasjmier als specialiteit) en Gentry Portofino. Een belangrijke factor voor bedrijven als Miles, Benelli, Paima of Mely's, die in het hogere segment opereren, is dat ze het hele productieproces van hun breigoed beheersen, van patronen tot afgewerkt product, en in alle productiefasen thuis zijn: zo leiden ze bijvoorbeeld zelf hun hand- of machinearbeiders op.

Ondanks de crisis van de afgelopen jaren zijn regio's als Veneto of Umbrië erin geslaagd voorop te blijven lopen dankzij hun aandacht voor kwaliteit. Umbrië mag zich zelfs de bakermat van het breiwerk noemen, met bedrijven als dat van Luisa Spagnoli, een ware kweekvijver voor breitalent, die in de bestaande studies over de sector vaak wordt genoemd.[6]
In de woorden van Marco Sanarelli, eigenaar van breifabriek Mely's: 'Laten we niet vergeten dat Luisa Spagnoli *la grande mamma* van de Italiaanse breigoedsector is geweest.' Dankzij haar ervaring en scholing is Italië een breigoedland geworden. In de jaren 1920 begon Luisa Spagnoli een bedrijfje in de buurt van Perugia: ze waagde zich aan de kweek van angorakonijnen, een diersoort die in Italië niet eerder stelselmatig was gekweekt, om de wol te verzamelen en het tot garen te spinnen dat ze gebruikte voor haar kleding. Een permanente tentoonstelling in de hoofdzetel in Perugia met foto's, krantenknipsels en vroeger gebruikte apparatuur biedt een goed beeld van de konijnenfokkerij en het bedrijf dat in 1937 officieel werd opgericht. Zo worden in het museum de machines bewaard die gebruikt werden voor de bewerking van de angorawol, evenals de twee patenten van Spagnoli: een kam om de wol te verzamelen en een tatoeëertang. Luisa Sargentini (geboren op 30 oktober 1877 in Perugia) trouwde met Annibale Spagnoli; in 1907 werd ze mede-oprichter van de confiseriefabriek Perugina, die binnen enkele jaren de binnenlandse markt domineerde. Dankzij haar creativiteit, haar ondernemerszin en haar ervaring bij Perugina werd zo ook de financiële basis gelegd voor het ontstaan van de firma Luisa Spagnoli. De fabriek zou het middelpunt worden van een hele zelfstandig functionerende gemeenschap, met crèche, naschoolse opvang, kerk en recreatieve en sportieve infrastructuur. Het project kreeg de naam Città dell'Angora, 'Angorastad', en werd slechts ten dele uitgevoerd. Het zou de kern vormen waarrond de nieuwbouwwijk Santa Lucia ontstond.[7]

Een van de oudste in breigoed gespecialiseerde modehuizen in Italië, naast Luisa Spagnoli, is Avon Celli, dat in 1922 werd opgericht. De Milanese producent verrichtte pionierswerk, onder meer in de export, in een tijd waarin de markt een voorliefde had voor alles wat Engels was. Tot op heden zweert Avon Celli bij kostbare garens en een artisanale zorg voor details, ook in woelige tijden, zoals de voorbije jaren. Het merk heeft een bewogen geschiedenis. Het ontstond dankzij de feeling van de oprichter Pasquale Celli. Hij koos voor de naam Avon — palindroom van Nova, 'nieuw' — die het merk een Engels tintje moest geven.[8] Het begon in de jaren 1930 met gebreide badpakken, die meteen voor sensatie zorgden, en ging vervolgens kousen produceren, en ten slotte truien. Avon Celli is een vaste waarde gebleven in Italiaans luxebreigoed. Het merk creëerde extra fijne breisels (zoals 36 gauge) met garens van zeer hoge kwaliteit, zoals Tasmaanse merinowol, kasjmier en zijde. Dankzij hun elegantie en uitzonderlijke kwaliteit werden de creaties van het merk halverwege de jaren 1950 een statussymbool: Avon Celli kleedde show- en filmsterren uit Hollywood en vooraanstaande kunstenaars. Beroemde namen als Frank Sinatra, Gary Cooper, Clark Gable, Grace Kelly, koning Hassan II van Marokko, Sophia Loren en Gianni Agnelli waren fan van het merk. Dankzij het historische archief van het bedrijf, een ware schatkist, kunnen we Picasso aan het werk zien in een streepjespolo van Avon Celli. Het succes van Avon Celli is met name te danken aan de producten van topkwaliteit in een zeer uitgebreid assortiment van licht tot zwaar, in extra fijne merinowol, in zeldzaam zachte Tasmaanse wol (super 15 à 16 micron) of in een combinatie van wol, zijde en kasjmier. Deze innovaties wekten in de jaren 1960 de belangstelling van beroemde couturiers als Christian Dior en Yves Saint Laurent, wat het merk in de hele wereld op de kaart zette.

Onder de vele ateliers in Toscane die zich richten op de productie van luxebreiwerk verdient Mely's vermelding, de eerste fabrikant die zich specialiseerde en de tricotlijn van Franse couturehuizen als Chanel, Dior en Chloé ging produceren. Mely's begon met de productie van tricot in 1956 in een klein appartementje in Arezzo. Het bedrijfje ontstond uit de hobby van de oprichtster Amelia Donati, een Italiaanse met Franse roots. Zij gaf het bedrijf de naam Mely's. Met de steun van haar man Italo Sanarelli stortte ze zich op breiwerk. Al in 1961 staken de producten van Mely's de landsgrenzen over, toen Amelia naar Frankrijk reisde om haar truien in het warenhuis Galeries Lafayette te presenteren en meteen succes had. In de vroege jaren 1970 riepen Italiaanse en Franse couturehuizen de medewerking van Mely's in om een eigen breiwerkcollectie te ontwikkelen, zodat het bedrijf een referentie werd voor exclusieve prêt-à-porter. In 1985 stapten de kinderen, Elena en Marco Sanarelli, in de firma en moderniseerden het bedrijf: er werd — eveneens in Olmo — een nieuwe fabriek gebouwd met een ultramodern machinepark. Volgens Marco Sanarelli is de Italiaanse 'handmade'-fabricage (op de machines) een van de geavanceerdste ter wereld, met een knowhow die je in andere landen niet vindt: de nodige productiecapaciteit om alle mogelijke prototypes en complexe bewerkingen te ontwikkelen, industrieel of volledig handgemaakt. Niet toevallig worden de meeste vooraanstaande lijnen van Italiaanse en Franse couturemerken in Italië geproduceerd. Mely's kan een breed gamma bewerkingen aanbieden, van industrieel tot handgemaakt product en alles daartussenin. De corebusiness van het bedrijf is het interpreteren van het creatieve ontwerp van de ontwerper. De eerste modehuizen die bij Mely's aanklopten, waren Christian Dior in 1970 en Valentino in 1971; die laatste creëerde zijn eerste truien samen met mevrouw Amelia. Later kwamen ook Gucci, Hermès en Chanel er terecht: vanaf midden jaren tachtig gingen vooral Franse luxemerken in zee met het bedrijf om bijzondere kledingstukken te ontwikkelen die vele uren handwerk vergen.[9]

Vandaag is het bedrijf een kleine parel aan de Italiaanse kroon. Het stelt honderdtwintig man personeel tewerk, bezit een belangwekkend archief kledingstukken en biedt volledige ondersteuning vanaf de ontwikkeling van prototypes tot het afgewerkte product.

Eveneens in Toscane, in het dorpje Capalle, bevindt zich het bedrijf Lineapiù dat garens produceert. Het werd in 1975 opgericht door Giuliano Coppini, die van meet af aan opviel door zijn voortdurende zoektocht naar verbetering van zijn producten.[10] In de loop der jaren heeft Lineapiù alle mogelijke materialen uitgetest en bijzondere technologieën aangewend die soms ad hoc werden uitgevonden om een bepaald resultaat te verkrijgen. Het bedrijf heeft samengewerkt met ontwerpers van het kaliber van Kenzo, Krizia, Yves Saint Laurent, Giorgio Armani, Valentino, Romeo Gigli en enkelen van de Antwerpse Zes: Dries Van Noten, Dirk Bikkembergs en Ann Demeulemeester, gevolgd door Martin Margiela, A. F. Vandevorst en Veronique Branquinho. In de werkplaats van Lineapiù worden garens ontwikkeld die de trend in kleur, materialen en materiaalmixen aangeven, los van de seizoenscollectie. Om onderzoek te stimuleren investeert het bedrijf zowel financieel als intellectueel fors in de creatie van expressieve en veelzijdige garens.[11] Bovendien is Lineapiù in het bedrijf bezig een archief op te zetten met vijftigduizend breistalen en met kleding die ooit is geproduceerd, met als doel te laten zien hoe de garens het mooist tot hun recht komen. Dit ambitieuze project moet op een dag leiden tot een breigoedmuseum. Het archief van Lineapiù bevat eveneens tal van gebreide modellen ontworpen door bekende ontwerpers zoals Giorgio Armani, die voor Lineapiù twee seizoenen (lente-zomer 1982–83) in Pitti Filati showde.[12]

De regio Toscane heeft enerzijds met bedrijven als Malo Tricot, dat in 1972 in Capalle door de broers Canessa werd opgericht, en anderzijds met het breimodecentrum Pitti Filati een belangrijke rol gespeeld in het aanbieden van input aan alle partijen in de sector, zowel breigoedfabrikanten als ontwerpers en inkopers. Het *Centro di Firenze per la Moda Italiana* heeft gaandeweg zijn actieradius uitgebreid naar sectoren als herenmode (in februari 1972 ontstond Pitti Uomo), kindermode (in 1975 kwam daar Pitti Bimbo bij) en breigoed. In 1968 organiseerde het centrum voor het eerst de MAIT, een beurs voor breigoed, en in 1977 de eerste editie van Pitti Filati.[13] De MAIT was een jaarlijkse, op de Amerikaanse en Canadese markt gerichte beurs. Op de achtste editie, in juni 1978, stelden honderdachttien Italiaanse breigoedfabrikanten tentoon in het Waldorf Astoria. Ondanks de belangstelling van de Amerikaanse markt voor het Italiaanse breiwerk was een crisis al ophanden: begin jaren 1980 zou het evenement worden afgeschaft. De modeshows van breimode in de jaren 1970 in Palazzo Pitti en Pitti Filati stimuleerden de creativiteit van veel ontwerpers die modeshows gaven: Giorgio Armani (voor Lineapiù), Walter Albini (voor Lane Grawitz), Gianfranco Ferré (voor Dondi Jersey), Regina Schrecker (voor Filpucci) en Gianni Versace (voor

BE.MI.VA.). De kranten uit die tijd berichtten: 'De meisjes van de jaren 1970 zitten niet braaf achter de piano op hun prins te wachten, ze gaan hem zelf versieren in trui, jeans en laarzen, en ruilen hem zo nodig in zonder veel zuchten of flauwvallen.' (*La Stampa*, 14 oktober 1970). Dankzij merken als Avagolf, Mirsa, Laura Aponte, Albertina en vooral Missoni en Krizia raakte de Italiaanse breigoedsector uit het slop. Uit enkele unieke schetsen uit het historische archief van Pitti blijkt dat deze bedrijven samenwerkten met ontwerpers en getalenteerde illustratoren als Alberto Lattuada, Jean Claude Morin, Brunetta, Walter Albini en vele anderen.[14]

Een andere regio die belangrijk is geweest in de ontwikkeling van de Italiaanse breigoedsector, is Carpi. Carpi had weliswaar flink te lijden onder de veranderende socio-economische omstandigheden, maar slaagde er uiteindelijk in zichzelf opnieuw uit te vinden en evolueerde mee dankzij nieuwe industriële modellen en distributiesystemen.[15] De bloei van de industrie in Carpi begon in 1947, waar op dat moment al een basis aanwezig was: er werden 'strooien' hoeden gevlochten uit wilgenspanen, een activiteit die in de eerste twintig jaar van de 20ste eeuw haar grootste groei kende. De hoeden uit Carpi werden geëxporteerd naar overal ter wereld, tot in de VS en Azië, maar na de Eerste Wereldoorlog veranderde de mode en vonden de hoeden geen aftrek meer. Vervolgens namen garens de plaats in van de wilgenspanen: breigoed kon thuis worden vervaardigd en vereiste weinig investeringen maar wel een vingervlugheid, die de vrouwelijke helft van de bevolking al in grote mate bezat, zoals te zien is op een paar unieke beelden afkomstig uit het archief van het etnografische museum van Carpi. Dankzij de lage kosten van dit thuiswerk waren de Carpiproducten zeer scherp geprijsd, zodat het breiwerk uit Carpi algauw de Europese en Amerikaanse markten veroverde. In 1970 stond de provincie Modena qua uitvoer op nummer één in Italië, met als voornaamste motor de nijverheid uit Carpi. Daar ontstond een ware economische boom: de productie werd uitgebreid naar andere sectoren zoals confectie van geweven stoffen, en Carpi werd een symbool voor wat later het Italiaanse 'wonder van de economie' is gaan heten. Het was een industrieel fenomeen dat voornamelijk uit kleine bedrijfjes bestond die hun arbeiders thuis lieten werken (zie het artikel uit 1975 in *La Stampa*,[16] waarin te lezen is dat er in Carpi maar zo'n tweehonderdvijftig echte bedrijven waren die machines en arbeiders in eigen ateliers hadden). Volgens de vakbonden uit die tijd konden bedrijven dankzij het thuiswerk de kosten van het machinepark naar de arbeider doorschuiven: wie werk wilde, moest zelf in moderne apparatuur investeren.

In 1984 begon het bergaf te gaan: de breigoedsector kreeg het moeilijk en in de streek rond Carpi droogde de geldstroom van de export op. Behalve de taksen die werden geheven op de kosten van het uitbesteden van werk, was een andere factor die bijdroeg tot de crisis de middelhoge tot lage kwaliteit van het voor de uitvoer bestemde breiwerk, met als uitzondering enkele bedrijven die zich hadden toegelegd op de productie voor modehuizen (met Miss Deanna als typisch voorbeeld).[17] Carpi probeerde dan ook de eerste klappen van de crisis af te wenden door in te zetten op kwaliteit en modieuze producten en naar een middelhoog tot hoog segment op te klimmen. Niet toevallig kondigden de kranten in juli 1984 aan dat de mode uit Carpi in Bologna zou worden gepresenteerd met een grootse modeshow op de Piazza Maggiore. Er deden drie topmerken aan mee: Antonella Tricot, Antonella Baby en Blumarine. Het Bolognese evenement betekende een flinke opsteker voor Carpi. In dezelfde periode werden niet alleen modeshows en allerlei evenementen gehouden, maar ging ook het tijdschrift *Carpi Maglia* van start, dat de laatste nieuwigheden uit de wereld van het breigoed bevatte. Het waren gouden jaren voor Carpi, dat liet zien dat de productie zich inmiddels op zeer hoog niveau bevond, met de steun van grote namen als Armani, Versace en Ferrè, die hun collecties aldaar lieten vervaardigen. Een paar mooie voorbeelden zijn Blumarine, opgericht door Anna Molinari, die haar belangstelling voor breigoed samen met de historische breigoedfabriek Molly van haar ouders erfde; Luisa Savani, die haar eerste collecties in 1965–66 presenteerde en een bedrijf oprichtte dat uiteindelijk tweehonderd man personeel zou tellen en naar de hele wereld zou exporteren; en ten slotte Carma, dat werd opgericht in 1947 en zich specialiseerde in ingebreide kleurvlakken; aanvankelijk richtte het zijn aandacht op het eigen merk I Maschi, in 1986 lanceerde het de breigoedfantasieën van Jean-Charles de Castelbajac en later ging het ook voor Armani produceren. Dit zijn maar enkele typische voorbeelden, maar Carpi was rijk aan kleine en middelgrote bedrijven die na de crisis van 1993 de deuren moesten sluiten. In de jaren nul heeft het district zichzelf echter opvallend genoeg opnieuw uitgevonden; het kon nieuwe omzet genereren door zich te richten op marktsegmenten met een hogere toegevoegde waarde ten opzichte van de kwantitatieve productie. Bovendien is in de periode 2005–08 confectie van geweven stoffen belangrijker geworden dan breigoed, dat altijd het belangrijkste product was gebleven.[19]

Vandaag is een nieuwe generatie ondernemingen in Carpi aanwezig, zoals Twin Set, Liu-Jo, Via delle Perle, Sintesi Fashion Group met het merk Anna Rachele, Olmar and Mirta: allemaal bedrijven die het goed doen en ontstaan zijn in de streek, waar technische kennis nog steeds overvloedig aanwezig is. Een traditie die al eeuwen voortduurt, net als de drang tot innoveren. Zo produceert het bedrijf Olmar and Mirta al jaren breigoed voor Rick Owens en Gareth Pugh, twee ontwerpers die bekendstaan om hun afwijkende, creatieve geest en non-conformisme. Soms kan een stadje verrassend uit de hoek komen.

Ik zou deze bijdrage willen afsluiten met een bijzonder geval, dat een geheel eigen plek inneemt in de breigoedsector: Benetton. Het bedrijf werd opgericht door de broers Luciano, Carlo en Gilberto Benetton en hun zus Giuliana en nam een vliegende start in de jaren 1960. Al in 1957 bestond er een artisanaal atelier in Ponzano Veneto (Treviso) dat gespecialiseerd was in breiwerk; in 1965 veranderde de naam in Benetton Group.[20]

Het idee voor het bedrijf kwam van Giuliana Benetton, die al van jongsaf breide voor haar broers en daarbij op zoek ging naar alternatieven voor de tricotsteek; ook ging ze voor het eerst kleur gebruiken in haar truien. Haar ervaring zou fundamenteel blijken bij de voortdurende innovatie van het bedrijf en om constructeurs van breimachines technische input te geven. Zo produceerde de *Maglierie Benetton* de eerste gebreide vrijetijdscollecties, in een groot gamma kleuren en voor betaalbare prijzen. De familie Benetton was een van de eersten die zich aan kabelmotieven waagde en aan ingebreide kleurvlakken (de *intarsia*-techniek) met gedurfde optische effecten; dat laten de tentoongestelde kledingstukken zien in het pas geopende archief van de onderneming. Dat archief[21] is nog in opbouw, maar bevat inmiddels historische kledingstukken en een collectie materiaal dat de geschiedenis van het bedrijf illustreert. Onder de kledingstukken in het archief is een dikke trui met ingebreide kleurvlakken en geometrische motieven uit het seizoen herfst-winter 1968–69 die ontworpen werd door de architect Tobia Scarpa en een voorloper is van de huidige samenwerkingen met ontwerpers en kunstenaars. Een derde troef die het succes van het bedrijf heeft bepaald, naast het grote gamma kleuren en de innovatie van het achteraf verven van kledingstukken, is de communicatie, zoals al te zien in de eerste reclamecampagnes uit de jaren 1960, toen het bedrijf nog *Maglierie Benetton* heette, en een merk had voor heren (*Dorval*) en voor dames (*Lady Godiva*). In die vroege campagnes wordt gespeeld met het concept van breigoed als goed zittende en praktische vrijetijdskleding, die toch kleurrijk en elegant kan zijn.

Dankzij de creatieve verbintenis met Oliviero Toscani zou het merk bij het grote publiek bekend raken: zijn reclamecampagnes deden stof opwaaien en werden meermalen internationaal onderscheiden.[22] De vondst die aan de basis van het succes van het Benettonbreiwerk lag, de kleur, is een metafoor geworden voor jongeren van verschillende nationaliteiten: *United Colors* verwijst naar democratisch geprijsd breigoed dat ook in letterlijke zin democratisch wil zijn en concepten als tolerantie, vrede en respect voor diversiteit in zich draagt.

NOTEN

1. Voor dit onderzoek wil ik graag alle bedrijven en instellingen bedanken die me toegang hebben verschaft tot hun archief en me zo kostbaar materiaal aan de hand hebben gedaan: Miles, Lineapiù, Mely's, Benetton, Avon Celli, Modateca Deanna, Carpi Formazione, Pitti Immagine en vele andere. Tevens wil ik het grote belang van dergelijke archieven benadrukken, als geheugen van de geschiedenis, als onmisbaar instrument voor het voortzetten van het succes van mode 'Made in Italy', en om de link te leggen zowel met het verleden als met de toekomst.

2. Een enigszins gedateerd, maar nog steeds fundamenteel werk vol informatie over Italiaans breigoed is Massai-Lombardi, 1989, pp. 260–293, met bibliografie. Verder ook: Scianna-Vergani 1989; Giordani Aragno, 2005, pp. 13-25; Garofoli, 1991; Black, 2002; Traini, 2004; Grossini, Bari, 1986.

3. Een interessant overzicht met vooruitblik is ook te vinden in *Consumi e distribuzione di tessile e moda nel mercato italiano*, Milaan, juli 2010.

4. Volgens de trends die Pitti Immagine voorziet, zal de creatieve breimode nieuwe Noorse effecten toepassen op garens, die tot ruiten en geometrische jacquardmotieven zullen worden verwerkt, voor cardigans en aansluitende blazers. Het accent zal liggen op ragfijne truitjes van bedrukt kasjmier, double-face kasjmier, ribtruien, maxitruien met enkele draad. Garens zijn voorzien van micropatroontjes en getextureerd oppervlak. Met dank aan Elena Moretti, modeconsulente van Pitti Immagine.

5. Over Miles, Miss Deanna en andere belangrijke producenten, zie de bijdrage van M.L. Frisa in deze catalogus.

6. Het belang van Luisa Spagnoli wordt slechts zijdelings genoemd in verschillende historische overzichtswerken van de mode, waaronder Gnoli, 2005, p. 175 noot 2 en Vergani, 2010, p. 712. Completer is de catalogus van de permanente tentoonstelling van de firma Luisa Spagnoli, Perugia, ongedateerd, pp. 7–69.

7. Luisa Spagnoli's angora zou de Italiaanse en buitenlandse markt veroveren en het bedrijf zou in 1943, onder de leiding van Mario, de oudste zoon van de oprichtster, de belangrijkste Europese angoraproducent worden, met 525 werknemers en 8000 fokkerijen. In 1952, toen de productie gediversifieerd werd, veranderde de onderneming van naam en werd Luisa Spagnoli 'Confezioni a Maglia s.r.l.'.

8. Er is weinig bekend over de geschiedenis van Avon Celli. Zie Vergani 2010, p. 72. Vandaag is het merk, na een paar keer van eigenaar te zijn gewisseld, in handen van WP Lavori in Corso, dat van plan is het wereldwijd opnieuw te lanceren. Het bedrijf beschikt nog steeds over een uitgebreid archief met beelden, die ik mocht inzien dankzij het bureau Attila, dat de herintreding volgt. Helaas blijken er geen historische kledingstukken bewaard, alleen moderne reproducties. Dank aan Flavio Cerbone van Attila, die heeft geholpen met het boven water halen van unieke beelden uit het archief van Avon Celli.

9. Een verdere innovatie van Mely's is de productie van volledig biologisch afbreekbare (natuurlijke) kasjmier, een project in samenwerking met de universiteit van Pisa. De kasjmier wordt ongesponnen geverfd met geheel natuurlijke verftechnieken.

10. In 2005 vierde Lineapiù zijn dertigjarige bestaan met een tentoonstelling in de *Galleria del Costume* in Palazzo Pitti in Florence. Uit de tentoonstellingscatalogus blijkt het belang van het bedrijf en alle innovaties door de jaren heen. Zie Giordani Aragno, 2005, pp. 13–25 en Gruppo Lineapiù 1975–2000, 2000.

11. Noemenswaardige geavanceerde garens ontwikkeld door Lineapiù zijn met name: *Relax*, een 'ecologisch garen' dat tot 60% van de invloed van elektromagnetische velden tegenhoudt. Daarnaast heeft Lineapiù het 'rubberen garen' uitgevonden, dat het licht opneemt en het in de uren daarna langzaam weer uitstraalt. Ten slotte ook *Metallica*, het eerste garen met metaalglanseffect, *Pristis*, een ondoorzichtig viscosegaren, en *Camelot*, ultralicht mohair dat al in de eerste collectie zat en nog steeds een bestseller is.

12. Nadat het bedrijf in financiële moeilijkheden was gekomen, maakte het in juli 2010 een doorstart als Lineapiù Italia spa, met de bedoeling de merken Lineapiù en Filclass te consolideren en verder uit te bouwen. De voorzitter van de raad van bestuur van de nieuwe onderneming is Alessandro Bastagli. Bron: persbericht van het bedrijf.

13. Dank aan Pitti Immagine en met name aan Elisabetta Basilici die me het archief lieten inkijken, dat deels gedigitaliseerd is en een kostbaar onderzoeksinstrument vormt voor de geschiedenis van de Italiaanse mode. Voor een overzicht van feiten en personen in de Italiaanse mode en de rol van het Florentijnse modecentrum Pitti Immagine, zie Mulassano, 1979.

14. Voor korte beschrijvingen van deze breimodehuizen die zich tussen het ambachtelijke en industriële bevinden, zie Massai-Lombardi, 1989, pp. 292–294.

15. Voor een overzicht van Carpi en de breigoedtraditie, zie Brigidini, Tedeschi, *Carpi*, 1992, pp. 41–199; dit werk is bijzonder nuttig voor wie inzicht wil krijgen in de omstandigheden in Carpi en de bedrijven aldaar die de belangrijk zijn gebleken voor de Italiaanse en internationale tricotsector; voor de evolutie in de streek, zie het jaarlijkse rapport dat de Monitor van de kleding- en textielsector uitbracht over het district Carpi, Carpi, 2009; in januari–februari 2001 verschijnt het tiende rapport, dat de situatie van de crisis van het district in kaart zal brengen. Voor hun steun aan mijn onderzoek naar Carpi: dank aan Alessandra Praudi, Andrea Scappi (directeur van Carpi Formazione), Andrea Scacchetti (voorzitter van Carpi Formazione en eigenaar van Sintesi Fashion Group), Deanna Borghi (consulente modetrends), Manuela Rossi (directrice Servizi Museali Palazzo dei Pio, Carpi), Luana Ganzerli (directrice Consorzio Eco Carpi). Ik wil Natascia Arletti graag danken voor het zoeken naar beelden uit het archief van het etnografisch museum.

16. Zie het historische archief van *La Stampa*, tegenwoordig volledig gedigitaliseerd en beschikbaar via de website *www.lastampa.it*.

17. Zie de bijdrage van M.L. Frisa in deze catalogus; een geschiedenis van het bedrijf is te vinden in Miss Deanna, Bologna, 1995. Inmiddels is het bedrijf gekocht door Gruppo Armani, terwijl de voormalige eigenares *Modateca Deanna* heeft geopend, een archief gewijd aan de tricotsector, dat alle in de loop der jaren geproduceerde kledingstukken van de firma verzamelt.

18. Voor biografische nota's over deze firma's en vrouwelijke ondernemers, zie Brigidini, Milaan, 1992; *Storie di moda. Le imprenditrici di Carpi si raccontano*, Carpi, 2002, pp. 7–86.

19. Volgens het rapport van de Monitor van de textielsector in Carpi zijn er meer breigoedproducenten dan confectiebedrijven, maar aangezien ze gemiddeld kleiner zijn, is de totale omzet lager.

20. Vandaag is Gruppo Benetton aanwezig in honderdtwintig landen over heel de wereld. De core-business is de modesector met de merken United Colors of Benetton, Sisley en Playlife. Het bedrijf produceert meer dan honderdvijftig miljoen kledingstukken per jaar met een totale omzet groter dan twee miljard euro. Bron: persbureau Benetton. Interessante opmerkingen over het geval Benetton zijn te vinden in Scianna-Vergani, 1989, pp. 13–22; verschillende standpunten over de ontwikkeling van het bedrijf, in Astone, Milaan, 2009; *Guida al vestire critico*, Bologna, 2006.

21. Dank aan Benetton, dat me het archief van het bedrijf in voorpremière liet bezichtigen.

22. Die creatieve communicatie heeft vandaag een vervolg gekregen met de multimediale campagne *It's My Time*, een idee van Fabrica, het communicatieonderzoekscentrum van Benetton: de eerste wereldwijde casting, op zoek naar persoonlijke kledingstijlen die iets zeggen over jongeren, hun tijd, en hun ideeën over de toekomst. Over de langdurige verbintenis met Oliviero Toscani, zie Pagnucco Salvemini, Milano, 2002.

BIBLIOGRAFIE zie p. 75

VAN REI KAWAKUBO TOT MARK FAST
DE LEEGTE IN BREIWERK
OF HOE VORMLOOSHEID VORM KREEG

Jonathan Faiers

[...] textielmachines zijn steeds meer in staat om identieke, perfecte weefsels te produceren. Ik vind juist het imperfecte mooi. Handmatig weven is hiervoor de beste methode, maar omdat dit niet altijd mogelijk is, draaien we hier en daar een schroefje los in de machines, zodat deze niet meer precies doen wat ze eigenlijk zouden moeten doen.[1]

Ook het vormloze vergt inspanning.[2]

Sinds 1982 — het jaar waarin Rei Kawakubo haar breimachine-operators opdracht gaf een paar schroefjes los te draaien, zodat er lukraak gaten zouden ontstaan in haar gebreide truien — staat op de breiwerkcatwalk het versletene of 'rafelige' — de zogeheten armoedelook — centraal. De radicale stijl van Kawakubo en haar tijdgenoten was zowel aan de punks, die de traditionele opvattingen over fysieke esthetiek verwierpen, als aan de filosofische verkenning van het potentieel van het lege of het 'vormloze'. Gaten in breisels impliceren chaos en orde, vernietiging en schepping, en Kawakubo's kennelijk willekeurige toepassing van deze gaten riep associaties op met de grenzeloze ruimte.
Recentelijk had de ontwerper Mark Fast groot succes met zijn opengewerkte breisels. Maar vormen zijn ontwerpen eigenlijk niet (net zoals Kawakubo's werk) 'een commentaar op de overbodigheid van handwerk in een tijdperk van mechanische perfectie'[3] of een expressie van de onvermijdelijke vercommercialisering van de fundamentele ondermijning van gebreide kledingstukken?

In deze tekst wordt op basis van Georges Batailles onderzoek naar het Franse begrip *l'informe* (het vormloze) Kawakubo's beroemde, zwarte lace (kanten) trui beschouwd als een *opération* oftewel een proces dat aanzet tot een dialoog over de opvattingen inzake handwerk (breiwerk en kant), over het geheel en het deel en over het disfunctionele — met andere woorden: als een alternatieve manier om inzicht te krijgen in kleding en in de relatie tussen kleding en lichaam.

De opkomst van Rei Kawakubo's werk — waaronder kledingstukken zoals die epigonische 'kanten' trui — op het Europese modetoneel aan het begin van de jaren 1980 is goed gedocumenteerd. De verwarring waartoe haar werk en ook dat van Yohji Yamamoto leidden, is door Colin McDowell als volgt samengevat: 'Binnen één seizoen bezorgden ze de Franse mode een minderwaardigheidscomplex, brachten hen op het randje van een collectieve zenuwinstorting, prikkelden ze de dromen en verwachtingen van jonge Britse ontwerpers en studenten, deden ze de Italianen paniekeren en ontredderden ze de Amerikanen totaal.'[4] Uiteraard werd de zogeheten Japanse revolutie in de mode voornamelijk beoordeeld op basis van de meest spectaculaire/moeilijke/esthetische/nihilistische collecties (alle mogelijke adjectieven zijn inmiddels al gebruikt om hun werk te beschrijven, afhankelijk van het overheersende perspectief van de commentator). Maar juist een kledingstuk zoals de kanten trui visualiseert op de meest effectieve manier Kawakubo's opvattingen over het maken van kledij.

Op het meest fundamentele niveau is breien een handeling oftewel activiteit waarbij van niets iets wordt gemaakt. Breien bestaat immers in feite uit het afbakenen van kleine ruimtes of, beter gezegd, het aanbrengen van tijdelijke afbakeningen. De verkenning van spanning — enerzijds de letterlijke spanning door de speciale breisteek, anderzijds de emotio-

nele spanning door het besef dat breisels kunnen worden ontrafeld — lijkt de primaire functie te zijn van Kawakubo's kanten trui. Bovendien is de verbeelding van deze spanning en van andere stemmingen (deze worden verderop nog kort besproken) vermoedelijk belangrijker dan de functie als kledingstuk. Maar ook als *disfunctioneel* kledingstuk biedt de kanten trui ons diverse mogelijkheden om te onderzoeken hoe breien zich verhoudt tot andere ambachten, hoe breiwerk schommelt tussen mode en niet-mode, en hoe het zich op de kruising met het lichaam bevindt.

Bij nadere beschouwing blijkt de trui in structureel opzicht een 'vormloos' kledingstuk te zijn — het zit vol met gaten waardoor het oogt als een kledingstuk dat op het punt staat uiteen te vallen of ineen te zakken, en ook de draagwijze is vormloos. Er hangt een wijde, gerimpelde *peplum* (overrok) onder het ribpatroon, de mouwen overdekken de handen als ze niet worden omgeslagen en sommige gaten zijn zo groot dat er gemakkelijk een hoofd of arm doorheen kan worden gestoken. Die gaten ondermijnen bovendien een van de meest geprezen kenmerken van breiwerk, namelijk het bieden van warmte. Zoals bekend houden fijn gemaasde of netachtige stoffen (zoals tricot), die een regelmatig steekpatroon hebben, de lucht vast waardoor er een laagje warmte ontstaat wanneer deze stoffen dicht op de huid worden gedragen (het nethemd-effect). Kawakubo's trui verstoort dit effect vanwege de lukrake, grote gaten; de thermische eigenschappen gaan hierdoor verloren en het breisel verandert in een disfunctionele trui. Uiteraard is deze trui, zoals ook te zien is op de afbeelding op p. 66, oorspronkelijk ontworpen om over een ander kledingstuk te worden gedragen, waardoor de warmte genererende eigenschappen enigszins worden hersteld; maar waarschijnlijk verandert de trui hierdoor in een puur decoratief kledingstuk, dat is beroofd van zijn belangrijkste functie.

De evidente devaluatie, zowel bij handmatig als bij machinaal breien, van het gebruikelijke proces van patroonbreien, geen 'steek laten vallen' en afwerken — plus het 'verraad' jegens de warmhoudfunctie van breiwerk — positioneert deze trui veeleer als mode dan als breisel. De verbijstering, en in sommige kringen zelfs angst, die kledingstukken zoals de kanten trui veroorzaakten toen ze voor het eerst werden geproduceerd, wijst erop dat ze een bedreiging vormden voor de geaccepteerde kledingcodes. Bovendien onthulden ze de vormloosheid en vergankelijkheid, die inherent zijn aan de essentie van het brei-ambacht. Maar zoals Bataille schreef over Edouard Manets schilderij *Olympia* uit 1863: 'Het onderwerp uit elkaar halen en herstellen betekent geen verwaarlozing van het onderwerp. Je zou het kunnen vergelijken met een offerande; de offeraar veroorlooft zich bepaalde vrijheden jegens het slachtoffer en doodt het zelfs, maar van verwaarlozing is geen sprake.'[5] Vermoedelijk vond het establishment in de modewereld dergelijke 'vrijheden' ongeoorloofd, maar zoals we hebben gezien, maakt Kawakubo's verlangen naar het imperfecte en toevallige — hetgeen wordt gevonden in de bewerking van vormloosheid — sindsdien deel uit van de modetaal.

Mogelijk is het vooral op economisch vlak dat Kawakubo's 'kanten' trui het meest significant afwijkt van Batailles begrip *l'informe* en ons nieuw inzicht verschaft in de verwijzing naar de kantfabricage. Kant is net als breiwerk een stof die het resultaat is van de afbakening van kleine ruimtes, maar afgezien van deze structurele overeenkomst zijn deze twee ambachten zeer verschillend. Natuurlijk zijn beide activiteiten arbeidsintensief, maar handgemaakte kant overtreft handgemaakt breiwerk aanzienlijk qua hoeveelheid tijd die het kost om een gelijke hoeveelheid textiel te produceren. Dit fundamentele verschil resulteert uiteraard in de bekendste kenmerken van kant, namelijk zijn zeldzaamheid en, juist hierdoor, zijn intrinsieke waarde. Door de kostbaarheid is de geschiedenis van kant zowel gewelddadig als op een vreemde wijze fysiek — het wemelt van de moorden en diverse andere, bizarre lijfelijke contacten tussen stof en vlees. Verhalen over stukken kant gewikkeld rond het lichaam, verstopt tussen lijken en zelfs vastgenaaid onder de gevilde vachten van honden — en dat allemaal om de hoge accijnzen op kant te ontduiken toen dit speciale textiel nog volop in de mode was — doen denken aan een dialoog waarbij het waardevolle wordt afgezet tegen het waardeloze, vergelijkbaar met Batailles theorie over de 'heen en weer gaande beweging tussen afval en ideaal'.[6]

Maar Kawakubo's kanten trui is absoluut geen afval, ook al lijkt die indruk wel opzettelijk te worden gewekt. Door de classificatie 'mode' ontstijgt de trui die anonieme groep tweedehandse, mottige en versleten breisels, waardoor hij van een vormloos stuk breisel verandert in minutieus vormgegeven mode. Conform een waarschuwing van Bataille: 'Zo is "vormloos" niet alleen een adjectief met een welbepaalde betekenis, maar ook een term die dient om iets onderuit te halen, daar waar de algemene vereiste is dat alles een vorm moet hebben. Wat met dit woord wordt benoemd, heeft in geen enkel opzicht nog rechten en kan overal, als betrof het een spin of een regenworm, vertrapt worden.'[7] De economie van de mode is zodanig dat Kawakubo's trui slechts kortstondig als 'vormloos' kan bestaan. Zijn larvenstadium als een onduidelijke vorm ergens tussen breiwerk en sculptuur kan niet worden toegestaan en duurt daardoor niet langer dan zijn eerste publieke presentatie, waarna hij zich al snel ontpopt tot een volwassen vorm — te weten mode.

Fasts fans langs de catwalk focusten zich eigenlijk uitsluitend op datgene wat hun volgende excuus zou zijn om zich weer in iets stretchachtigs met strategische gaten te wringen... Toch maakt vooral zijn bijzondere techniek Fasts werk zo fascinerend — en ook omdat hij zijn breisels meer ziet als panty's, kousen en sokken dan als trui-jurken. (Twinsets zijn nooit echt zijn ding geweest.) Uiteindelijk zou dat kleine maar opmerkelijke feit... wel eens cruciaal kunnen zijn voor een carrière die hem moeiteloos leidt naar een lucratieve toekomst in leggings en ondergoed.

Bijna dertig jaar nadat Kawakubo's kanten trui verscheen, heeft de potentiële vormloosheid van dit kledingstuk zijn laatste rustplaats gevonden in het werk van Mark Fast. Fasts vakkundigheid en succes als ontwerper zijn gebaseerd op aangepaste machinale breitechnieken — vooral die voor de fabricage van sokken, kousen en panty's — voor het produceren van uitermate erotische en populaire confectiemode. Fasts werk vereist dat het lichaam het kledingstuk vormgeeft, in tegenstelling tot Kawakubo's werk dat eigenlijk het lichaam ontkent of op z'n minst afstand doet van de traditionele opvattingen over de aanblik van een lichaam. Door met synthetische garens zoals lycra te breien in combinatie met wol, angora en viscose lukt het Fast om vrijwel 'vormloze' kledingstukken te produceren die zijn bezaaid met gaten, maar er toch niet versleten of kapot uitzien. We begrijpen dat deze gaten (hoeveel het er ook zijn) zich nooit zullen samenvoegen tot één gapende leegte. De elastische naden staan dat niet toe — ze kunnen tot het uiterste worden uitgerekt, maar gaan nooit kapot. Deze kwaliteit is uiteraard een belangrijke factor van hun succes; als een geladderde en te grote kous die strak over het lichaam wordt getrokken, erotiseren ze het lichaam doordat alle rondingen en uitsteeksels worden geaccentueerd. Hierdoor krijgen de aanvankelijke vormloosheid en het poreuze potentieel van de kledingstukken een eigen vorm en worden ze vanzelf onderdeel van de *commodificatie* (verzakelijking en vercommercialisering) van het lichaam (als verhandelbare *commodity*), die in de mode-industrie tegenwoordig centraal staat.

Ironisch genoeg heeft Fasts werk een veel grotere visuele affiniteit met kant dan Kawakubo's trui. Dit komt omdat zijn jurken een weerspiegeling zijn van de traditionele look en technieken van de kantfabricage – deze beide aspecten kunnen worden opgevat als de relatie tussen patroon en achtergrond (in vaktermen: *grond*). Fasts kantachtige 'tweede huiden' fungeren als uitvergrote lappen kant waarin de dichte stukken lijken op het figuratieve gedeelte (het zogeheten *volwerk*) van kant en de gaten de weerspiegeling vormen van een net-achtige *grond* die de geborduurde delen onderling tot één geheel verbindt. De associaties met broosheid en zuiverheid die kant van oudsher oproept, ontbreken echter in Fasts jurken; in plaats daarvan vertonen ze een fascinerende seksualiteit die eveneens vreemd is aan de meeste gebreide kledingstukken. Terwijl traditioneel breiwerk kampt met getemde seksuele stereotypen en vooroordelen (zoals wel blijkt uit omschrijvingen als 'behaaglijk', 'ruig' enzovoort), en Kawakubo's kleding misschien wel het beste als *aseksueel* kan worden getypeerd, is Fasts werk bijna een seksuele karikatuur. Mogelijk bedoelde Sarah Mower dit kenmerk toen ze zich uitliet over zijn toekomstige carrièrekansen op het gebied van 'leggings' en 'ondergoed'.[9] En het valt inderdaad niet te ontkennen dat Fasts kledingstukken, die in wezen een evidente basiskwaliteit bezitten — deels te danken aan de fabricage

technieken en inspiratie, die zijn ontleend aan de kousenindustrie — worden gekenmerkt door een sterke seksuele lading en uitstraling.

Die hele seksuele *cathexis* op basis van kousen, de handeling van het aantrekken van kousen via de voeten, langs de enkel en over het been, hun associatie met striptease en hun neiging om te ladderen en af te zakken — al die aspecten tezamen zorgen ervoor dat er een erotisch spotlight wordt gericht op de lagere lichaamsregionen, die zowel 'onfatsoenlijk' als vertrouwd genoeg zijn om het object te vormen van een stereotiepe seksuele fascinatie, of zoals Bataille het verwoordt: '...klassiek voetfetisjisme dat leidt tot het likken van tenen, wijst er absoluut op dat dit een primair verleidingsverschijnsel is, waardoor tevens de pikante waarde wordt verklaard die altijd min of meer wordt toegekend aan geneugten die door zuivere en oppervlakkige mensen worden veroordeeld.'[10] Wellicht juist omdat Fasts kledingstukken fungeren als een uitbarsting van basale libidineuze energie, te midden van de 'zuivere' en 'oppervlakkige' kleding in de mode, worden ze ondanks hun commerciële succes door sommige critici toch als 'geen echte mode' beschouwd: 'Hoe kon hij een hele collectie creëren op basis van zijn bijzondere breiwerkexpertise, die zo afgebakend... of nee, beter gezegd, *beperkt* is? [...] Toch weet de kleding nooit aan haar showgirlassociaties te ontsnappen. Er waren momenten waarop Fast dat idee zelfs leek te benadrukken, zo *Vegas-ready* waren sommige van zijn outfits.'[11]

Het heeft er dus alle schijn van dat vormloosheid weinig bestaansrecht heeft binnen de mode-industrie. Heel even leek Rei Kawakubo's kanten trui te voldoen aan Batailles belofte dat *l'informe* (het vormloze) niet alleen een adjectief maar ook een *opération* (handeling/bewerking) is; haar werk werd echter al snel gecategoriseerd als conceptuele mode, waardoor het inmiddels ouderwets is geworden. Mark Fast is vooral uit commercieel oogpunt geïnteresseerd in vormloosheid. Zijn kledingstukken zijn echter alleen vormloos als ze niet worden gedragen; want zodra ze zijn aangetrokken, accentueren ze de lichaamsvormen en blijken ze ineens te zijn 'gestold' tot een elegante, sexy jurk. 'Vormloze' mode is kennelijk niet geoorloofd en, zoals Bataille verklaarde: '...heeft in geen enkel opzicht nog rechten en kan overal, als betrof het een spin of een regenworm, vertrapt worden.'[12] Misschien is het daarom juist wel passend dat in de huidige breiwerkmode '...zoiets [...] als een spin of een fluim' de enige echte architect of ontwerper van het vormloze is — namelijk de mot.[13]

NOTEN

1. Een citaat van Rei Kawakubo in: Deyan Sudjic, *Rei Kawakubo and Comme des Garçons*, 1990, p. 80. Zie ook: www.answers.com/topic/rei-kawakubo#ixzz18ljjqJ00

2. Yve-Alain Bois & Rosalind E. Krauss, *Formless: A User's Guide*, 1997, p. 18.

3. Uit het onderschrift bij een foto van de 'kanten' trui in het boek van Deyan Sudjic, p. 92.

4. Colin McDowell, *Fashion Today*, 2000, p. 134.

5. Bois & Krauss, p. 21.

6. Een concept dat nauwkeurig wordt beschreven in 'The Big Toe', in Allan Stoekl (ed.), *Georges Bataille: Visions of Excess: Selected Writings, 1927–1939*, 1985, pp. 20–23.

7. Georges Bataille, 'Formless', in *Encyclopaedia Acephalica*, 1995, p. 51.

8. Sarah Mower over Mark Fasts lente-zomer 2010-collectie in haar recensie voor *Style.com* (www.style.com/fashionshows/review/S2010RTW-MFAST)

9. Ibid. Zoals tegenwoordig in de modewereld gebruikelijk heeft Fast inmiddels onder het label 'Faster' een goedkopere confectielijn (oftewel: budgetlijn) geproduceerd. Dit leidde tot nog meer commercieel succes, vooral vanwege de lijn met opengewerkte netpanty's, een ware bestseller.

10. Stoekl (ed.), p. 23.

11. Tim Blanks over Mark Fasts lente-zomer 2011-collectie in zijn recensie voor *Style.com* (www.style.com/fashionshows/review/S2011RTW-MFAST)

12. Bataille, pp. 51–52.

13. Ibid.

BIBLIOGRAFIE zie p. 81

TUSSEN LUXEARTIKEL EN MASSAPRODUCT
MACHINAAL BREIEN VAN DE 17DE TOT DE 19DE EEUW

Frieda Sorber

Toen William Lee aan het einde van de 16de eeuw zijn ingenieuze kousenbreimachine ontwierp, waardoor het handmatige breien werd vereenvoudigd door middel van afzonderlijke haakvormige breipennen, kreeg hij meteen af te rekenen met alle problemen die uitvinders van nieuwe machines ook in de daaropvolgende eeuwen zouden ontmoeten. Waarschijnlijk wilde Lee, een plattelandsprediktant in Nottinghamshire, met zijn uitvinding de inwoners van zijn parochie een broodwinning bezorgen. Toen hij echter noch bij hen noch bij de Engelse overheid de verhoopte steun vond, emigreerde hij naar Frankrijk en stichtte in Rouen een nieuwe textielnijverheid.[1] Zijn machine werd hoofdzakelijk gebruikt voor het breien van kousen, en dat bleef zo gedurende de twee volgende eeuwen, maar al vrij snel werden ook andere kledingaccessoires zoals wanten, mutsen en slaapmutsen machinaal gebreid. De uitvinding van Lee kreeg uiteindelijk toch voet aan de grond in Nottinghamshire en het naburige Leicestershire.

De eerste breimachines werden door smeden en houtbewerkers gebouwd. In de jaren 1660 waren Joseph Widoson (1661)[2] en andere gespecialiseerde breimachinemakers werkzaam in Nottingham. Omdat 'kousenramen' of breimachines vrij kleine toestellen waren, konden ze makkelijk in een arbeidershuisje worden opgesteld. Ze bestonden uit een robuust geraamte dat uitgerust was met een stel beweegbare pennen met een weerhaak (de voorlopers van de tongnaalden die vanaf de 19de eeuw in breimachines werden gebruikt), loden gewichtjes om het breigaren tussen de naalden naar beneden te drukken, hefbomen en springveren, en voettreden om dat alles te bedienen. Machinaal breien ging sneller dan handmatig breien maar vereiste wel handigheid en sterke armen en benen; het was dan ook vooral mannenwerk.[3] In de 17de en 18de eeuw bood dit soort thuisarbeid een betrekkelijk goed inkomen. De eerste breitoestellen of kousenramen verschenen in Frankrijk en Engeland. De hugenoten namen op hun vlucht uit Frankrijk de breimachine mee en introduceerden ze in Duitsland, Rusland en elders. In de Oostenrijkse Nederlanden werden Doornik en de naburige stadjes Peruwelz en Leuze regionale centra van tricotage. Aan het einde van de 18de eeuw ontstond in Arendonk, in het noorden van de provincie Antwerpen,[4] een belangrijke productie van kousen en slaapmutsen voor de landelijke bevolking van de omtrek. Ook Brussel en Antwerpen hadden een tricotagenijverheid. Aartshertog Karel van Lotharingen, landvoogd van de Zuidelijke Nederlanden, liet op zijn kasteeldomein in Tervuren werkplaatsen inrichten waar de nieuwste 'industriële technieken' werden toegepast — zulke fabriekjes waren toen fel in de mode als tijdverdrijf van de Europese *high society*. Hij ging onder meer prat op zijn tricotageatelier waar hij zijden kousen en gebreide vesten voor zichzelf en zijn vrienden liet maken. Ook Voltaire had ooit op zijn landgoed Ferney een breier in dienst die met een kousenraam werkte. Bovendien kweekte hij zelf zijn zijdewormen, zoals blijkt uit een tekst waarmee zijn vertegenwoordiger de artikelen aanprees: *'Ce sont mes vers à soie qui ont donné de quoi faire ces bas, daignez les mettre une seule fois. Montrez vos jambes à qui vous voudrez et si l'on ne vous avoue pas que ma soie est la plus belle de Provence et d'Italie, je renonce au métier.'* [5] (Mijn eigen zijdewormen leverden de zijde voor deze kousen. Trek ze eens aan. Toon uw benen aan gelijk wie, en als u niet te horen krijgt dat dit de mooiste zijde is van heel de Provence en Italië, dan stop ik ermee.)

Het oudste kousenraam kon alleen eenvoudig *single jersey* (effen) breiwerk produceren. Het modelleren moest met de hand gebeuren, door twee steken op één naald te brengen om te minderen, of door het breigaren in een lus over een aanpalende lege naald te leggen om te meerderen. Met de hand konden rudimentaire patronen aangebracht worden: gaatjesmotieven en breigaren van verschillende kleur in horizontale strepen of als ingewerkte versiering. Zulke ingrepen vertraagden het werk aanzienlijk maar zorgden wel voor een luxueuzer resultaat of zelfs voor een gepersonaliseerd product. In 1755 prees een advertentie in de *Salisbury Journal* een kousenfabrikant aan bij wie de heren en dames hun eigen naam konden laten inbreien in de kousen.[6] William Gardiner uit Leicester stuurde in 1804 zes paar kousen als geschenk naar Joseph Haydn in Wenen, 'waarin de onsterfelijke melodie *Gott erhalte Franz den Kaiser* verwerkt is, met nog enkele andere citaten uit uw prachtige en vindingrijke composities'.[7] Aanvankelijk waren zijde en fijne wol de belangrijkste materialen voor de tricotage. Bij het begin van de 18de eeuw kwam fijn Indisch katoengaren beschikbaar en tegen het einde verscheen katoengaren dat machinaal gesponnen was in Engeland. Al dan niet toevallig werkte Richard Arkwright, de uitvinder van de eerste spinmachine (het zogenoemde *waterframe*), in Nottinghamshire, waar hij waarschijnlijk goed vertrouwd was met de plaatselijke tricotagenijverheid.

De productie was natuurlijk grotendeels voor de massamarkt bestemd, maar toch werd gezocht naar mogelijkheden om modieuze kousen en wanten te fabriceren. Het was een uitdaging om mechanische hulpmiddelen te ontwikkelen die het modelleren (in vorm breien) vergemakkelijkten en waarmee een decoratief patroon kon worden aangebracht, niettegenstaande het feit dat machinale breiers moeilijker op de snel veranderende trends konden inspelen dan hun manueel breiende collega's. Vooral wanneer zij ver van de modecentra Parijs en Londen werkzaam waren, konden de machinale breiers op dat vlak niet met de handbreiers concurreren. De opeenvolgende modes maakten de kousenmarkt bovendien erg wisselvallig. Zo merkte de Parijse vertegenwoordiger van een leverancier uit Guernsey in 1684 op: 'De kousenmanufactuur in Parijs bederft heel uw nering, want de voortdurend veranderende mode maakt de kousen goedkoop.'[8] Kousen van het voorbije modeseizoen werden blijkbaar tegen verminderde prijzen verkocht. Ongetwijfeld waren niet te sterk modegebonden artikelen een veiliger bron van inkomsten voor de meeste breiers.

Wanneer precies de eerste 'volwaardige' breimachines werden ontwikkeld, is niet duidelijk. De rondbreimachine bestond mogelijk al aan het einde van de 18de eeuw, maar ze raakte pas in de 19de eeuw algemeen verspreid. Op de nationale tentoonstelling van 1802 in Parijs kon het publiek een model bewonderen. In Engeland begon Samuel Wise al omstreeks 1769 te experimenteren.[9] Het ronde breiraam werd gebruikt voor kousen en grotere breisels en was zeer geschikt voor gebreide truien en ondergoed.

In de 18de eeuw werd vooral gezocht naar fabricageprocédés om het aanbrengen van decoratieve patronen en het in vorm breien te verbeteren. Er is weinig bekend over de manier waarop de voet en de hiel machinaal aan een kous werden gebreid of hoe wanten werden gemodelleerd. Het ribbelpatroon dat dikwijls in handbreiwerk werd gebruikt, was voor machinale breiers moeilijk uitvoerbaar, tot Jedediah Strutt in 1758 een machine met een dubbele rij breinaalden bedacht.[10] Omstreeks 1740 bootsten breiers in Nottingham de ribbelsteek na door met een plooienpers om de andere steek een steek plat te persen![11] Handgemaakte ajoursteken vormden niet alleen de basis van decoratieve patronen maar waren voor de klant ook een middel om de kwaliteit van een kous te beoordelen. In 1764 werd een mechanisch toestel voor het maken van ajoursteken uitgevonden.[12] Het aanbrengen van reeksen gaatjes hield misschien verband met de Tewkesbury Act uit 1765 waarin voorgeschreven werd dat bij katoenen kousen het aantal gaatjes per toer (rij breisteken) moest overeenstemmen met het aantal getwijnde draden in het gebruikte katoengaren.[13] Nog tot in de jaren 1960 werd voor vrouwenkousen de *gauge* (het aantal steken per standaardbreedte) vermeld als kwaliteitsomschrijving. Zogenaamd knoopwerk werd als siermotief aangebracht door steken in een los over naastliggende lussen te leggen en aan de achterkant garendraad toe te voegen die aan de voorkant niet zichtbaar was. Deze techniek was in de late 18de eeuw populair maar resulteerde in minder flexibel breiwerk.[14] Midden 18de eeuw bedacht een zekere mijnheer Crane een systeem met scheringdraden waarmee hij het idee introduceerde van tricotage met een groot aantal garendraden die op een ketting- of scheringboom zijn bevestigd. Kettingbreiwerk maakt verticale strepen in verschillende kleuren mogelijk. Naargelang de wijze waarop de verschillende kettinglussen gecombineerd worden, ontstaan structurele patronen.[15] Vandaag wordt kettingtricot nog altijd zeer veel toegepast.

Het 17de- en 18de-eeuwse machinale breiwerk werd doorgaans in de vorm gemaakt. Artikelen zoals kousen en handschoenen werden vervaardigd door vlakke stukken breiwerk aaneen te zetten. Soms echter vinden we een verwijzing naar gebreide stoffen die bedoeld waren om te versnijden en te naaien. De gebreide vestonderdelen (1797) van Robert Wright, een breier uit Nottingham, waren vermoedelijk gebreid om aan te passen,[16] maar zij kunnen ook rechthoekig zijn geweest, met dessins die afgestemd waren op de vorm van de voorste inzetstukken, zakken en patten over de knopenrij, precies zoals de toenmalige geborduurde en geweven vestonderdelen die naar een pasvorm gemodelleerd waren. Aan het einde van de 18de eeuw liet uitvinder William Horton machines bouwen — genaamd Gog (Nottingham) en Magog (Godalming) — die gestreept textiel met een breedte van 54 inches (ca. 137 cm) produceerden, dat voor onderkleding werd gebruikt. Deze machines hadden het nadeel dat zij zeer zwaar waren om mee te werken, voordat de stoomkracht haar intrede deed in de tricotage-industrie, en waarschijnlijk werd de capaciteit van deze machines nooit ten volle gebruikt.[17]

Wellicht heeft de ontwikkeling van de kantmachine bijgedragen tot de popularisatie van machinaal gebreide stoffen in de 19de eeuw. Al in de 18de eeuw wilden machinale breiers in Engeland handgemaakt kantwerk nabootsen. Zij behaalden in 1765 een eerste bescheiden succes met de introductie van Valenciennes-traliekantwerk.[18] Het gebreide netvormige kantwerk was echter te los van structuur in vergelijking met echte kant. De kantimitaties werden pas echt interessant bij het begin van de 19de eeuw, toen John Heathcoat uit Nottingham een machine ontwikkelde waarmee de typische vervlechting van kloskant precies nagebootst kon worden.[19] De eerste kantmachines konden zeer grote stukken stof produceren. Het zou best kunnen dat breiers, die dikwijls in dezelfde productiecentra werkzaam waren (Nottingham, Lyon), deze stoffen namaakten vanaf de opkomst van grote machines die door stoom- of waterkracht werden aangedreven.

We treffen in de laat-18de- en zelfs in de 19de-eeuwse kleding maar weinig machinaal gebreide stoffen aan. De bewaard gebleven collecties (en op dit vlak is de invloed van verzamelaars, museum- en tentoonstellingsverantwoordelijken zeer groot) weerspiegelen echter niet noodzakelijk wat in vroegere tijden algemeen verspreid was. Tricot onderging wel zijde en wol, dat voor het comfort werd gekozen, bezit niet de modieuze flair die men graag terugvindt in een museumcollectie. En ook doodgewone halsdoeken, truien en dagelijkse kleren werden wellicht terzijde geschoven. Fijnere voorbeelden van in zijde of katoen gebreide avondjurken en herenvesten liggen misschien al lang en ten onrechte verborgen in collecties. De twee roze avondjaponnen uit de vroege 19de eeuw, die allebei van dezelfde gebreide zijde zijn vervaardigd en zich nu in de verzameling van het MoMu bevinden, waren in hun tijd wellicht minder ongewoon dan vandaag. Veel collecties bevatten misschien wel japonnen van gebreide tule uit dezelfde periode. Deze kledingstukken waren bedoeld om er als echte kant uit te zien, en zij hebben waarschijnlijk de meeste curatoren en conservatoren om de tuin geleid, net als destijds heel wat dames die deze jurken droegen.

NOTEN

1. Voor details over het leven en werk van William Lee, zie Chapman, 1972, pp. 7–8.
2. Chapman, 1972, p. 22.
3. Palmer, 1984, pp. 3–7.
4. Leclerc, 1958, p. 14.
5. Dubuisson, 1958, p. 14.
6. Rapley, 1975, p. 28.
7. Ibid.
8. Chapman, 1972, p. 9.
9. Dubuisson, 1972, p. 133.
10. Leclerc, 1958, p. 14; Rapley, 1975, p. 25.
11. Rapley, 1975, p. 25.

12. Ibid., p. 26.
13. Ibid., p. 25.
14. Rapley, 1975, pp. 29–30.
15. Leclerc, 1958, p. 14.
16. Rapley, 1975, p. 30.
17. Ibid., p. 30.
18. Ibid., p. 31; Felkin, pp. 133–155.
19. Felkin, 1967, pp. 180–214.
BIBLIOGRAFIE zie p. 89

JONG, COOL EN AAN DE BREI
DRIE INTERVIEWS MET JONGE BREIWERKTALENTEN

Karen Van Godtsenhoven

In deze drie interviews met jonge breigoedontwerpers, die allemaal aan bod komen in de tentoonstelling *ONTRAFEL. Tricot in de Mode*, wordt nagegaan waarom zij persoonlijk kiezen voor tricot, welke technieken ze gebruiken, of er sprake is van een nieuwe 'breigoedgolf' in de modewereld, en hoe ze de toekomst van hun eigen vak zien. Zowel het creatieve als het technische productieproces komt aan bod, net als de eigen interpretatie die zij geven aan het concept 'tricot in de mode'.

CHRISTIAN WIJNANTS

Christian Wijnants, 33, Belg; werkt in Antwerpen; studies: Koninklijke Academie voor Schone Kunsten in Antwerpen, Departement mode Afgestudeerd in 2000; aantal collecties: 14; geeft les aan de Koninklijke Academie voor Schone Kunsten in Antwerpen, specialisatie tricot

Vanwaar komt je passie voor tricot?
Die passie ontstond in mijn jeugd. Rond mijn achttiende vond ik op zolder de breimachine van mijn moeder, die indertijd had meegedaan aan de rage van de jaren 1970–1980 om de hele familie van zelfgebreide truien te voorzien. Ik nam de machine mee naar mijn studentenkot – mijn moeder was intussen de technieken wat vergeten. Maar Sofie Derijckere, die onder meer tricot ontwierp voor de labels A.F. Vandevorst en Josephus Thimister en toen lesgaf aan de academie, stimuleerde me om zelf te experimenteren met de breimachine. Het goede aan de cultuur op de Antwerpse modeacademie is dat je er erg vrij wordt gelaten in je keuze en specialisaties (zoals tricot), maar je toch ook álles moet leren (coupe, patronen, drapage). Je kan je specialiseren in tricot, maar je zal ook mannenkostuums leren maken. Zo heb je een volwaardig curriculum, maar kan je ook als gespecialiseerd designer aan de slag bij modehuizen voor bijvoorbeeld tricot, leder (schoenen en accessoires) of coupe. Tegenwoordig zie je wel bij elk huis een aparte breigoedontwerper, omdat het zo specifiek is qua vorm en techniek.

Merk je een verhoogde populariteit van tricot bij de studenten? Is er de laatste jaren sprake van een 'tricotgolf'?
Volgens mij is het een continuüm, en niet meteen een grote evolutie; het is altijd aanwezig geweest. Maar ik krijg vaak de opmerking en zie ook zelf dat er, meer dan vroeger, volledige afstudeercollecties in tricot worden gemaakt. Tricot is een ideaal statement, een individualistische look waarmee je sowieso opvalt. Het leent zich goed tot vormelijke experimenten en concepten, én het is ook heel leuk om te doen. Als ik erop terugkijk, was mijn eigen afstudeercollectie nog niet zo 'tricotgefocust'. Breigoed vormde hooguit dertig procent van de hele collectie. Dus misschien kan je inderdaad spreken van een opwaartse tricotbeweging *(lacht)*.

Brengen de studenten veel nieuwe invloeden en technieken mee?
Vreemd genoeg blijft er een drempelvrees bij hen. Ze denken meestal dat breien te moeilijk is, en beginnen eerst met drapages en patronen. Ze hebben faalangst omdat ze de techniek of het ambacht niet meer kennen. Maar eens ze die dan aanleren, beseffen ze dat het helemaal niet moeilij-

ker is, integendeel zelfs. De breimachine prikkelt snel hun verbeelding als ze zien hoeveel structuur en vorm ze kunnen geven door middel van enkele eenvoudige technieken.

Is er in België nog sprake van een tricotindustrie?
Niet echt, vanwege de hoge loonlasten zijn er bijna geen textiel- of brei-bedrijven meer. Hoewel mode een publiekstrekker is, kan je niet echt spreken van een populaire investering. Het is moeilijk om in Europa nog bedrijven te vinden die iets anders willen maken dan simpele gebreide V-halzen voor supermarkten. Voor een productie op kleinere schaal heb-ben die bedrijven te weinig marge. Vroeger werkte ik nauw samen met een drietal breiateliers in Antwerpen en Brussel, maar die zijn verdwe-nen. Het kost veel tijd en energie om elk seizoen mee te denken en nieuwe dingen te ontwikkelen; bovendien is het ontwikkelen van stalen en prototypes zeer arbeidsintensief. Enkel in Italië vind je nog topbedrij-ven, maar die werken voornamelijk voor grote luxespelers als Prada, Missoni en Alaïa. In België heb je nog één industrieel familiebedrijf, Cousy in Oost-Vlaanderen, dat een klein wonder is. Zij denken echt mee met de ontwerper en willen steeds innoveren. Volgens mij zijn zij daarom ook 'the last one standing', door hun creatieve samenwerking met Belgische ontwerpers als Walter Van Beirendonck, Ann Demeulemeester, Dries Van Noten, Haider Ackermann, die allen een erg persoonlijke en individuele stijl hebben. De Belgen, hoewel ook zij gebruikmaken van industriële technieken, neigen toch meer naar handmachinebrei, vanwege de grotere mogelijkheden in afwerking en reliëf.

Welke technieken heb je zelf gebruikt in de creaties die je voor ONTRAFEL. Tricot in de Mode maakte?
Ik maakte een fusie van twee ontwerpen: een jurkje uit de herfst-winter 2008–09-collectie en een uit de herfst-winter 2005–06-collectie. Het eerste ontwerp bevat mijn favoriete experiment van het verven van tricot, het tweede toont dan weer circulaire en opengebreide schouders, die sterk op haakwerk lijken. Hiermee maak ik een indirecte referentie naar de Antwerpse ontwerpster Ann Salens, wat me werd gevraagd door het MoMu. Beide stukken zijn technisch vrij uitdagend en intens qua arbeids-proces. Voor de uiteindelijke creatie maakte ik eerst het jurkje met de hand op de machine, waarna het aan beide kanten geverfd werd met een tie-dye-techniek, in blauw en paars, met een wit middenstuk. Hierna werd deze jurk omgedraaid, zodat het breiwerk 'averechts' is: dit geeft een 'pixeleffect', waardoor het geheel er hedendaagser uitziet dan tradi-tionele tie-dye. Vervolgens ontrafelde ik het kleedje handmatig vanaf halverwege de romp, waarna ik het met de priemen handmatig verder breide. Zo krijgt elk jurkje een uniek kleurenpatroon, door de geverfde draden die, eens ontrafeld, een nieuw onregelmatig patroon teweegbren-gen. Op die manier refereer ik in een hedendaags jurkje aan de typische *dégradés* in het werk van Ann Salens.
Ik koos voor deze methodes omdat experimenten met kleur en vorm mijn voorkeur wegdragen. De interactie tussen de verf en het breien is een interessant gegeven, vooral als je iets verft nadat het al gebreid is. Tie-dye op T-shirts (weefsel) vind ik bijvoorbeeld iets voorspelbaarder. Bij tricot is het resultaat steeds verrassender, vanwege de structuur. Anderzijds is zelf weven veel moeilijker dan breien. Bij breien heb je meer controle. Door de grote losse steken en de 'averechtse' techniek is het effect in deze jurkjes nog meer uitgesproken grafisch.

Hoe zie je de toekomst van tricot, en je eigen rol daarin?
Wel, ik veronderstel dat de liefdesrelatie tussen mezelf en tricot nog wel zal voortduren, want de mogelijkheden zijn eindeloos. En hoewel de Singermachine van mijn moeder nog steeds perfect werkt, verkies ik nu mijn Brother, een innovatief Japans merk waarmee ik eindeloos kan experimenteren. Ook thuis gebeurt het heel natuurlijk; door te beginnen breien kom ik op nieuwe ideeën. Op internationale tricotbeurzen zie ik veel ontwikkelingen in de sportieve kledij, waarbij tricot als het ware *back to its roots* gaat, maar dan op futuristische wijze. Het zijn vooral stoffen voor watersport, die dus waterdicht zijn. Dat is niet echt mijn ding. Op artistiek vlak zie ik eerder een terugkeer naar de *virgin wool*, de ruwere wol waarmee grote structuren mogelijk zijn. Bij de ontwerpers zie je veeleer een tendens om *back to basics* te gaan.

SANDRA BACKLUND

Sandra Backlund, 35, Zweedse; werkt in Stockholm, Zweden; studies: Beckmans College of Design, Stockholm; afgestudeerd in 2004; eigen collecties sinds 2004

Waar ontstond je liefde voor tricot?
Die is bij mij heel vroeg begonnen. Als kind al had ik een voorliefde voor handwerk, ik knutselde en ontwierp toen al kleding. In de jaren 1970 leerde mijn grootmoeder me de basics van het breien. Ook op school in Zweden was er veel aandacht voor handwerk en ambacht, onder andere met hout en wol. Dat was mijn favoriete vak. Natuurlijk, als je als kind ergens talent voor hebt en veel complimenten krijgt over je werk, stimu-leert dat je om nog verder te groeien en te experimenteren; en zo ontwik-kelde ik mijn technieken verder in de kunstschool (humaniora).

Was er een vruchtbare grond in Zweden voor je ontwerpen?
Niet echt, in het begin moest ik alles zelf maken, samen met mijn moe-der. In Zweden bestaan er nergens productiebedrijven, en ook het am-bacht is er ondertussen verdwenen. Bovendien vind ik het moeilijk om mijn werk uit handen te geven, omdat het ontstaat als een spontane ont-wikkeling, als een collage; het zijn soms dingen die ik niet kan uitleggen of aan iemand anders kan vragen. Soms maak ik enkele steken op de-zelfde plaats, draai het werk om, en doe zoveel dingen dat ik het niet kan uitleggen. Ik gebruik vrij geavanceerde technieken.
Ik zou mijn stijl kunnen beschrijven als een mix van traditionele technie-ken (basiskabels en steken) en artistieke, geïmproviseerde vormen, ver-dubbelingen en collages van steken. Dat is mijn handtekening, een mix van machine- en handbrei met smokwerk, draaiingen, doublures en im-provisaties.

Toch vond je een bedrijf dat je ontwerpen kon produceren?
Ja, in Italië, bij Miles, waar mijn productie nu sinds twee seizoenen zit, hebben we een manier gevonden om mijn stukken machinaal te produce-ren. Na de eerste samples die ik met de hand brei, maken zij de stukken na, en ik doe er dan nog enkele bewerkingen op met de hand.
In mijn ontwerpen zitten steeds twee kanten: enerzijds minimalistisch en gesofisticeerd, anderzijds meer impressionante, 'in your face'-volumes en -effecten. Het is een constante strijd om de twee in evenwicht te bren-gen, ze samen draagbaar te maken en te doen leven. Hopelijk zie je dat ook in mijn silhouetten. Die zijn nooit helemaal bombastisch, er is altijd een gestileerde balans tussen beide kanten.

Heeft de nieuwe productiemethode je ook tot nieuwe technieken geïnspireerd?
Zeker, want ik kende het eerst niet. Aanvankelijk wilde ik nooit met ma-chines werken, maar ik botste soms op de limieten van hoe fijn je kan breien met de hand. Nu kan ik handbrei- en collagetechnieken gebruiken op erg fijn gebreid gaas, en met meer verschillende draden. Natuurlijk creëert het ook meer tijd voor me, en vermits ik van gecompliceerde steken hou — ook in machinebrei — heb ik daar nu dus ook meer gelegen-heid toe, waardoor ik meer klanten kan bereiken. Maar vergis je niet: zelfs mijn machinegebreide stukken vragen veel handwerk en tijd.

Kan je iets meer vertellen over het silhouet op de cover van dit boek, gedragen door Tilda Swinton?
Het is eigenlijk een collage van vier stukken uit verschillende collecties, bijeengebracht door stylist Panos Yiapanis voor een shoot in *Another Magazine* (herfst 2009). De twee bovenste stukken komen uit dezelfde zomercollectie, van 2009, die vooral gehaakte stukken bevatte, omdat dit voor de zomer iets lichter is dan handbreiwerk. Je kan er ook iets meer structuur in aanbrengen dan in losgebreide grote steken. Ik hou van de manier waarop ik als ontwerpster kan kiezen om sommige stukken van het lichaam te kleden en sommige te ontkleden door middel van gaten. De andere twee stukken zijn veel volumineuzer en komen uit de herfst-wintercollectie van 2008.

Hoe zie jij je creaties in de toekomst evolueren?

Wel, ik ben steeds vertrokken — ook als student al — van collages, zoals *moodboards*, die ik dan omzet in een kledingstuk. Toen ik aan het Beckmanscollege voor Design in Stockholm studeerde, maakte ik altijd veel werk van mijn collages, en de mensen lazen ze erg goed. In de toekomst wil ik verder werken met 2D-collagetechnieken, met verschillende kleuren, texturen en draden. Hoewel ik meestal monochroom werk, wil ik in de 2D-collages experimenteren met kleuren, zodat het bijna op een print lijkt. Dat is voor mij de grootste uitdaging voor de toekomst. Ik heb nog geen 'Sandra Backlund-manier' gevonden om dit te doen.

Je woont en werkt nog steeds in Zweden, is dit land een inspiratiebron?

Mijn werk is redelijk introvert, ik zou dezelfde dingen niet kunnen maken in een wereldstad als Londen of Parijs. Ik moet alleen zijn met de uitdaging. Ik ga zeer gefocust te werk, al mijn inspiratie komt van binnenuit. Er zijn geen letterlijke thema's. Het kan soms gewoon een draad zijn of een techniek, en daarop werk ik verder. Zweden is daarom ideaal voor mij als werkplek.

MARK FAST

Mark Fast, 30, Canadees; werkt in Londen; studies: Central St. Martins College of Art and Design; afgestudeerd in 2008; eigen collecties sinds zomer 2009; samenwerkingen met Pinko (lente-zomer 2011 en herfst-winter 2011–12), Danier lederwaren (herfst-winter 2011–12) en met Christian Louboutin voor gepersonaliseerde catwalkschoenen sinds lente-zomer 2010

Hoe ontstond je passie voor tricot?

Ik vond mijn eerste breimachine in een lokale tweedehandswinkel (Oxfam), maar wist niet hoe ermee te werken. Het was mijn flatgenoot die me aanspoorde de machine te kopen en het te proberen, en als het niet lukte, ze dan weg te doen. Ik ben zo blij dat ik ze toen heb gekocht, want vandaag gebruik ik nog steeds diezelfde machine. Het is heerlijk om controle te hebben over de hele stof en het silhouet . Ik ben een man van textuur en gecompliceerdheid, en breiwerk leent zich hier perfect toe.

Welke technieken gebruik je om tot je gesculpteerde ontwerpen te komen?

Ik gebruik een mix van hand- en machinebrei, de manier waarop ik met de machine werk is zeer handmatig. Er zijn zoveel hendeltjes en klinkjes en knoppen die moeten worden bediend terwijl de machine breit, dat het een bijzonder intensieve taak is. Het is een erg wiskundige en gecompliceerde aangelegenheid.

Heb je, sinds je begonnen bent, al evoluties gezien in de 'tricotbeweging'? Waar zie je het naartoe gaan?

Er is zeker en vast een 'tricotbeweging' aan de gang. We hebben zoveel getalenteerde breigoedontwerpers, en iedereen zijn werk is verschillend. Dat is de schoonheid van tricot, het is zoals de klei van een beeldhouwer. Ik zie een algemene experimentele trend bij de breigoedontwerpers, zelfs bij de grotere modehuizen die eerder commercieel gericht zijn. Klanten worden ook steeds vaker aangetrokken tot de moeilijker stukken. Tricot heeft bovendien een verfijndere en meer sexy look gekregen, net zoals in de jaren 1990. In de komende vijf jaar hoop ik dat de technologie voor mensen die thuis breien meer geavanceerd wordt. Het probleem is dat de productie van huiselijke breimachines bijna volledig gestopt is, wat volgens mij kant noch wal raakt omdat er zoveel nood aan is. Ik wou dat ik een manier kon vinden om deze machines opnieuw voor iedereen toegankelijk te maken.

Hoe zie je je eigen creatieproces, is het eerder technisch, artistiek, intuïtief?

Het is zeker en vast een zeer technische aangelegenheid. Ik vind het fijn om mijn eigen geest uit te dagen met de machine en dan te zien of ik er controle over heb. Er zit een zekere schoonheid in de handen en de geest van de ambachtsman. De liefde voor het ambacht wordt getoond in de schoonheid van het stuk.

CONCLUSIE

Uit deze interviews blijkt dat de keuze van deze jonge ontwerpers voor tricot een erg persoonlijke en creatieve reden heeft. De vele mogelijkheden, zowel op artistiek als op technisch vlak, bieden jonge ontwerpers de kans om zich te onderscheiden als 'breigoedontwerpers' en ook binnen dat vakgebied origineel te blijven. De liefde voor handwerk en het ambacht van machinebreien was vaak van jongs af aanwezig en werd doorgegeven door oudere familieleden. De continuïteit van tricot in de mode wordt hiermee ook bewezen: hoewel er sprake is van een hernieuwde belangstelling voor tricot in de mode, is het een techniek en creatief proces die terug zijn van nooit echt weggeweest.

DE STIJLSUPERMARKT

Angelo Figus, art director en trendvoorspeller voor Pitti Filati/Pitti Immagine, Firenze.

Angelo Figus ontwierp de installatie *The Supermarket of Style* in 2004 voor de Italiaanse modebeurs Pitti Immagine, als een voorspelling van de modetrends in het jaar 2006. Hiermee wilde hij een sterk beeld neerzetten van een wereld waarin alles gebreid is. Figus creëerde allemaal typische statussymbolen in breiwerk, uit alle mogelijke segmenten van Vuitton- en Hermèshandtassen, Pradaschoenen, designstoelen zoals de befaamde stoel van Van Rietveld, tot stofzuigers en wasmachines, zelfs de groenten ontbraken niet. Alles wat je in deze winkel vol iconen kon kopen, was in tricot. Je kon tricot dragen en tricot eten. Het fijne was dat er daadwerkelijk in 2006 een tricottas van Vuitton uitkwam. Het was dus echt 'tricot als een levensstijl' geworden.

Figus koos toen voor tricot omdat het tal van perspectieven biedt: het is een kunst, maar ook een wetenschap, bijna zoals algebra, waarbinnen steeds nieuwe formules ontstaan die tot nieuwe resultaten leiden. Elke stap in het proces, van de keuze van de draad tot de steek en de kleuring, kunnen het resultaat beïnvloeden. Verschillende technieken kunnen worden gemixt om een spectaculaire 3D-structuur te scheppen, tricot is een manier om mode te creëren en te lezen in een erg persoonlijke stijl.

TWINSET EN MATCH
DE CULTUUR VAN DE TWINSET

Alistair O'Neill

De twinset, die oorspronkelijk afkomstig is uit twee schijnbaar totaal verschillende kledingcategorieën, te weten vrouwenondergoed en mannensportkleding, is een iconisch maar ook onderschat kledingstuk geworden dat onbewust een culturele en sociale betekenis heeft gekregen. Dit kledingstuk geldt als een significant kledingbeeld dat parallel loopt met de ontwikkeling van de sociale status van vrouwen in de 20ste eeuw. De twinset is een aanpasbaar en baanbrekend kledingstuk dat sinds zijn ontstaan het gangbare vrouwelijke silhouet heeft weerspiegeld, en terwijl het aanvankelijk als een soort imitatie van mannenkleding het traditionele ideaal van vrouwelijkheid aan de kaak stelde, zou het uiteindelijk model staan voor het ideaalbeeld van de vrouw. In de twinset komen de inconsistente conventies die aan vrouwen worden voorgeschreven tot uitdrukking: keurig én sexy, moederlijk én aantrekkelijk, luxueus én huiselijk, en gedragen door zowel royalty, actrices als huisvrouwen. Deze tegenstrijdige kwaliteiten zijn kenmerkend voor de diversiteit, het culturele kapitaal en de duurzame aantrekkingskracht van de twinset.

De focus in dit essay is primair gericht op de twinset in een voor- en naoorlogse context, op basis van een herkomstonderzoek binnen de lingerie, sportkleding — met name golfkleding — en mannenkleding, waarbij de twinset wordt beschouwd als een kledingitem dat is ontleend aan vrijetijdsbesteding. Er wordt onderzocht welke omstandigheden hebben geleid tot de geleidelijke metamorfose van de twinset naar een essentieel kledingstuk van de vrouwelijke garderobe en tot het idee dat de twinset als maatstaf fungeert voor de sociale vooruitgang van vrouwen. De moderne uitvoeringen van de twinset bevestigen opnieuw dat dit kledingstuk in de huidige opvattingen over mode nog steeds een belangrijke, sociale en culturele betekenis heeft. Die betekenis is een direct gevolg van de naoorlogse marketing van luxebreigoedbedrijven zoals Pringle of Scotland, die de twinset promootte als een begeerlijk kledingstuk dat werd gedragen door Hollywoodsterretjes als Lana Turner en Margaret Lockwood, de zogeheten *sweater girls*.

Vermits sportkleding wordt ontworpen door mannen, is het logisch dat enkel zij kunnen bepalen wat de juiste draagwijze is.[1]

Aan het begin van de 20ste eeuw werd de golfkleding van vrouwen geheel bepaald door de strikte conventies van de door mannen gedomineerde clubs. In tegenstelling tot de frivole en wufte edwardiaanse mode vol tierelantijnen, was de vrouwelijke golfkleding 'basic' en praktisch, geheel conform de strikte kledingcodes van de clubs, waar eigentijdse modedetails, zoals sierplooien, blote benen en korte mouwen, streng verboden waren. Uit angst het moeizaam verworven lidmaatschap te verliezen door de precaire status-quo te verstoren, waagden vrouwen zich vooralsnog niet aan ijdelheid en opsmuk. Volgens Catherine Horwood kregen vrouwen uit de middenklasse paradoxaal genoeg dankzij de golfbaan nu eindelijk de kans om 'hun aangeboren remmingen jegens mode los te laten' en gingen ze zich te buiten aan 'een overvloed aan opzichtige kleuren en dessins, overheerst door fleurige Schotse ruiten zoals destijds favoriet bij de prins van Wales'.[2] Aanvankelijk werden vrouwen tijdens hun vrijetijdsactiviteiten nog ernstig belemmerd door de modieuze kleding en formele kledingcodes waaraan ze zich volgens de strenge sociale conventies dienden te houden. Volgens Campbell-Warner was sportkleding voor vrouwen 'vrijwel per definitie kleding voor interactie met mannen'.[3] Vandaar was de adoptie van mannelijke kleding door vrouwen, hoewel ze waren opgelegd door mannelijk despotisme, een hele prestatie voor vrouwen die aan sport wilden doen. Bijgevolg ontpopte de golfclub zich tot een soort vrijhaven voor seksebevrijdende kledingexperimenten, waar vrouwen niet werden belemmerd door de heersende mode.

Die kledingcodes hadden vrouwen er zelfs toe gebracht 'de garderobes van hun echtgenoot en broers te plunderen'.[4] De Amerikaanse *Vogue* schreef smalend: 'In Groot-Brittannië vertonen de meeste vrouwelijke golfers zich nog in gekreukelde pullovers, vormloze rokken en deplorabele hoeden en schoenen.'[5] Om praktische en functionele redenen werden voornamelijk gebreide wollen en jerseystoffen gedragen, omdat deze meer vrijheid boden bij het spelen, terwijl de 'laagjeskleding', bestaande uit truien en vesten, bescherming bood tegen de gure omstandigheden van de Britse golfbanen. James Laver schreef in zijn boek *Taste and Fashion*: 'De periode vlak na de Oorlog van 1914-18 was voor vrouwen de tijd van de jumper (trui) en nergens kwam deze zo goed van pas als in de wereld van de golfspelers.'[6] Uit een soort gevoel van teamgeest en kameraadschap, of, sterker nog, misschien wel om heimelijk de verplichte kledingcodes te ontduiken, gebruikten vrouwen vaak één bepaalde kleur voor hun golfoutfits en stemden ze al hun accessoires daarop af; en zo creëerden ze onbewust het prototype van de twinset zoals wij die tegenwoordig kennen. De status van golf als vrijetijdsbesteding van de upper class betekende dat golf invloed had op maatschappij en mode. Golf was de grondlegger van het eerste casual kledingstuk — namelijk de sweater, geïntroduceerd vanaf 1919 — dat wist te infiltreren in de trendy mode van destijds. Al in 1895 verklaarde het populaire modetijdschrift *The Housewife* opgetogen dat de 'modieuze golftrui' er het mooiste uitzag in rood.[7] In 1934 werd de twinset door Otto Weisz, destijds creatief directeur van Pringle of Scotland, op de markt gebracht als elegante sportkleding voor de 'out-of-doors girl' (buitenvrouw).[8]

Sport heeft vrouwen bevrijd, en blijft vrouwen bevrijden, van belemmerende kleding, geremd gedrag en restrictieve wetten en gebruiken — en ook van het idee dat vrouwen niet kunnen of niet zouden moeten presteren, concurreren of winnen.[9]

Doordat de twinset zich ontwikkelde van golfkleding en typische mannenkleding tot een essentieel onderdeel van de vrouwelijke garderobe kunnen we zijn vermogen tot metamorfose duidelijk in kaart brengen. In de roerige tijd van de strijd voor het vrouwenkiesrecht — waarbij actieve deelname aan sport cruciaal was voor de verbetering van de rechten van de vrouw — was de parallelle ontwikkeling van de twinset en zijn metamorfose van mannenkleding tot iets typisch vrouwelijks buitengewoon belangrijk. Vrouwen eigenden zich deze mannelijke kledingstukken toe — ooit aan hen voorgeschreven op grond van patriarchale dominantie — door ze geleidelijk te vervrouwelijken waardoor ze uiteindelijk een iconisch element van vrouwenkleding werden. 'Voor sport hadden vrouwen comfortabele kleding nodig, die ze vaak zelf ontwierpen.'[10] In deze context wordt de twinset iets controversieels — een kledingsymbool van vrouwelijke emancipatie en autonomie.

De reformbeweging aan het eind van het victoriaanse tijdperk — die deels een gevolg was van de grotere deelname door vrouwen aan sport — ontwikkelde het 'morele esthetische argument voor een hervorming die een goede gezondheid en een natuurlijk lichaam gelijkstelde aan unieke, individuele schoonheid'. Deze beweging sloot zich aan bij de toenmalige, brede maatschappelijke discussie over moderniteit door zich 'het esthetische concept dat schoonheid ligt in de goede conditie van een object ten doel te stellen.'[11] Het eenvoudige ontwerp en de functionele vorm positioneren de twinset als een van de eerste moderne vrouwelijke kledingstukken, een kledingstuk voor een leven waarin elegantie en schoonheid worden gecombineerd met comfort en gemak.

Het enige vrouwelijke kledingstuk dat lijkt op de twinset voordat deze werd uitgevonden, is mogelijk een ondergoedartikel, het zogeheten *spencer vest* – een gebreid vest met knopen en lange mouwen. Omdat ondergoed meestal van wol was — in navolging van de wijd en zijd gepromote ideeën van dokter Jaeger, een vooraanstaande 19de-eeuwse medicus — zou het heel goed kunnen dat deze 'spencer' de voorganger was van de twinset. Rond de hals zat vaak een sierpatroon en hij werd gedragen met een hemdje eronder. Spencers werden aan het eind van de 19de en het begin van de 20ste eeuw vooral gedragen voor extra comfort en warmte. Ook ensembles — deze bestonden uit een *onderlijfje* of een *chemise* (onderjurk), en een lange onderbroek in één kledingstuk — waren al in de jaren 1890 aan de voorkant vaak geknoopt en gemaakt van zuivere dierlijke wol of van *aertex* (mousseline), een 'ademende', los geweven, wollen stof met minuscule gaatjes.

In de jaren 1920 werd kasjmier een modieuze, maar wel kostbare, keuze voor vrouwenondergoed, aangeboden in kleuren die varieerden van mauve tot citroenkleurig. Dit leidde tot de trend van bij elkaar passende ondergoed- en nachtkledingsensembles in één uniforme kleur, hetgeen wellicht weer leidde tot de latere, eenkleurige twinset. Een andere belangrijke ontwikkeling in nachtgoed is de popzulariteit van pyjama's voor vrouwen. Hoewel deze al af en toe werden vermeld in documenten vanaf de jaren 1880, werden ze pas in de nasleep van de Eerste Wereldoorlog door het verschijnen van jeugdige modellen modieus. Deze varieerden van sobere combinaties, die leken op degene die destijds door mannen werden gedragen, tot vrouwelijke uitvoeringen met strakke, sweaterachtige bovenstukjes en broeken met wijde pijpen. Deze vorm van modieus nachtgoed maakte de sweater nog aantrekkelijker voor beide seksen: jonge vrouwen waren er gek op omdat het zo modieus was en jonge mannen kozen ervoor omdat het liet zien wat eigenlijk niet gezien mocht worden.

Maar dit is ook de periode die het verval inluidt van het wollen vest als een noodzakelijk stuk ondergoed, ondanks nieuwe fabricagemethoden voor gebreide materialen waardoor ze veel verfijnder waren dan ooit tevoren. Deze verwijdering van breiwerk uit typische ondergoedensembles heeft mogelijk nieuwe kansen geschapen voor het gebreide vest als bovenkledingartikel, omdat het nu niet meer uitsluitend als ondergoed werd gebruikt, zoals voorheen.

De overgang van de sweater van ondergoed naar een acceptabele vorm van bovenkleding gebeurde pas tijdens de latere oorlogsjaren, toen de verburgerlijking van Groot-Brittannië, tot op zekere hoogte, mogelijk werd gemaakt door de vrouwelijke emancipatie. De banen in oorlogstijd voor vrouwen — met een toenemende geboortebeperking tot gevolg — betekenden dat vrouwen uit de arbeidersklasse na de oorlog op een veel bevredigender manier dan hun vooroorlogse 'collega's' hun eigen lot konden bepalen. Met als gevolg dat hun lichamen steeds meer werden geërotiseerd omdat deze — nu vrouwen baas waren over hun eigen lichaam en hun besteedbare inkomen steeds hoger werd — meer beantwoordden aan de seksuele idealen van hun tijd. En nergens was dit zo overduidelijk als bij de opkomst van de *sweater girls* van Hollywood, met de 'nauwelijks te censureren pin-upvorm',[12] die gedurende meer dan een decennium totaal overheersten op het witte doek.

Hier werd de twinset — voorheen nog een favoriet, sportief kledingstuk in de hogere kringen — vaak gedragen door sterk geseksualiseerde jonge filmsterren, zoals Lana Turner en Marilyn Monroe, waardoor het een populair kledingstuk werd bij teenagers, met name studenten.[13] Vanwege de nauwsluitende elasticiteit van de twinset kon het, weliswaar netjes bedekte, vrouwelijke figuur toch in volle glorie worden bewonderd — de twinset als symbool van keurigheid, wat echter totaal niet strookte met het populaire voluptueuze silhouet dat zo vrijelijk werd onthuld.

In 1937 debuteerde Lana Turner op het witte doek, gekleed in een strakke sweater met ceintuur. Wat voordien nog een kledingstuk was dat was voorbehouden aan fabrieksmeisjes, sportvrouwen en de slaapkamer, veranderde bijna ad hoc in een modestatement beladen met seksuele implicaties, wat grotendeels het gevolg was van innovatieve productiemethoden voor maat en vormgeving, die eveneens werden toegepast op de sweater. Fabrieksarbeidsters die zich kleedden volgens de *sweatergirllook*, kregen veel kritiek omdat hun werkkleding hun mannelijke collega's zou afleiden. Sommige vrouwen werden er zelfs van beticht een potentieel gevaar te vormen voor de arbeidsomstandigheden vanwege de 'provocerende' look van hun trendy twinsets en *slacks* (lange broeken). Tot dan toe was het vrouwelijke silhouet steeds jongensachtig geweest, overeenkomstig het ideaal in de jaren 1920, en tegen het eind van de jaren 1930 droegen de *sweater girls* mannelijke kledingstukken, zoals sweaters en pantalons, om vervolgens abrupt over te stappen op de nauwsluitende, het 'echte' figuur accentuerende stijl van de jaren 1940 en daarna. De sweater werd korter en aanzienlijk strakker, hetgeen leidde tot de legendarische, kogelvormig gevormde borsten, die in die tijd zo populair waren in Hollywood. En dankzij de moderne, platte kruis-

naden — een absolute nieuwigheid — in plaats van storende stiknaden, was elke contour van het lichaam zichtbaar. Door de nauwsluitende, 'lichaamsbewuste' look van naadloos gebreide kleding zoals de sweater en cardigan — beide afkomstig uit de mannelijke garderobe — kreeg de voorheen nog saaie vrijetijdskleding vanzelf sexappeal, aangezien het vrouwelijke figuur op een ongekende manier werd getoond.

Toen de *sweater girls* in de jaren 1940 en 1950 volwassen werden, begon ook de kleding in hun garderobe op leeftijd te komen. Veel volwassen vrouwen bleven in deze periode twinsets dragen, met als gevolg dat deze als gedateerd werden beschouwd. Twinsets werden zelfs op grote schaal vermarkt als een aanvaarde variant van kinderkleding, waardoor ze opnieuw de reputatie kregen van een veilig en aseksueel kledingstuk. En in de jaren 1960, de tijd van de vrouwenemancipatiebeweging en bh-verbrandingen, werden twinsets voornamelijk geassocieerd met vrouwen van middelbare leeftijd. Vrouwen waren niet langer verplicht om hun borsten en armen te bedekken, en het modesilhouet leek meer op dat van een prepuberaal meisje dan van de weelderige sirenes uit de jaren 1940 en 1950. De twinset bleef echter populair bij filmregisseurs en kostuumontwerpers vanwege de variabele symboliek; kostuumontwerpster Edith Head gebruikte een lichtblauwe twinset tijdens de stormscène in de Hitchcockfilm *Marnie* (1964), waarin Tippi Hedren de rol van de getraumatiseerde Marnie vertolkt. De ingetogenheid en het fatsoen, die met de twinset worden geassocieerd, maskeren hier de verontrustende en onthutsende aard van Marnies verleden en haar daaropvolgende instabiliteit.

Ondanks enkele 'optredens' in films uit die tijd verdween de twinset grotendeels uit het gangbare modebeeld, hoewel het zich in bepaalde kringen behoorlijk goed wist te handhaven. Maar — kameleonachtig als altijd — heeft de twinset geleidelijk een nieuwe, eigentijdse resonantie gevonden. Pringle of Scotlands recente samenwerking met Carla Sozzani en Tilda Swinton heeft geleid tot een herinterpretatie van de twinset door een hommage aan de grote betekenisvariatie van de twinset. Swintons ontwerp is geïnspireerd op de klassieke uitstraling van de twinset, waarbij zij zich heeft gebaseerd op de eerste Pringletrui, die ze van haar grootmoeder had gepikt. Sozzani daarentegen heeft zich laten inspireren door het feit dat ze in de jaren 1980 Pringletwinsets droeg, maar dan achterstevoren: met de knopen op de rug — haar eigen, individuele verzetsdaad jegens dit kledingstuk.

Twinsets geven een keurig gevoel... Het is alsof de lokale Bond van Conservatieven je in knellende lagen kasjmier heeft gelokt en op het punt staat je te wurgen met een parelsnoer. Je kunt proberen je hiertegen te verzetten door de twinset met ironie te dragen... [De twinset] heeft een eigen politieke agenda en speelt in de modewereld de meest ingetogen dubbelrol.[16]

Luella Bartley, een ontwerpster die speelt met de Britse kledingtradities en -eigenaardigheden, brengt de eigentijdse status van de twinset op fantasievolle wijze tot uitdrukking. De langdurige marketing van het kledingstuk als hét epitome van luxueus Schots breiwerk door bedrijven als Pringle of Scotland en Ballantyne, en de onbetwiste populariteit bij Britse vrouwen uit de hogere klassen, hebben de twinset onlosmakelijk verbonden met begrippen als klasse, decorum en erfgoed. Deze kleding is synoniem met iconen van het traditionele Britse conservatisme, onder wie H.K.H. koningin Elizabeth II, Mary Whitehouse en Margaret Thatcher. De twinset is zo stevig verankerd in deze politieke visie dat critici van Thatcher haar het dragen ervan verweten als symbool van haar 'upper-class-snobisme', ondanks het feit dat zij in een interview op de Britse tv nadrukkelijk verklaarde dat ze 'in geen tien jaar een twinset had gedragen'.[17] Deze vooroordelen zijn cruciaal geweest voor de subversiviteit van de twinset via eigentijdse mode. Vivienne Westwood produceerde in samenwerking met John Smedley een twinset — met daarop geborduurd haar iconische wereldbolinsigne — voor haar invloedrijke collectie *Harris Tweed* (herfst–winter 1987), die was gemaakt van herontdekte en her-bewerkte traditionele Britse stoffen, waaronder Harris tweed, hetgeen een sensationeel effect opleverde. De eerste order was in vier kleuren — Saksisch blauw, camel, ecru en tomaatrood — en diverse varianten van het kledingstuk zijn sindsdien in productie gebleven, waarmee de twinset vanzelf het stempel kreeg van een typisch Westwoodproduct. Hij symboliseerde haar zucht om de traditionele waarden van de Britse hogere klasse aan de kaak te stellen via de combinatie van *upper class snobbery* met haar eigen achtergrond, geïnspireerd door haar vroegere leven met Malcolm McLaren.

We woonden toen in hetzelfde kraakpand van de kunstacademie en [Vivienne] liep graag naakt rond. Ze werd bijna meteen zwanger. Mijn oma gaf ons geld voor een abortus en was geschokt toen ze hoorde dat Vivienne het had uitgegeven aan een kasjmieren twinset.[18]

Onlangs nog hebben ontwerpers zoals Miuccia Prada, Luella Bartley en Christopher Kane de iconografie van de twinset — zijn associatie met aristocratie en erfgoed — behandeld als een weliswaar beroemde maar ook lastige stijlreferentie. Het feit dat modeontwerpers nog steeds gebruikmaken van de twinset, benadrukt zijn uithoudingsvermogen en duurzame aantrekkingskracht in het kledinglexicon. Wie er ook mee aan de slag gaat, de twinset kan niet ingewikkeld worden gemaakt en niet worden gecompromitteerd; hij overwint ondermijning en is sterker dan de modedictaten. Zijn erfgoedstatus wordt bewezen door het feit dat wanneer een modeontwerper gebruikmaakt van de twinset, dit altijd een twinset zal blijven.

Dit essay is afkomstig uit, en ontwikkeld via, een onderzoek dat is uitgevoerd door de BA-studenten Eleanor Slee en Richard O'Mahony (beiden studeren Fashion History and Theory), als onderdeel van een gezamenlijk archiveringsproject tussen Central Saint Martins College of Art and Design en Pringle of Scotland.

NOTEN

1. Lee-Porter, 1984, p. 7.
2. Horwood, 2005, p. 87.
3. Campbell-Warner, 2006, p. 6.
4. Crane, 1991, p. 28.
5. Lee-Porter, 1984, p. 9.
6. Laver, 1937, p. 236.
7. Lee-Porter, 1984, p. 13.
8. Barty-King, 2006, p. 110.
9. Burton Nelson, 1998, p. xi.
10. Cunningham, 2003, p. 204.
11. Ibid., p. 216.
12. Farrell-Beck, 2002.
13. Ibid.
14. Ibid.
15. Pringle of Scotland-website, 2010.
16. Bartley, 2010, p. 233.
17. Lewis, 1975, p. 147.
18. Vivienne Westwoods echtgenoot in *The Guardian*, 16 november 2008.
BIBLIOGRAFIE zie p. 119

TRICOT IN DE FRANSE MODE
VAN GABRIELLE CHANEL TOT SONIA RYKIEL

Lydia Kamitsis

Breiwerk is een heel specifiek materiaal waar de haute couture lange tijd op heeft neergekeken. Dankzij enkele bijzondere figuren verdiende het in de loop van de 20ste eeuw in Frankrijk zijn sporen; zij vonden een oplossing voor de technische problemen, trotseerden de maatschappelijke conventies en maakten er een kenmerkend onderdeel van hun stijl van. Zo begon voor het breiwerk een nieuwe carrière.

Een van die historische promotoren was Gabrielle Chanel. Zij was een vrouw die van uitdagingen hield; rond 1910 zette zij als hoedenmaakster haar eerste stappen in de modewereld, maar algauw besloot ze modeontwerpster te worden. Dat zij *jersey* koos om haar eerste ontwerpen te realiseren was voor die tijd wel heel ongewoon: het 'mechanische breiwerk' dat bij Rodier was ontwikkeld was immers bestemd voor de fabricage van kleding voor mannen die van sportieve activiteiten hielden. Jersey was niet chic, de stof was zacht en moeilijk te verwerken, en daarom ontwierp Chanel eenvoudige vormen die in de vrouwelijke garderobe nog nooit vertoond waren: jasjes en blouses die aan visserstruien deden denken, vastgeknoopt met een ceintuur die de taille niet insnoerde, op een soepele rok. Het succes liet niet op zich wachten. In de eenvoud en het comfort van die kledingstukken, die gemaakt waren voor een lichaam in beweging, is de Chanelstijl al helemaal aanwezig. De naam van de ontwerpster leek voortaan onlosmakelijk met het materiaal verbonden: 'Chanel is master of her art, and her art resides in jersey' schreef de Amerikaanse *Vogue* van 1 november 1916. Sindsdien nam jersey in haar collecties regelmatig een centrale plaats in diverse vormen en uitvoeringen; in 1928 deed het huis zelfs een beroep op de kunstenaar Iliazd om in de fabriek van de *tissus Chanel* exclusieve patronen en technieken te bedenken. In 1937 presenteerde Chanel een met bruine wollen jersey beklede tas. Een ander model in jersey, ditmaal gewatteerd en voorzien van een vergulde ketting, werd in 1955 het embleem van het huis onder de codenaam *2.55*.

Jersey bood Chanel de mogelijkheid om het aanzicht van de moderne, geëmancipeerde vrouw vorm te geven, bevrijd van het knellende korset en van overbodige versierselen. In de handen van Madame Grès, een andere belangrijke figuur van de Parijse couture, kreeg dit materiaal een grote plastische kracht. Alix Barton — beter gekend onder de naam Grès, die zij aannam bij de opening van haar nieuwe modehuis in 1941 — onderscheidde zich al snel door haar obsessie met gedrapeerde plooien. Tussen 1932 en 1987 ontwierp zij direct op het lichaam talloze jurken in een zijden jersey die in haar opdracht door Rodier was samengesteld. Haar jurken, met hun vernuftige plooienval, zijn herkenbaar aan hun haast monumentale aanblik. Zij lijken geïnspireerd te zijn door antieke beelden, maar in tegenstelling tot Madeleine Vionnet, met wie zij vaak vergeleken wordt, ontkende zij elke verwijzing naar de klassieke oudheid: 'Ik heb mij nooit op de oudheid geïnspireerd. Toen die stof (een heel fijne zijden jersey) nog niet bestond, dacht ik er helemaal niet aan gedrapeerde jurken te maken. Maar toen ik ze in handen kreeg viel de stof vanzelf op haar plaats...'[1] Zij bedacht haar ontwerpen dan ook als een beeldhouwster, een beroep dat zij trouwens altijd had willen uitoefenen; met stof of met steen werken was volgens haar hetzelfde.
Maar terwijl Chanel de lichtheid en de soepelheid van jersey aanwendde om het lichaam uit zijn eeuwenoude keurslijf te bevrijden, maakte Grès als het ware beelden van stof; haar modellen, waarin ze ettelijke meters jersey verwerkte, gaven de vrouw het voorkomen van een hiëratische (Egyptische) godin.
Die twee exemplarische, maar tegenstrijdige benaderingen van hetzelfde materiaal illustreerden de mogelijkheden en de vele kwaliteiten van het tricot, waar de 20ste-eeuwse ontwerpers elk op een eigen manier gebruik van zouden maken. Zij haalden het uit het domein van het traditionele breiwerk en vonden andere toepassingen dan de sportkledij waarvoor het lange tijd bestemd werd.

Elsa Schiaparelli, een autodidact zoals Chanel, met wie zij overigens niets gemeen heeft, zorgde in de jaren 1930 voor een nieuwe benadering van de mode. Aan het begin van haar carrière presenteerde zij handgebreide stukken die zij liet uitvoeren door naar Parijs uitgeweken Armeense ambachtslui. Na enkele pogingen die door de critici goed ontvangen werden, stelde zij in 1927 truien voor met *trompe-l'oeil*-motieven zoals matrozenkraag, stropdas of vlinderdas. Daarmee was haar unieke en meteen herkenbare stijl een feit. De surrealistische geest waarvan al haar collecties van de jaren 1930 doordrongen zijn, was hier al aanwezig, en ook het speelse dat in verschillende registers tot uiting komt: zowel in de versiering als in de materialen of het gebruik, steeds blinkt Schiaparelli uit in de kunst van de afwijking. Elk van haar collecties bouwde zij op rond een artistiek of cultureel thema, en dat concept bood haar de mogelijkheid om een brede gamma van voorstellingen en uiteenlopende ambachtelijke technieken te gebruiken. Door hun karakteristieke motieven, hun contrasterende kleuren, maar ook door de gebruikte techniek waardoor ze er 'degelijk' uitzagen en ook minder snel vervormden dan soortgelijke artikelen van die tijd, werden ze niet langer als gebruikskleding ervaren. Het waren elegante kledingstukken die men bijvoorbeeld voor een 'geklede' lunch kon dragen, zoals de ontwerpster zelf deed om haar ontwerpen te promoten.

Het *trompe-l'oeil*-breiwerk van Schiaparelli werden op grote schaal gekopieerd en tegen lage prijzen op de Amerikaanse markt verspreid. Zij hebben bijgedragen tot de internationale faam van het jonge modehuis uit de rue de la Paix in Parijs, en in de mode een omwenteling teweeggebracht.

Sinds die illustere pioniers — waaraan ook nog het huis Patou moet worden toegevoegd, dat als een van de allereerste vanaf de jaren 1920 jersey en tricot verwerkte in zijn collecties die de *sportswear* aankondigen — verschijnt tricot, zowel mechanisch als 'handgebreid', op gezette tijden in de collecties van de couturiers, meestal voor wat men 'sportieve' kleding noemt.

Toch duurt het nog tot de jaren 1960 vooraleer zich een ware revolutie voordoet die van het breiwerk een volwaardig materiaal maakt dat in alle omstandigheden gedragen kan worden. In de loop van dat decennium, dat in meerdere opzichten beslissend is, kan breiwerk profiteren van een uitzonderlijke conjunctuur. De technische vooruitgang en een maatschappij waarin alles ter discussie wordt gesteld, scheppen omstandigheden voor een succesvolle ontwikkeling. De zogenaamde babyboomgeneratie is volwassen geworden en gaat op zoek naar nieuwe horizonten. De wereld van de ouders heeft afgedaan, de jongeren vinden eigen normen en waarden uit en creëren zich een nieuw vrouwelijk ideaal dat enigszins herinnert aan het type van de *garçonne* na de Eerste Wereldoorlog: jeugd is de nieuwe norm, en haar voorkomen, met korte rokjes en lage hakken, ongeprononceerde borst en taille, zorgt voor een ware ommekeer in de codes van de mode, die tot dan bepaald werd door de *lady look*.

Een nieuwe generatie ontwerpers, op één lijn met de artistieke en culturele stromingen van haar tijd, gaat op zoek naar een nieuwe vormentaal, die zowel in de haute couture als in het beginnende prêt-à-porter haar uitdrukking vindt. Hoewel elk zijn eigen stijl ontwikkelt, wordt hun visie op de mode gedreven door eenzelfde verlangen naar vrijheid: geen belemmeringen, geen dictaten, bewegingsvrijheid, vrijheid van gedrag. De mode wordt een krachtig middel tot persoonlijke expressie, een manier om zich te bevrijden van de maatschappelijke conventies en keurslijven. In die context biedt breiwerk, door zijn elasticiteit en zijn sportieve zowel als intimistische connotaties, ruime mogelijkheden om tegemoet te komen aan de behoefte aan bewegingscomfort, op het moment dat een jong en stevig lichaam zich zonder valse schaamte aan de blikken blootstelt. Paradoxaal genoeg komt het, in tegenstelling tot de geweven stof, over als een 'modern' materiaal, maagdelijk vrij van referenties aan het verleden en daardoor geschikt om de geest van de huidige tijd, en zelfs van de toekomst, uit te drukken.

'Tricot is de beschaving van morgen': profetische woorden van de excentrieke Jacques Esterel, de couturier die de aandacht trok met zijn ont-

werp van een bruidsjurk in roze vichy die in 1959 door Brigitte Bardot werd gedragen. Later werd hij beroemd met andere ophefmakende ontwerpen. Zo was hij een promotor van de uniseks kleding: de uitsluitend in jersey uitgevoerde kledinglijn *Négligé Snob* bestond uit identieke modellen voor het hele gezin.

Ook voor Pierre Cardin was tricot het materiaal van de toekomst; hij maakte van de rolkraagtrui de onmisbare begeleider van zijn overgooiers in zware jersey, en ook van zijn herenjasjes met rits, de beroemde *cosmocorps* waarmee hij zijn visie op de toekomstige mode vorm gaf.

In het oeuvre van Yves Saint Laurent neemt het tricot geen al te belangrijke plaats in, al vinden we het terug in enkele van zijn beroemdste ontwerpen: de spectaculair uitziende matroesjka-bruidsjurk die helemaal van wollen tricot vervaardigd is, de Mondriaanjurken in jersey uit 1965, en de *Pop Art*-collectie, eveneens in jersey, die hij in 1966 ontwierp als eerbetoon aan Tom Wesselman.

Onverwachter is de aanwezigheid van tricot bij Paco Rabanne, de non-conformistische ontwerper die beroemd werd met zijn jurken in metaal en plastic. Maar al verwierp hij de cultuur van geweven en genaaide stoffen, toch beperkte Rabanne zich niet uitsluitend tot onbuigzame, voor het naaiwerk ongeschikte materialen. Hij wilde vooral experimenteren, en door de keuze van de materialen en de eigenzinnige manier waarop hij ze gebruikte, is hij een van de grote wegbereiders van het hedendaagse conceptuele ontwerpen. Wanneer hij zich in 1968 met bont gaat bezighouden, is het om breisels te maken met restjes die doorgaans als onbruikbaar worden beschouwd. De mantels en capes die hij ermee ontwerpt, worden met de hand gebreid, met bezemstelen als breinaalden; zij zijn versierd met gekleurde, zilveren of gouden linten, zo licht alsof ze van pluimen gemaakt zijn en geheel omkeerbaar. De breitechniek wordt hier met succes voor meerdere doeleinden aangewend: desacralisering van het bont dat opzettelijk als een doodgewone bol wol wordt behandeld, hergebruik en intelligente aanwending van de warmtekwaliteiten ervan (de haren kunnen zich zowel aan de buitenkant als aan de binnenkant van het kledingstuk bevinden).

In januari 1969 vroeg het tijdschrift *Marie-Claire* de modeontwerpers naar hun visie op de vrouw in 1990. Het antwoord van André Courrèges luidde: *'Les vêtements seront comme une seconde peau, mais sur un corps structuré'* (De kleren zullen als een tweede huid zijn, maar op een gestructureerd lichaam). De man die enkele jaren eerder de haute couture wakker had geschud door jonge mannequins te laten dansen in minijurken en pantalons, zette zijn campagne voor de emancipatie van het lichaam voort door in 1968 de overall in tricot te lanceren (die losgemaakt konden worden met een gebrevetteerd ritssysteem in de taille). Het nauwsluitende kledingstuk werd gedragen door de verkoopsters en medewerkers van het modehuis, die gechoqueerde en wellustige blikken moesten doorstaan; het werd in de pers uitvoerig besproken, maar de algemene indruk was toch dat het kledingstuk te vroeg kwam om door de vrouwen te worden geaccepteerd. De tijd was nog niet rijp voor deze 'tweede huid'.

Twee decennia later wordt de 'tweede huid'-kleding, waarvan Azzedine Alaïa de voorvechter is, als vanzelfsprekend aanvaard. De ontwikkeling van de stretch met zijn verbeterde elasticiteit maakt alle extravaganties mogelijk in een tijd dat het tonen van het lichaam, goed verzorgd en strak door dagelijkse fitnessoefeningen, de normaalste zaak ter wereld is geworden. Alaïa is een meester in het ontwerpen van sensuele kledingstukken die aan het lichaam kleven en de rondingen idealiseren door een vernuftig spel van goed geplaatste inzetsels. Dankzij hem wordt tricot uitermate sexy, en de body die hij ontwerpt wordt het fetisj-kledingstuk van de jaren 1980.

In een heel ander register werkt Sonia Rykiel. Haar ontwerpen zijn beroemd om hun nadrukkelijke maar niet agressieve vrouwelijkheid, een stijl die door sommigen als typisch Parijs wordt bestempeld. Rykiel, die door de Amerikaanse pers van bij haar eerste successen in de jaren 1960 tot koningin van het tricot werd gekroond, zegt graag dat zij, bovenal, 'gebaren' ontwerpt. Haar heel smalle truitjes laten de hals vrij, haar rokjes, wijde pantalons, jurken, mantels, gilets en vesten die op onconventionele wijze over elkaar worden gedragen, zijn ruim voorzien van zakken om er de handen in te steken; de zomen zijn weggelaten, evenals de voering, de stiksels zijn omgekeerd en aan de buitenkant zichtbaar... Haar modellen zijn ontworpen als een soort permanente uniformen; zij verschijnen in alle mogelijke versies van tricot, van de lichtste jersey tot het meest sensuele mohair. Zij worden onderling gecombineerd ongeacht de seizoenen en de modes, naar de eigen smaak van degene die ze draagt. Met haar monomanie van het materiaal (die andere materialen nochtans niet helemaal uitsluit) drukt Sonia Rykiel onvermoeibaar hetzelfde verlangen naar vrijheid uit, en door in haar ontwerpen elke vorm van tijdsgebondenheid te vermijden (van datum, van seizoen, van uur van de dag) ontdoet zij zich van de meeste codes van de mode.

In dit onvolledige overzicht van enkele van de interessantste benaderingen van tricot door de Franse couturiers en ontwerpers moet nog een initiatief worden vermeld dat opmerkelijk is door zijn productiemethode. In 1979 richtten Marithé en François Girbaud, die eerder al actief waren op het gebied van jeans en casual, *Maillaparty* op. Het bedrijf werd gevestigd in Mazamet in het zuidwesten van Frankrijk, op dat ogenblik wereldwijd het belangrijkste centrum van *délainage* (verwijdering van de wol van schapenhuiden). Maillaparty is een productiesysteem waarbij de ontwerper, de garenfabrikant, de breier, de *bonnetier* (die de stoffen versnijdt en de kleding vervaardigt) en de verver samen een kern vormen waarrond verscheidene kleine artisanale eenheden ontstaan; dat maakt een grote soepelheid in de fabricatie mogelijk. De onderneming bleek al snel een succes, niet alleen commercieel (de productie vertienvoudigde in minder dan vijf jaar) maar ook op het creatieve vlak: de originele motieven en kleuren van de jersey-breiwerkcollecties en sommige jacquards oogsten alom bewondering.

NOOT

1. Citaat uit de catalogus *Alix Grès, l'énigme d'un style*, Villa de Noailles, Hyères, 1992.

MODIEUZE HISTORISCHE EN HISTORISERENDE KOUSEN
IN DE MOMU-COLLECTIE

Wim Mertens

Fraaie machinegebreide katoenen kousen met opvallende motieven waren in het oog springende accessoires bij Bernhard Willhelms mannenlijn voor lente-zomer 2009. Gestileerde rankmotieven in mosterdgeel en goud op een zwarte grond, of in zwart op geel herinneren aan renaissancearabesken uit de 16de eeuw die toen in alle domeinen van de kunstnijverheid werden gebruikt, waaronder modieuze en kostbare zijdeweefsels. De meest luxueus ogende kousen van Willhelms collectie worden bovenaan rond het been vastgesnoerd met gebreide koorden die aan de uiteinden zijn versierd met goudkleurige lurexkwasten. Ze worden gecombineerd met een korte pofbroek en een vest dat is geïnspireerd op een wambuis; beide referen aan de laat-16de-eeuwse Europese mannenmode, zonder kopieën te zijn.

In die 16de eeuw vonden belangrijke evoluties plaats bij wat wij nu gemeenzaam kousen noemen. Gebreide hozen, hun voorlopers, verdrongen geleidelijk exemplaren gemaakt uit geweven stoffen die in schuindraad werden geknipt om enige elasticiteit aan de hozen te geven. Juist het elastische karakter van breigoed, dat in aanzienlijke mate het comfort van de drager vergrootte, was een belangrijke troef. Met een in die periode steeds korter wordende pofbroek nam de kous een alsmaar prominentere plaats in het mannensilhouet in en werd bijgevolg steeds meer aandacht besteed aan het uiterlijk ervan. Een goede pasvorm, mooie materialen — waarbij zijde de voorkeur genoot — een verzorgde techniek en rijkelijk geborduurde versiersels waren voor modieuze, kostbare kousen een vereiste. Mede door deze omschakeling naar gebreide hozen in de loop van de 16de eeuw kwam de breigoednijverheid op tal van plaatsen in Europa tot bloei, met belangrijke centra in Spanje, Engeland, Frankrijk en Italië.[1]

Het is onduidelijk vanaf wanneer de breitechniek in Europa vaste voet aan de grond kreeg, maar op het ogenblik dat de gebreide kous in de 16de eeuw aan een steile opmars begon, bestond er in dit continent al een lange breitraditie, die zich voornamelijk als thuisnijverheid manifesteerde. Tot ver in de 19de eeuw trouwens werd een aanzienlijk deel van de totale breiwerkproductie in de thuisnijverheid gemaakt.[2]

Lange tijd was het breien van kousen, mutsen, handschoenen en andere kledingstukken zoals onderrokken voor vele mensen op het platteland een belangrijke bijverdienste, in het bijzonder in de wintermaanden wanneer op het land weinig werk kon worden verricht. Maar ook in de steden waren er breisters. Het waren voornamelijk vrouwen en kinderen, hoewel het in sommige streken in Engeland, bijvoorbeeld de Dales, niet ongebruikelijk was dat ook de mannen breiden. Het was bovendien een bezigheid die makkelijk aan te leren was, door jong en oud kon worden beoefend en zelfs toeliet om in tussentijd andere zaken te doen zoals het hoeden van vee. Breien vroeg een geringe investering: met twee of vier priemen en met garen kon men aan de slag. De inkomsten waren echter navenant en doorgaans behoorden breisters tot de armste bevolkingsgroepen. Ze waren met velen, in Engeland waren er aan het eind van de 16de eeuw om en bij de 220.000 op een totaal bevolkingsaantal van circa vijf miljoen.[3] Toch was breien niet alleen een bezigheid voor de laagste maatschappelijke groepen. William Felkin citeerde in zijn naslagwerk uit 1867 hiervoor uit Johann Beckmanns *History of Inventions*, uitgegeven in 1797, waarin die vermeldt dat er zowel werd gebreid in de cottage als in het paleis.[4] Dit was zeker juist voor Beckmanns tijdgenoten, toen er voor een rijke clientèle kostbare breitafeltjes in dure houtsoorten werden gemaakt waarin het garen, de priemen en het breiwerk werden bewaard. In de 19de eeuw was zo'n meubel in vereenvoudigde versie ingeburgerd bij de middenklasse die toen trouwens nu en dan ook haar inkomsten haalde uit breien.[5] Dat breien in die tijd ook een bezigheid was voor dames uit gegoede milieus blijkt treffend uit een prent op de voorpagina van het

Franse modetijdschrift *La Saison. Journal illustré des dames* van 1 januari 1875 waarop *'une dame d'un certain âge'* is afgebeeld met een breiwerkje, namelijk een kous. Ook de breiontwerpen voor onder meer kousen en slobkousen die op regelmatige basis in dit tijdschrift worden aangetroffen getuigen hiervan.

De uitvinding van een handbediende breimachine in 1589 door de Engelsman William Lee vormde aanvankelijk geen al te grote bedreiging voor het handbreiwerk. Alhoewel die machine een wonder was van techniek vond ze in het begin weinig weerklank, mede vanwege de angst voor inkomensderving bij de vele breisters.[6] Door het gebrek aan interesse in eigen land waagde de uitvinder bij het begin van de 17de eeuw zijn kans in Frankrijk, waar hij met de steun van de Franse koning Hendrik IV een atelier opstartte in Rouen.

In de 17de en 18de eeuw werd Lees oorspronkelijke breiwerkmachine verder verfijnd. Bij het einde van de 18de, begin 19de eeuw ontstond een nieuw type: de rondbreimachine.[7] In tegenstelling tot het handbreiwerk werden de breimachines vaker door mannen bediend, verenigd in vakorganisaties met eigen voorschriften inzake toelating, opleiding enzovoort. De betrekkelijk kleine breiwerkmachines waarop in hoofdzaak kousen werden vervaardigd, stonden doorgaans opgesteld bij de breiers thuis, die werkten in eigen naam of voor een handelaar/kapitaalverschaffer. Pas met de ontwikkeling van de door stoomkracht aangestuwde breiwerkmachines in de 19de eeuw zouden de eerste fabrieken ontstaan. Behalve de breiers waren nog vele duizenden handen nodig voor het afwerken van de gebreide artikelen zoals het dichtnaaien van de naden en het borduren van de versieringen.

Gedurende de hele 19de eeuw werden nog aanpassingen aan de breimachines doorgevoerd.[9] Vermeldenswaard hier is de introductie van het jacquardmechanisme in de jaren 1830 waardoor voortaan eenvoudig opengewerkte motieven machinaal werden ingebreid.[10] Meer ingewikkelde versieringen waren op dat ogenblik nog altijd het resultaat van goedkoop handwerk. Al die tijd bestonden machine- en handbreiwerk naast elkaar met hun eigen marktaandeel. Beide innoveerden op het vlak van ontwerp en uitvoering.[11] Ten opzichte van machinebreiwerk konden de handbreiers in die tijd evenwel nog meer variëren in patronen en kwaliteiten.[12] Het jacquardprincipe zou echter gaandeweg worden verfijnd waardoor in de tweede helft van de 19de eeuw ook meer ingewikkeld ajourbreiwerk mechanisch mogelijk werd. Door deze technische vernieuwingen kon er niet alleen meer en goedkoper worden geproduceerd, maar kwamen modieuze kousen in het bereik van steeds groter wordende groepen consumenten.

De wereldtentoonstellingen die vanaf het midden van de 19de eeuw op regelmatige basis in hoofdzakelijk Europese steden werden ingericht waren — net als voor zoveel andere nijverheids- en industrietakken — een katalysator voor de breigoedsector, en dit zowel voor de producenten van breimachines als voor de breigoedfabrikanten die op deze immense exposities hun aanbod aan miljoenen potentiële klanten konden tonen. Ook via de modetijdschriften die toen in steeds grotere oplagen werden verspreid onder burgerij en middenklassen kwamen modieuze kousen aan bod, zij het minder vaak en voornamelijk vanaf de jaren 1880.

Het MoMu bezit een beperkte maar aantrekkelijke collectie handgebreide en machinegebreide kousen die dateren uit die periode van industriële expansie en modieuze massaproductie in de tweede helft van de 19de eeuw, en die een idee geven van het ruime aanbod.

Bij de handgebreide exemplaren bevinden zich zes aan elkaar verwante paren in wit, vrij grof katoengaren, gebreid in verschillende steken, geometrische motieven en boorden in kantbreiwerk. Zulke witte katoenen kousen bleven na het midden van de 19de eeuw nog geruime tijd gangbaar en zijn bijgevolg moeilijk exact te dateren. Deze handgebreide zware kousen zijn niet te vergelijken met de contemporaine machinegebreide kousen in zogenaamde *fil d'écosse*.[14] Dit katoengaren werd bijzonder populair vanaf de jaren 1830. Het MoMu heeft enkele paren fijne machine-

gebreide witte katoenen dameskousen van ca. 1870–1900 met op de wreef en het scheenbeen versieringen in ajourbreiwerk en/of platsteekborduurwerk. Door de koele eigenschappen van katoen waren zulke kousen vaak, maar niet exclusief, bestemd voor de zomermaanden. Het modetijdschrift *La Saison* toonde zowel in zijn nummer van 1 oktober 1887 als dat van 1 oktober 1889 de allernieuwste modieuze winterkousen, uitgevoerd in *fil d'écosse*.[15] Soms werden katoenen kousen samen met wollen kousen gedragen, waarbij de wollen kous zowel over als onder het katoenen exemplaar kon worden aangetrokken.

Voor 1850 waren witte kousen, hetzij effen of geborduurd met wit of in lichte kleuren, een absolute must in iedere garderobe, zowel van vrouwen als mannen, maar nadien raakten ze in Engeland geleidelijk uit de mode, in tegenstelling tot het vasteland, waar bijvoorbeeld de Franse dames nog tot het einde van de 19de eeuw naar aloude gewoonte witte zijden sokken droegen bij hun avondtoiletten. Maar uiteindelijk werden ze na 1893 ook in Frankrijk nog enkel geschikt geacht bij witte toiletten voor aan de kust.[16] Een paar machinegebreide witte zijden kousen met ajourbreiwerk op de wreef van 1880–1900 in de MoMu-collectie was mogelijk nog voor een avondtoilet.

Terwijl witte kousen door modegrillen in onbruik geraakten, bleven zwarte kousen in de mode en werden ze hoe langer hoe meer 'incontournable'. Waar bij het begin van de 19de eeuw zwarte kousen, indien niet effen, bij voorkeur met zwart borduurwerk werden versierd[17], werden in de tweede helft deze kousen steeds vaker met andere kleuren en veelkleurig borduurwerk gecombineerd. *La Saison* toonde en becommentarieerde in zijn nummer van 16 februari 1888 deels zwarte en rode dameskousen versierd met veelkleurig borduurwerk. Alhoewel deze combinatie in dit nummer werd aanbevolen voor een gemaskerd bal, werden andere zwarte wollen kousen met veelkleurige noppen door hetzelfde tijdschrift evenzeer gepromoot voor de wintermode van 1889.[18] Zwart werd door zowel vrouwen als mannen en kinderen gedragen, en bij de dames niet enkel door *élégantes* maar ook door werkende vrouwen.[19] Het MoMu bezit meerdere paren zwarte zijden dameskousen versierd met ajourbreiwerk en platsteekborduurwerk op het scheenbeen en de wreef, en die dateren uit het laatste kwart van de 19de eeuw.
In de regel diende op dat ogenblik de kleur van kousen afgestemd te zijn op de kleur van de japon, maar bij de modieuze zwarte toiletten werd hier in Frankrijk omstreeks 1885 van afgezien omdat anders de dame als in de rouw zijnde zou overkomen, dit in tegenstelling tot de eerste helft van die eeuw toen zwarte kousen nog algemeen uitsluitend bij zwarte japonnen werden gedragen.[20]

En dan zijn er nog de kousen in een of meerdere kleuren, waarbij modieuze kleuren en tinten afwisselden met de jaren en seizoenen.[21] Het MoMu heeft verschillende machinegebreide paren waaronder een zijden paar van 1880–90 waarvan de voet en de boord bovenaan zijn uitgevoerd in pruimpaars en het been vanaf de enkel in oudroze. De zijkanten van de voet en enkel zijn versierd met een geborduurde fijne streep, bovenaan bekroond met een ruitmotief. Een ander zijden paar, eveneens uit de late 19de eeuw, heeft een zwarte voet en lichtroze been en is op de zijkanten ter hoogte van de enkel versierd met een geborduurde gestileerde bladrank. Dergelijke geborduurde motieven waren courant tot het begin van de 20ste eeuw en konden zowel op vrouwen- als op mannensokken worden aangetroffen.
Bijzonder aantrekkelijk en verrassend speels zijn twee paar gelijkaardige machinegebreide kousen met geruite voeten en effen benen, het ene in olieblauw, het andere in olijfgroen, beide met ruiten in rood, zwart en geel, en daterend van omstreeks 1880–90. *La Saison* toonde in het nummer van 16 augustus 1889 bijvoorbeeld een paar zomerse dameskousen met effen voet en geruit been.[22] Geruite kousen kwamen geregeld opnieuw in de mode, vaak samen met geruite stoffen.

Het mag opvallend worden genoemd dat dameskousen uit de tweede helft van de 19de eeuw, toen de japonnen tot aan of bijna tot de grond reikten, vaak in uitgesproken kleuren waren en met modieuze versieringen. Tenslotte waren de kousen enkel bij bepaalde bewegingen of hou-dingen zichtbaar. In dezen is er een opmerkelijk verschil met de vroege 19de eeuw, toen dameskousen zichtbaarder waren doorheen de transparante katoenen empirejurken, en ook nog een of twee decennia later toen de rokzoom tot boven de enkels reikte. In de jaren 1840 verkeerde de kousenindustrie in een crisis juist mede door het verlengen van de rok, waardoor de aandacht voor versierde kousen zou zijn verslapt. Pas met de opkomst van de crinoline in 1856 die bij het bewegen enkels en onderbenen durfde te tonen, hernam de vraag naar fantasierijke kousen. Bij het uitkiezen van kousen en het afstemmen ervan op het gehele toilet — ook al waren ze nauwelijks zichtbaar — speelde dezelfde nood aan conformiteit met het voorgehouden mode-ideaal als in de overige domeinen van het door sociale etiquette gedomineerde burgerleven van de late 19de eeuw. Door het volgen van de moderegels zoals die werden aangeprezen in modetijdschriften en warenhuizen — de nieuwe consumptietempels — creëerde de draagster bij zichzelf een gevoel van correctheid en maatschappelijk welbehagen. Binnen het strakke sociale keurslijf speelde onderhuids wellicht ook de aantrekking van het onzichtbare en kwam de kous in het erotische spanningsveld van de lingerie. In eigentijdse modetijdschriften werden kousen amper getoond op welgevormde benen, maar lagen ze steeds bij of op elkaar, ietwat losjes en als gewone accessoires, van erotiek ontdaan.

Evenzeer onontbeerlijk voor het totaalbeeld en volledig en te allen tijde zichtbaar zijn de kousen van Bernhard Willhelm die dit artikel inleidden. Kleur- en fantasierijke kousen maken bij Willhelm vaak een onlosmakelijk deel uit van het silhouet. In zijn mannenlijn beschouwt de ontwerper de kous en het mannenbeen bovendien als een hoogst erotisch element. Historiserende kousen zoals deze uit Willhelms mannencollectie voor lente-zomer 2009 zijn eerder uitzonderlijk in diens werk. Een paar vrouwenkousen in ajourbreiwerk van de vrouwencollectie lente-zomer 2007 komen eventueel nog in aanmerking omdat ze herinneren aan de opengewerkte kousen uit de tweede helft van de 19de eeuw. Het is vooral de speelsheid van en de ruime aandacht voor de kous die toelaat een denkbeeldige link te leggen tussen Willhelm en historische kousen. Willhelm is trouwens niet de enige, ook de Engelse ontwerpster Vivienne Westwood liet zich voor een paar kousen uit haar damescollectie voor herfst-winter 1994–95 inspireren door 16de-eeuwse kousen met kwasten en plaatste hiermee, bewust of onbewust, een accessoire voor het voetlicht dat zo belangrijk is geweest in de modegeschiedenis van haar land.[25]

NOTEN

1. Voor een overzicht van de breiwerknijverheid in Europa in de 16de eeuw, zie J. Thirsk, 2003, pp. 566–577.

2. Zie hiervoor L. O'Connell Edwards, 2010, pp. 70–86.

3. Ibid., p. 71.

4. W. Felkins, 1867, p. 19.

5. L. O'Connell Edwards, 2010, p. 74.

6. Over de uitvinding van de breiwerkmachine kan men in de literatuur de meest tot de verbeelding sprekende en romantiserende verhalen vinden. Zie onder meer M.N. Grass, 1955, pp. 125–135. Voor een grondig en beknopt overzicht zie J. Thirsk, 2003, pp. 573–576. Zie voor een toelichting bij de werking van de breimachine ook de bijdrage van Frieda Sorber.

7. Voor een toelichting bij de technische vernieuwingen aan de eerste breiwerkmachine, zie P. Lewis, 1986, pp. 129–148. In de late 17de eeuw en vroege 18de eeuw bestond er in Engeland een noemenswaardige nijverheid van machinebreiwerk in en om Londen, Nottingham en Leicester. In Frankrijk zou zich een gelijkaardige nijverheid ontwikkelen in Parijs, Rouen, Troyes en Nîmes, waar Engelse machines werden geïmporteerd. Engelse breimachines werden omstreeks dezelfde tijd ook nog uitgevoerd naar Saksen in de Duitse gebieden, en naar de Nederlanden. Voor een toelichting bij de breinijverheid in onze streken in de 17de en 18de eeuw, zie H. Deceulaer, 2002, pp. 1–28.

8. J. Farrell, 1992, p. 56; en W. Felkin, 1867, p. 464.

9. Binnen het opzet van dit artikel is geen plaats voor een overzicht hiervan, zie onder meer J. Farrell, 1992; en S. Chapman, 2003, pp. 824–845.

10. J. Farrell, 1992, p. 46.

11. W.D. Cooke en M.B. Tavman-Yilmaz, 1999, p. 200.

12. J. Thirsk, 2003, p. 579.

13. Deze katoenen 'Schotse draad' kenmerkt zich door een hoge twijngrootte en wordt na het twijnen door een gasvlam gehaald waardoor uitstekende vezels worden verzengd.

14. La Saison. Journal illustré des dames, 1 oktober 1887, p. 148 en p. 150, nrs. 46 en 47; en idem, 1 oktober 1889, p. 147, nrs. 21 en 22.

15. La Mode illustrée. Journal de la famille, pp. 51–52.

16. J. Farrell, 1992, p. 61.

17. Ibid., p. 44.

18. La Saison. Journal illustré des dames, 16 februari 1888, p. 31, nrs. 56–57; en ibid., 1 oktober 1889, p. 147, nrs. 21–22.

19. J. Farrell, 1992, p. 60.

20. La Saison. Journal illustré des dames, 1 september 1886, p. 135, nrs. 49–52; en J. Farrell, 1992, p. 45.

21. Voor een overzicht van de modekleuren in de 19de eeuw, zie J. Farrell, 1992.

22. La Saison. Journal illustré des dames, 16 augustus 1889, pp. 127–128, nr. 67.

23. J. Farrell, 1992, pp. 58–59.

24. I. Harms, 2007, z.p.

25. Met dank aan mijn stagiair Everton Barreiro Silva, student aan het Central St. Martins College of Art and Design, Londen, voor zijn hulp bij de voorbereiding van dit artikel.

BIBLIOGRAFIE zie p. 137

UIT OPA'S KLEERKAST
'GEEK CHIC' EN HET BELANG VAN DE CARDIGAN IN DE HEDENDAAGSE MANNENMODE

Joanne Turney

In 2007 maakte de cardigan een comeback op de catwalk. Hedi Slimane, de toenmalige hoofdontwerper van Dior Homme, beschreef het kledingstuk als een vaste waarde in de kleerkast van 'eigenzinnige, alternatieve types' (een knipoog van erkenning naar rocksterren als Pete Doherty). In hetzelfde jaar sloot ook de populaire mannenmode de veelzijdige cardigan in de armen: Topman (de mannenversie van Topshop, een populaire Engelse kledingketen) noteerde een toename in de verkoopcijfers van 1000% ten opzichte van het vorige jaar.[1]

De cardigan staat voor geborgenheid en huiselijkheid, voor behaaglijke mannelijkheid, en misschien ook wel voor sulligheid. Maar in 2007 kreeg hij een gedurfd en stijlvol kantje dat zijn opa-imago oversteeg en hem van de rolstoel naar het rockpodium verplaatste.

De cardigan is een speciaal kledingstuk omdat hij gekleed noch sportief is: het is geen colbert en ook geen sweater en valt daarom tussen twee planken in de kleerkast van de man. Hij heeft een dandyesque achtergrond en komt voor in de meest stijlvolle ontwerperscollecties, maar wordt desondanks vaak gezien als 'uit de mode' of 'uit de tijd' — Slimane noemde de cardigan 'buitenstaanderachtig', de Daily Mail 'tegendraads'.[2] Het behaaglijke wordt op die manier 'onbehaaglijk', de mainstream een randfenomeen.

Over dat onbehagen gaat deze tekst, waarin het kledingstuk een eigen rol krijgt in socioculturele kwesties die voortkomen uit veranderende opvattingen van mannelijkheid. We stellen de cardigan ter discussie als een symbool van verzet tegen de gevestigde mannelijke kledingstijlen en zullen bestuderen hoe hij bijdroeg tot het ontstaan van andere zienswijzen op jeugdige, begeerte uitstralende, 'nieuwe' vormen van mannelijkheid. Zo komt hij letterlijk uit de kast.

DE CARDIGAN LOSGEKNOOPT

De cardigan kan worden omschreven als een vestje met mouwen, of als een zachte gebreide colbert: hij is dus gemodelleerd naar formele of zakelijke kleding, maar dan in een meer ongedwongen stof en stijl. Hij werd in 1854 uitgevonden en populair gemaakt door Lord Cardigan, de twijfelachtige held van de Slag bij Balaklava, die op zoek ging naar een minder stijve borstrok die hij kon aantrekken zonder zijn kapsel overhoop te halen. Anderzijds is een cardigan formeler dan een sweater: je kan er een overhemd en stropdas onder dragen.[3] Het is dus een tegenstrijdig kledingstuk, formeel noch informeel, en daarom misschien geschikt voor wie zich in geen van beide categorieën helemaal thuis voelt. Het wordt in de populaire beeldcultuur gebruikt als de werkplunje van de 'hippe' maar ongedwongen professor, lichamelijk al een dagje ouder maar nog bohemienachtig van geest; of als de 'vrijetijdskleding' van de saaie, overdreven formele man voor wie ontspanning een verlies van controle betekent. De cardigan bevindt zich dus in een leeftijdsgericht randgebied, als gevolg van een afgebakende markt voor mannenmode die kledij naar leeftijd klasseert.[4] Cardigans zijn onmodieus en dus voor oude mannen, punt. Zo is het dragen van een cardigan een symbool van het in ere houden van persoonlijke idealen en normen in ongemakkelijke omstandigheden, een teken van behaaglijkheid te midden van het onbehagen; een kledingstuk voor oude mannen, of voor iedere man die bestempeld wordt als uit de tijd, niet mee, of niet op zijn plaats in zijn sociale omgeving.

'GEEKS' EN OPA'S: POSITIONERING OP DE MARKT VAN DE MANNENMODE – MODES EN LIFESTYLE

Sinds de 19de eeuw wordt gebreide kleding, vooral gebreide herenkleding, geassocieerd met vrije tijd en (daarmee samenhangend) sportbeoefening. Gebreide stof is vanzelf soepel, rekt mee en bedekt goed het lichaam, biedt warmte en bescherming en is bestand tegen beweging: een perfect sportmateriaal. Ze is een vlotter, meer 'ontspannen' alternatief dan minder flexibele materialen zoals geweven stof of vilt. Daardoor werd breiwerk het uitgelezen materiaal voor de meer ontspannen, minder ernstige bezigheden die zich in de vrije tijd afspelen.
Sinds de cardigan in de jaren 1920[5] tot de populaire mannenmode ging behoren, heeft het kledingstuk evenveel oplevingen als hoongelach gekend. Het wordt beschouwd als risicoloos en onmannelijk, aangezien het aan geen enkel criterium voor die definitie voldoet: het is niet progressief, niet agressief, niet uitdagend, en ook al voelt de drager zich er heel comfortabel in, toch roept het impotentie, onmacht en sulligheid op.
De cardigan omhult het lichaam gewoon, heeft geen structuur en doet daardoor de schouders afhangen, zodat het lichaam een zachte vorm krijgt in plaats van een harde en hoekige, en de fysieke gestalte van de drager daadwerkelijk afgezwakt wordt. In een cardigan verdwijnt het lichaam en vervaagt de drager naar de achtergrond; de drager wordt passief gemaakt.

GEEN SEKS AUB, IK DRAAG TRICOT: ICONOGRAFIE EN ICONOLOGIE VAN DE CARDIGAN

In de populaire beeldvorming hangt over de voorstelling van een man in cardigan een zekere gêne, want het kledingstuk wordt als een teken van onmannelijkheid beschouwd: knusse kleren voor de impotente pantoffelheld in komische series of in kneuterige breipatronen.
De mannelijke fotomodellen die breipatronen presenteerden werden aandachtig bestudeerd door vrouwen bij het kiezen van een patroon. Ze moesten daarom aspecten van mannelijkheid uitstralen die overeenkwamen met de mannen voor wie de kledingstukken zouden worden gebreid, maar tegelijk moesten ze ook uitdrukken wat het was om 'een man te zijn'. De mannen werden afgebeeld in actieve of creatieve vrijetijdsrollen zoals schilderen, fietsen, golfen, vaak met z'n tweeën, opgeslorpt door een bezigheid, in plaats van passief het breiwerk te showen. Hun blik ontweek de camera en was bij voorkeur op het middenplan gericht om een mannelijkheid te benadrukken die niet kon worden gevat of gestuurd, onderworpen aan de blik van een ander, vrij van iedere notie van seksualiteit.[6] Zo belichaamden zij het type van mannelijkheid dat door Naomi Wolf wordt omschreven als 'de eunuch', de tegenpool van 'het beest'.[7]
Deze mannen in cardigan waren een poging om mannelijkheid niet als iets seksueels maar als iets actiefs voor te stellen, als een uitbreiding van kameraadschap en van de 'man op zijn gemak'. De beelden waren 'natuurlijk' opgebouwd rondom de man in zijn vrijetijdsomgeving, onbewust en vluchtig vastgelegd. De modellen komen echter erg geforceerd over en de foto's zijn duidelijk in scène gezet en hebben daardoor een kitscherige ondertoon. Die kitscherige stijl ontstaat omdat de foto's bij breipatronen zo overduidelijk en bewust geposeerd zijn, terwijl ze juist naturel en spontaniteit willen voorwenden.
In de iconografie van mannen in cardigans wordt de kloof zichtbaar tussen de 'echte' man en sociale percepties van 'wat mannen zijn'. De kitscherige invalshoek kan als een ondermijning van de mannelijkheid worden begrepen; niet alleen is er de homoseksuele connotatie, de mannen zien er ook onwennig en gegeneerd uit, en ze lijken kwetsbaar en machteloos.

CARDIGANS ONDER CONTROLE: DE KLEREN MAKEN DE MAN, MAAR WIE MAAKT DE KLEREN?

De betekenis van gebreide herenkleding heeft alles te maken met een strijd tussen de seksen over ideeën aangaande bezit en eigendomsrecht.[8] Huisgebreide (of geborduurde) mannenkleding was een teken van sociale status: een man toonde op die manier dat zijn vrouw niet buitenshuis hoefde te werken, en ook dat hij zichzelf vrije tijd kon veroorloven. Vanaf de jaren 1930, toen breipatronen meer en meer in trek kwamen en ruim verspreid werden, verdwenen deze ideeën van rijkdom en het bezit van een vrouw 'met veel vrije tijd' grotendeels; ze werden verdrongen door associaties met romantische of familiale liefde. De macht verschoof zo van man naar vrouw, van de drager naar de maker van het breiwerk. Vrouwen breiden voor de mannen in hun leven en gaven daarbij niet alleen vorm aan de kleren die ze moesten dragen, maar ook aan datgene waar hun mannen voor stonden, wat ze wilden dat hun mannen zouden zijn. Tegelijk vestigden ze een intermenselijke relatie op basis van vraag en aanbod: mannen hadden kleren nodig die door vrouwen werden aangeleverd.[9] Deze overdracht tussen de geslachten van de macht en controle over de vorming van identiteit kan worden gezien als een symbolisch proces van ontmannelijking: niet alleen maakten de vrouwen dingen voor mannen, ze vormden hen ook. Dit beeld van de man in de voorstelling van een breipatroon werd door vrouwen geconsumeerd en gebruikt als uitgangspunt voor een mogelijke transformatie; het mannelijke ideaal kon bij benadering in gebreide vorm worden gerealiseerd. Men zou het breien van een cardigan door een vrouw voor een man kunnen beschouwen als een daad van manipulatie en heerschappij, van wensvervulling bij de breister en instemmende onderwerping bij de drager van de cardigan.

HARDE MANNEN IN ZACHTE KLEREN

Mannelijkheid werd cultureel geconstrueerd als een element van onderdrukking door de associatie met competitiviteit, geweld, agressie, macht en kracht. Paradoxaal genoeg reflecteert deze kritiek juist de manier waarop mannelijkheid gedefinieerd wil worden: als alomvattend en dominant. Deze machtspositie maakt van het mannelijke het middelpunt waaraan verschil of 'andersheid' wordt afgemeten.[10] Sinds het victoriaanse tijdperk en de socioculturele scheiding van de seksen werd mannelijkheid inderdaad geponeerd als de norm, als stabiel. Bijgevolg werd de blanke, westerse mannelijkheid de maatstaf waarmee al de rest werd beoordeeld.
Als mannelijkheid als 'normaal' werd beschouwd, konden de kenmerken ervan worden gepercipieerd als inherent aan de ideologie van de dominante cultuur. Een dergelijke sombere opvatting van mannelijkheid liet weinig ruimte voor mode en modieuze kleding, aangezien dat soort statement zou worden geassocieerd met frivoliteit of homoseksualiteit.[11] Al vertoonde de mannenmode evenveel seizoensveranderingen als de vrouwenmode,[12] toch werd het beeld van de 'pralerige man' met zo veel wantrouwen bekeken dat het formele pak gedurende het grootste deel van de volgende eeuw de zakelijke mode bleef overheersen. Men zou kunnen aanvoeren dat het hier in wezen ging om het tonen van het lichaam en het benadrukken van het prestatievermogen van het ego, veeleer dan om de eigenlijke kleren. Als mannelijkheid werd getoond door het etaleren van wat als een mannelijke identiteit werd gezien, dan kon een afwijking hiervan een bedreiging vormen voor de status-quo en de patriarchie in het algemeen.
Het mannenlichaam werd gepropageerd als een tempel van uitmuntendheid, een hoogtepunt van de samenwerking tussen lichaam en geest, met als toonbeeld de sportman.[13] Sportbeoefening behelst meesterschap over het spel of de discipline, maar ook macht van het zelf over de anderen. Sport vereist oefening in uithoudingsvermogen, uiterste inspanning, zichzelf tot aan de fysieke en mentale grenzen drijven. Daardoor verwerft deze activiteit een aura van heldendom, vanwege de krachtige inspanning van het individu om de zwakheid van het vlees meester te worden.
In zijn psychoanalytische studies behandelt Michel Foucault de betekenis van deze beelden van 'harde', gedisciplineerde lichamen, en concludeert dat ze een fallisch lichaam uitbeelden, een lichaam waarin de ultieme mannelijkheid wordt getoond: niet alleen feitelijke spierontwikkeling

en -kracht, maar vooral de triomf van de wil over de natuur en over pijn. Mannelijkheid wordt hier voorgesteld als een manier om de idealen van het mannelijke en patriarchale te bestendigen.[14] Al kan in iedere openlijke uiting van mannelijkheid een homoseksuele ondertoon worden gelezen, toch wordt het sportieve of gespierde lichaam veeleer als een uitvergroting van mannelijke idealen gepresenteerd dan als een voorwerp van verlangen. Seksualiteit drukt dan wel potentie uit, en daardoor macht, maar deze voorstellingen zijn verstoken van de essentie van de blik, ze worden niet bezeten of geobjectiveerd door de kijker, en zijn daarom niet onderworpen.[15]

Sportieve mannenlichamen zijn hard, met hun strakgespannen, rollende spieren. Deze harde lichamen zijn ondoordringbaar als een pantser en tonen mannelijkheid als onaanraakbaar en superieur. Vanuit dit perspectief is het moeilijk om een dergelijke extreme hardheid en competitie te verzoenen met de eerder zachte, soepel vallende en onschadelijke cardigan, en toch is dit kledingstuk een vertrouwde uitdrukking geworden van hedendaagse mannelijke idealen.

De cardigan, waarin het sportieve mannenlichaam werd gecombineerd met de ideologie van de nieuwe man, ging in de jaren 1980 deel uitmaken van de iconografie van nostalgie. Onder invloed van de rebellie en de esthetiek van Amerikaanse tieneridolen als James Dean (die een seksuele ambiguïteit uitstraalde) kwam de kledij van *college boys* en van de werkende klasse centraal te staan in de mannenmode en in de constructie van mannelijkheid. Deze tendens werd perfect samengevat in de publiciteitscampagnes voor Levi's 501 jeans, Calvin Klein en Ralph Lauren, waarin de mythologie van het Hollywood uit de jaren 1950 — de 'preppy' retrostijl van de middelbareschoolatleet (*jock*), met jeans, mocassins of suède schoenen, T-shirts en universiteitssportcardigans — een hedendaagse werkelijkheid werd voor de consument.

Deze populaire jaren 50-stijl, die overigens al langer een referentiepunt was voor homoseksuele mannen, was seksueel ambigu; de man was zich bewust van zijn lichaam als onderworpen aan de mannelijke blik; wie keek naar wie? De nadruk op het mannenlichaam als een consumptieobject belichtte een mannelijke vorm van seksualiteit die narcistisch was, maar ook een ideaal.[16]

In die context kan de populariteit van de cardigan op twee manieren worden geïnterpreteerd: als een teken van stabiliteit, the *old boys club* indachtig, of als uiting van een nieuwe fitnesscultuur en een lichaamsfascisme dat toen sterk opkwam. In de eerste plaats was de cardigan een noodzakelijk kledingstuk voor het uitoefenen en etaleren van sportieve vaardigheden, en om te tonen dat men tot een bepaalde groep behoorde; in een tijdperk (de jaren 1980) waarin heldendom geassocieerd werd met fysieke perfectie en meesterschap over het lichaam, droeg sportkledij deze idealen klaar en duidelijk uit. Tegenover de onverbloemde tentoonspreiding van mannelijke dominantie stond echter ook narcisme, aangezien heel wat mannen die voor deze stijl kozen geen sportmannen of atleten waren maar gewoon hun geloof aan dergelijke idealen wilden tonen, en tegelijk de mogelijkheid wilden suggereren van rollende spieren onder een soepel vallende cardigan.[17]

Dit kledingstuk weerspiegelde een ambiguïteit in de cultuur en in het consumentisme, een nostalgisch verlangen om in de tijd terug te keren, naar een enthousiaste en verwarde adolescentie, een verlangen om zichzelf terug te vinden in beelden van de held/antiheld die onschuldig noch verdorven is — traditie vervlochten met moderniteit. De *college boy* en de *jock* kwamen in deze voorstellingen naar voren als symbool van de overgang van jongen naar man, een periode vol gevaren waarin jonge mannen werden aangemoedigd om zich te uiten, hun seksualiteit te verkennen en hun weg te zoeken in de wereld.

ONDER DE GORDEL: DE FALLISCHE CARDIGAN

De cardigan mocht dan oorspronkelijk staan voor middelmaat en impotentie, in de jaren 1970 werd hij het toppunt van sexy mannenmode dankzij de Amerikaanse politieserie *Starsky & Hutch*. De serie, over twee gewiekste speurders in burger die zich in een modieuze maar ongure onderwereld bewogen, bracht het rauwe realisme van bioscoopfilms

naar het kleine scherm. De personages werden als agressief, hard en competitief opgevoerd: alle middelen waren goed om de wet te doen naleven.[18]

Starsky en Hutch (gespeeld door Paul Michael Glaser en David Soul), twee jonge, knappe mannen, werden neergezet als seksueel potente en aantrekkelijke rokkenjagers, mannen van de actie, hedendaags en competitief. De beeldentaal van de serie draaide om auto's en kleren, allebei tekens van snelheid, beweging, uiterlijk vertoon, bezit en moderniteit. Veelzeggend was de kledij, die aangaf dat de personages zich helemaal thuis voelden in hun stedelijke omgeving. Starsky en Hutch spreidden ongegeneerd hun narcisme tentoon als een element van eigentijdse mannelijkheid. Het meest emblematische kledingstuk uit de serie, en meteen een embleem van de nieuwe seksueel aantrekkelijke man, was de ruime, dikke cardigan met jacquardstrepen en ceintuur, die werd gedragen door Dave Starsky.

Terwijl Hutch werd neergezet als een gevoelige, intellectuele en gecultiveerde figuur die zich weldoordacht en keurig kleedde, was zijn partner Starsky een stuk avontuurlijker, en zijn kledij gaf uitdrukking aan zijn nonchalante en jachtige levenswijze. De motieven op zijn cardigan, geometrische patronen in aardetinten die doen denken aan volkskunst, aan de Azteken en andere 'primitieve' gemeenschappen, verwijzen naar de 'natuurlijke' man, een man die zijn omgeving onder controle heeft (een nieuwe cowboy). Het patriarchale dictaat dat de dominante positie aan de man toebehoort, werd zo bevestigd. Hier wordt de man tot beest; hij kan zich op ieder moment ontkleden en zijn omgeving bevechten, verdedigen, veroveren of overheersen.[19] Starsky en zijn cardigan belichamen de idee van fallische macht; ze oogsten tegelijk bewondering en verlangen, van zowel mannen als vrouwen.

De cardigan sluit met een ceintuur, wat seksuele mogelijkheden en paraatheid biedt omdat het lichaam zo bereikbaar is: het kledingstuk zou makkelijk kunnen openvallen en onthullen wat eronder zit. Het doet denken aan een huisjasje of een badjas en geeft op die manier intieme vrijetijdskleding prijs aan publieke consumptie en vertoning, als teken van de potentie en seksuele beschikbaarheid van de drager.

Starsky's cardigan werd enorm populair als mode-item en dook op in de breipatronen van die tijd, zelfs een keer in *Woman's Weekly*. Bij de patronen stonden modellen in actieposes afgebeeld die, al dan niet naast een rode sportwagen, de kijker rechtstreeks aankeken. Uit het nadrukkelijke gebaar en de pose van het model blijkt een duidelijk besef van de blik; concepten van bezit en bezetenheid zijn explicit aanwezig. De modellen voelen zich zelfzeker in hun omgeving, in hun kleren en in hun seksualiteit. De patronen verwijzen rechtstreeks naar de tv-serie en de personages en zijn daarom een voorbeeld van de commercialisering van het lichaam: maak deze cardigan en transformeer je man tot 'Starsky'. Mannen probeerden het personage na te bootsen, vrouwen verlangden ernaar. Zo werd de cardigan niet alleen een symbool van identificatie, maar ook van transformatie en rollenspel. Hij droeg er, hoe oppervlakkig ook, toe bij om van fictie of fantasie een realiteit te maken, en van mannelijk narcisme een teken van moderniteit en begeerlijkheid.

'GEEKS' EN GITAREN: KLEREN IN DE MARGE

De cardigan als teken van narcisme vormt een onderdeel van de garderobe van de introspectieve en ogenschijnlijk seksloze intellectuele dandy. Dit wordt geïllustreerd door de iconografische associatie ervan met rocksterren van de indie-scene (Pete Doherty, Kurt Cobain, Johnny Borrell) en van weltschmerz doordrongen mannelijke beroemdheden (Jude Law en Simon Amstell).

Reeds lange tijd met een ongemakkelijke mannelijkheid geassocieerd — een strijdtoneel van de onverenigbare domeinen werk en vrije tijd, formeel en informeel — werd de in meerdere opzichten paradoxale cardigan in de jaren 1950 een favoriet kledingstuk van de existentialisten en de schrijvers van de beatgeneratie, die er een symbool van sociale afstand en verzet tegen de gevestigde orde van maakten. De cardigan werd hier gedrenkt in de symboliek van de romantische en non-conformistische outsider, en gaf aan dat de drager niet in staat was zich aan sociale normen of welke voorschriften dan ook aan te passen. Kerouac en zijn collega's droegen een te ruime, slonzige cardigan, die liet zien dat ze gevangen zaten in een slecht zittende omgeving en dat ze daar bewust voor kozen.

De romantische ziel heeft behaaglijkheid en koestering nodig, zachtheid ook, in zijn gevecht tegen de harde realiteit van het dagelijks bestaan, en een te grote cardigan kan zijn drager verhullen, beschermen en maskeren. Natuurlijk hadden de beatschrijvers geen boodschap aan modegrillen, maar hun keuze voor dit kledingstuk was niet toevallig. Het gevoel 'niet op zijn plaats te zijn' dat de cardigan uitstraalt, werd het kenmerk van een drager die buiten zijn tijd en omgeving staat, een gekwelde, gevoelige ziel, of meer expliciet: een man alleen. Het hoeft niet te verbazen dat de romantische figuur van de eenzaat een geliefde verschijningsvorm werd van de avant-garderock en dat jonge mannen vol weltschmerz cardigans gingen dragen als teken van mannelijkheid in crisis.

EN WEER DICHTGEKNOOPT: CONCLUSIE

Hoewel de cardigan het symbool werd van een nieuwe mannelijkheid, is het ontegenzeglijk ook een uniseks[20] stuk breiwerk. Men zou deze toe-eigening kunnen interpreteren als een stap in de richting van een meer veranderlijke of zelfs androgyne voorstelling van gender in de mode, maar deze stap was slechts tijdelijk. Het mannelijke werd dan wel vrouwelijker gemaakt door kleding, maar het concept mannelijkheid en al wat ertoe behoorde, was nauwelijks veranderd.[21] Door de mengeling van schijnbaar fatsoen en asociaal gedrag in gebreide kleding, en in stijl in het algemeen, ontstond een klimaat waarin mannelijkheid zowel commercieel als patriarchaal kon zijn: aan de oppervlakte werd met verschillende opvattingen van mannelijkheid gespeeld, maar de status-quo werd behouden.

Terwijl mannelijkheid een periode van transformatie doormaakte, verborgen 'nieuwe' mannen hun sociale ongemakkelijkheid in de veilige warmte van knus breiwerk, waarbij ze stijlen uit het verleden oppikten en ze zich toe-eigenden in een poging om de onvermijdelijke overgang te verzachten en af te remmen. Maar was de mannelijkheid echt in gevaar? Kwam uit de cardigan een werkelijk 'nieuwe' man tevoorschijn als een vlinder uit de pop? Het lijkt er veeleer naar dat de oude man, net als de oude cardigan, gewoon een opfrisbeurt kreeg; de traditie bleef bestaan, ze kreeg alleen een vleugje tijdgeest mee. Het verleden werd letterlijk in een nieuw jasje gestoken. Specifieke elementen die een rol speelden in de opbouw van het concept mannelijkheid werden geselecteerd, geherpositioneerd en geaccentueerd. Kracht, competitie, agressie en potentie, aspecten die overheersen in de constructie van het mannelijke, bleven centraal staan maar werden opgesmukt met een modieuze flair die tevoren alleen voor vrouwenkleding en de vrouwelijke consument was weggelegd. Terwijl mannelijkheid uit de kast kwam als een flexibel begrip in plaats van een statische constructie, gebeurde hetzelfde met de cardigan: die was niet langer het onbehaaglijke domein van aseksuele mannen op middelbare leeftijd, gebonden aan de rigiditeit van traditie en gender, maar omarmde mannelijkheid als opwindend, potent en seksueel aantrekkelijk. Hoe vloeibaar de opvattingen en constructen van mannelijkheid echter ook werden, de presentatie en representatie ervan keerde grotendeels terug tot de gevestigde patriarchale waarden van dominantie en macht, die in de postmoderne samenleving werden verworven en geëtaleerd door het vergaren van bezittingen en dresscodes.[22]

NOTEN

1. Adam Kirby, assistent-verkoopsadviseur voor breigoed bij Topman, Simon Chilvers, 'Just Button it', *The Guardian*, 20 april 2007.

2. Liz Jones, 'I hate these crusties, with their droopy dyed skirts and boiled wool cardigans', *The Daily Mail*, 5 april 2009.

3. Paolo Hewitt en Mark Baxter, *The Fashion of Football: From Best to Beckham, From Mod to Label Slave*, Mainstream Publishing Company, 2006, pp. 79 en 85; Tara Jon Manning, *Men in Knits: Sweaters to Knit that he WILL Wear*, Interweave Press Inc, 2004, p. 2.

4. Charlie Porter, 'Woolly Thinking', *The Guardian*, 5 maart 2008.

5. Jennifer Craik, *The Face of Fashion*, Routledge, 1994, p. 190.

6. Tot eind jaren 1960 zagen de mannen op zulke foto's van breipatronen er uitgesproken 'alledaags' uit: het waren ofwel veel oudere mannen, ofwel jonge jongens, die buiten de contouren vielen van wat als 'verleidelijk' of seksueel aantrekkelijk kon worden omschreven.

7. Naomi Wolf, *Promiscuities: A Secret History of Female Desire*, Chatto and Windus, Londen, 1997.

8. Rozsika Parker, *The Subversive Stitch*, The Women's Press, 1984.

9. Peter Corrigan, 'Gender and the Gift: the case of the Family Clothing Economy', in Stevi Jackson en Shaun Moores (red.), *The Politics of Domestic Consumption: Critical Readings*, Harvester Wheatsheaf, 1995, pp. 116–134.

10. Anthony Easthope, *What a Man's Gotta Do: The Masculine Myth in Popular Culture*, Routledge, 1990.

11. Valerie Steele, 'Clothing and Sexuality', in C. Kidwell en V. Steele (red.), *Men and Women: Dressing the Part*, Smithsonian Institute Press, 1989, p. 61.

12. Jennifer Craik, *The Face of Fashion*, Routledge, 1993, p. 176.

13. M. Pumphrey, 'Why do Cowboys Wear Hats in the Bath? Style Politics for the Older Man', *Critical Quarterly*, 31, 3, najaar, p. 96, aangehaald in Jennifer Craik, *The Face of Fashion*, Routledge, 1994, p. 191.

14. Donald F. Sabo jr. en Ross Rinfola, *Jock: Sports and Male Identity*, Prentice Hall Inc, 1980, p. 7.

15. Sinds de 19de eeuw is de jongens- en mannenlectuur doordrongen van deze iconologie en iconografie, die hen conditioneert tot de overtuiging dat sportieve vaardigheden 'natuurlijk' zijn, en een uitdrukking van wat man-zijn is. Garry Whannel, *Media Sports Stars: Masculinities and Moralities*, Routledge, 2002, pp. 64–65.

16. Tim Edwards, *Men in the Mirror: men's fashion, masculinity and consumer society*, Cassell, 1997, pp. 41–42 en 100–102.

17. Richard Martin en Harold Koda, *Jocks and Nerds: Men's Style in the Twentieth Century*, Rizzoli, 1989, p. 26.

18. De scenario's waren opgebouwd rond de relaties van de hoofdpersonages en rond de misdaad die ze op dat moment onderzochten. Hoewel er vrouwen in voorkwamen, kregen ze geen rol van betekenis in het verhaal maar speelden ze de vriendin of de potentiële minnares. *Starsky and Hutch* is gemaakt volgens de formule van de *buddy movie*, waarin de relatie tussen twee heel verschillende mannen wordt gevolgd; zo wordt de vrouw terzijde geschoven en de patriarchale orde bevestigd.

19. Anthony Easthope, *What a Man's Gotta Do: The Masculine Myth in Popular Culture*, Unwin Hyman, 1990, p. 47.

20. M. Gottdiener, *Postmodern Semiotics*, Blackwell, 1995, pp. 209–213.

21. Phil Thornton, *Casuals: Football, Fighting and Fashion, the Story of a Terrace Cult*, Milo Books, 2003, p. 281; Paolo Hewitt en Mark Baxter, ibid., pp. 177–203.

22. Sean Nixon, *Hard Looks: Masculinities, Spectatorship and Contemporary Consumption*, Routledge, 1996, pp. 18–19.

CREDITS

P. 2 CRAIG MCDEAN — ART + COMMERCE
P. 4 HUGO MAERTENS
P. 5 MARIA ZIEGELBÖCK
P. 6 DOMINIQUE ISSERMANN
P. 8 CHRIS MOORE — WWW.CATWALKING.COM
P. 9 BENNY HORNE — COMMUNITY.NYC
P. 17 BOTTOM IMAGE: HUGO MAERTENS
P. 18 PETER KNAPP
P. 19 SÉEBERGER FRÈRES. COURTESY OF GALLIERA,
MUSÉE DE LA MODE DE LA VILLE DE PARIS
P. 21 HUGO MAERTENS
P. 22 P. LADET & C. PIGNOL. COURTESY OF GALLIERA,
MUSÉE DE LA MODE DE LA VILLE DE PARIS/ROGER-VIOLLET
P. 23 GEORGE HOYNINGEN-HUENE © CONDÉ NAST ARCHIVE/CORBIS
P. 24–25, 26–27, 30, 32 HUGO MAERTENS
P. 33 PETER KNAPP
P. 34–35 WINCHESTER LIBRARY ARCHIVES
P. 36 PH. JOFFRE ET D. LIFERMANN. COURTESY OF GALLIERA,
MUSÉE DE LA MODE DE LA VILLE DE PARIS/ROGER-VIOLLET
P. 37 EGIDIO SCAIONI (1894–1966). COURTESY OF GALLIERA,
MUSÉE DE LA MODE DE LA VILLE DE PARIS/ROGER-VIOLLET
P. 40 GETTY IMAGES
P. 42 TOP: © A PUBLISHER; BOTTOM: JACQUES SONCK
P. 46 GLEB DERUJINSKY
P. 48 AMILCARE INCALZA & ALEXANDRO MARTINENGO
P. 49 GLEB DERUJINSKY
P. 50 MILTON H. GREENE
P. 53 STEFANIA LEMMI
P. 55 HUGO MAERTENS
P. 57 KNUT BRY
P. 58–59 HENRY CLARKE
P. 60, 62–63 ALFA CASTALDI
P. 70 MARIO TESTINO
P. 71 TOP: GIOVANNI GASTEL; BOTTOM: MARIO SORRENTI
P. 72 CARPI ARCHIVES
P. 73 JEAN PIERRE ZACHARIASEN
P. 74 OLIVIERO TOSCANI
P. 76 PETER LINDBERGH
P. 78 V&A IMAGES
P. 79–80 CHRIS MOORE — WWW.CATWALKING.COM
P. 81 DAN LECCA
P. 82 HUGO MAERTENS
P. 83 RONALD STOOPS
P. 84 MOMU LIBRARY
P. 86 HUGO MAERTENS
P. 89 JACOBA DE JONGE
P. 90 VIVIANE SASSEN
P. 92 ETIENNE TORDOIR — WWW.CATWALKPICTURES.COM
P. 93 FRÉDÉRIC BASTIN
P. 94 HUGO MAERTENS
P. 95 COURTESY OF AMC RECORDS
P. 96 ANNIKA ASCHBERG — CAMERA LINK
P. 98-99 PETER GEHRKE
P. 101 CRAIG MCDEAN — ART + COMMERCE
P. 102 ALISDAIR MCLELLAN — ART PARTNER
P. 103 CHRIS MOORE — WWW.CATWALKING.COM
P. 104–105 HUGO MAERTENS
P. 107 BOY KORTEKAAS, MODEL SEIJA MISTIAEN
P. 108 ACM PHOTOGRAPHY, ART DIRECTION, KNITWEAR,
STYLING: KEVIN KRAMP, MODEL: LUKAS ALEXANDER
P. 109 ETIENNE TORDOIR — WWW.CATWALKPICTURES.COM
P. 112 MOMU LIBRARY
P. 113 KIRBY/GETTY IMAGES
P. 114 BOTTOM IMAGE: HUGO MAERTENS
P. 116 TOP: ETIENNE TORDOIR — WWW.CATWALKPICTURES.COM
P. 117 COURTESY OF PRINGLE COMPANY ARCHIVES

P. 118 CORBIS IMAGES
P. 120 PETER KNAPP
P. 122 TOP: DELPHINE BARRE-LEROUXEL, MAIRIE DE DEAUVILLE
P. 123 GEORGE HOYNINGEN-HUENE, COURTESY OF DEUTSCHE KINEMATHEK/
MARLENE DIETRICH COLLECTION BERLIN
P. 124 PETER KNAPP
P. 125 TOP: COURTESY OF YSL ARCHIVES;
BOTTOM: COURTESY OF GRONINGER MUSEUM
P. 126–127 DOMINIQUE ISSERMANN
P. 128 TOP: FRÉDÉRIQUE DUMOULIN/COURTESY OF SONIA RYKIEL ARCHIVES;
BOTTOM: GILLES TAPIE/COURTESY OF MARITHÉ+FRANÇOIS GIRBAUD ARCHIVES
P. 129 FRÉDÉRIQUE DUMOULIN/COURTESY OF SONIA RYKIEL ARCHIVES
P. 130 INEZ VAN LAMSWEERDE & VINOODH MATADIN
P. 132 TOP: SHOJI FUJI; BOTTOM: HUGO MAERTENS
P. 133 CARMEN FREUDENTHAL, STYLED BY ELLE VERHAGEN
P. 134 MOMU LIBRARY
P. 136–137 HUGO MAERTENS
P. 138–139 PETER KNAPP
P. 140 WILLY VANDERPERRE
P. 146 GETTY IMAGES
P. 148 FRANK MICELOTTA/STRINGER © GETTY IMAGES
P. 149 DAN LECCA
P. 151 ETIENNE TORDOIR — WWW.CATWALKPICTURES.COM
P. 152 HUGO MAERTENS

TENTOONSTELLING

Deze tentoonstelling werd ingericht door de Deputatie van de Provincieraad van Antwerpen Provinciebestuur Antwerpen:

Provinciegouverneur **Cathy Berx**
Provinciegriffier **Danny Toelen**
Leden van de Deputatie **Ludo Helsen, Rik Röttger, Jos Geuens, Koen Helsen, Marc Wellens, Inga Verhaert, Bart De Nijn**
Diensthoofd Culturele Instellingen **Walter Rycquart**

Scenografie **Bob Verhelst**
Curatoren **Karen Van Godtsenhoven & Emmanuelle Dirix**
Speciale dank aan **Wim Mertens & Federico Poletti**

MOMU

Directeur **Kaat Debo**
Conservatoren **Wim Mertens & Frieda Sorber**
Curator **Karen Van Godtsenhoven**
Productieleider **Inge Theylaert**
Pers & Communicatie **David Flamée & Leen Borgmans**
Mannequinage **Erwina Sleutel, Ellen Machiels, Kim Verkens**
Publiekswerking **Frieda De Booser**
Stagiair(e)s **Everton Barreiro Silva, Suraya Bhatti, Esther Buyse, Yentl Ceuppens, Celine De Cock, Anneleen Dierickx, Esmée Grondman, Denise Heijtel, Florence Herwyn, Lisanne Jenster, Julita Nieuwenhuizen, Suzan Rylant, Ciska Van der Straeten, Amy Van Loon, Maaike Van Milt**

PRESENTING PARTNER

Woolmark (Ingrid Oomen)

MET DANK AAN

Het MoMu-team
Kaatje Claes
Robby Timmermans (FoMu)

Levis (Annick Teughels), PIVA, Hotel Les Nuits, Weekend Knack, Elle België, Ludo, Wim en Trees Cousy, Zweedse Ambassade in België, Printshop

BRUIKLEENGEVERS

Ontwerpers **Giorgio Armani; Azzedine Alaïa; Benetton; Romain Brau; Chanel** (Odile Babin, Cécile Goddet-Dirles); **Comme des Garçons** (Chigako Takeda, Maya Shiboh); **Courrèges** (Marguerite Christmann); **Jean-Claude de Castelbajac; Ann Demeulemeester** (Stefan Verresen, Iris Claessens); **Mark Fast** (Karen Munnis, Anni Ahnonen); **Gianfranco Ferrè; Hilde Frunt & Sigi; Jean Paul Gaultier** (Mylène Lajoix, Thoaï Niradeth); **Marithé+François Girbaud** (Sylvie Marot); **Iben Höj; Kevin Kramp; Krizia; Maison Martin Margiela** (Alice Leflohic); **Alexander McQueen** (Trino Verkade); **Missoni; Peter Pilotto; Prada; Pringle** (Heather Sharpe); **Rodarte** (Jacqueline Sheller); **Sonia Rykiel** (Yumiko Hayashi, Wielfried Bodelot); **Irina Shaposhnikova; Walter Van Beirendonck; Vivienne Westwood** (Rafael Gomes); **Christian Wijnants; Yohji Yamamoto** (Coralie Gauthier).

Musea en archieven **Breigoedmuseum Sint-Niklaas** (Miet Dedecker, Walter Vermeulen); **Gemeentemuseum Den Haag** (Madelief Hohé); **Leicestershire County Council** (Sarah Nicol); **Miss Deanna Archives; Musée de la Mode Galliera** (Olivier Saillard, Sophie Grossiord); **Museum of London** (Nickos Gogos, Beatrice Behlen); **New Walk Museum Leicester** (Jane May); **Worthing Museum** (Kate Loubser).

Privébruikleengevers **Beverly Birks, Trees Cousy, Jacoba de Jonge, Emmanuelle Dirix, Isolde Pringiers, Bob Verhelst**

CATALOGUS

Deze catalogus werd uitgeven naar aanleiding van de tentoonstelling **ONTRAFEL. Tricot in de Mode**. *(16/3–14/8/2011)*

Uitgever **Lannoo nv, Tielt**

Engelse vertaling **Martin Lambert, Catherine Romanik, Mari Shields, Lyrco**
Nederlandse vertaling **Monique Nederveen, Irene Smets, Leen Van Den Broucke**

Engelse redactie **Martin Lambert**
Nederlandse redactie **Chantal Huys**
Eindredactie **Karen Van Godtsenhoven, Emmanuelle Dirix, Anne Haegeman, Amy Van Loon**

Beeldresearch **Karen Van Godtsenhoven, Suzan Rylant, Birgit Ansoms**

Auteurs **Hilary Alexander** (*The Daily Telegraph*), **Elda Danese** (Docent in Fashion History, Degree Course in Fashion Design, IUAV University of Venice), **Kaat Debo** (Directeur, ModeMuseum), **Emmanuelle Dirix** (Lecturer in Critical Issues, Winchester School of Art – University of Southampton, Modeafdeling, Koninklijke Academie voor Schone Kunsten – Artesis Hogeschool, Antwerpen & University of the Arts London), **Jonathan Faiers** (Senior Lecturer – Cultural Studies, Central St Martins College of Art & Design University of the Arts London), **Maria Luisa Frisa** (Fashion Curator & Director of Degree Course in Fashion Design, IUAV University of Venice), **Lydia Kamitsis** (Independent Fashion Curator), **Wim Mertens** (Conservator, ModeMuseum), **Alistair O'Neill** (Senior Research Fellow, Central Saint Martins College of Art & Design), **Federico Poletti** (Freelance Editor for *vogue.it* & Independent Curator), **Frieda Sorber** (Conservator, ModeMuseum), **Dr Joanne Turney** (Senior Lecturer & Course Leader MA Investigating Fashion Design, Bath Spa University, Bath, UK), **Jane Tynan** (Senior Lecturer at Central Saint Martins College of Art & Design in London), **Karen Van Godtsenhoven** (Curator, ModeMuseum).

Grafisch Ontwerp **Paul Boudens**

Cover **Tilda Swinton** in **Sandra Backlund** (L/Z 2009 en H/W 2008–09) voor *Another Magazine*, herfst 2009
Fotografie **Craig McDean**
Styling **Panos Yiapanis**

Binnencover **Jurgi Persoons** H/W 1998–99, gebreide katoenen trui met secties niet-gebreide draden aan de onderkant
Fotografie **Hugo Maertens**

© Uitgeverij Lannoo nv, Tielt, 2011

ISBN 978–90–209–9599–2
D/2011/45/166 – NUR 452

PRESENTING PARTNER

WOOLMARK

EXHIBITION

The exhibition was organised by the Executive Board of the Council of the Province of Antwerp

Provincial Governor **Cathy Berx**
Provincial Registrar **Danny Toelen**
Members of the Executive Board **Ludo Helsen, Rik Röttger, Jos Geuens, Koen Helsen, Marc Wellens, Inga Verhaert, Bart De Nijn**
Head of Cultural service **Walter Rycquart**

Exhibition Design **Bob Verhelst**
Curators **Karen Van Godtsenhoven & Emmanuelle Dirix**
Special thanks to **Wim Mertens & Federico Poletti**

MOMU

Director **Kaat Debo**
Conservators **Wim Mertens & Frieda Sorber**
Curator **Karen Van Godtsenhoven**
Projec Coordinator **Inge Theylaert**
Press & Communication **David Flamée & Leen Borgmans**
Mannequinage **Erwina Sleutel, Ellen Machiels, Kim Verkens**
Education **Frieda De Booser**
Interns **Everton Barreiro Silva, Suraya Bhatti, Esther Buyse, Yentl Ceuppens, Celine De Cock, Anneleen Dierickx, Esmée Grondman, Denise Heijtel, Florence Herwyn, Lisanne Jenster, Julita Nieuwenhuizen, Suzan Rylant, Ciska Van der Straeten, Amy Van Loon, Maaike Van Milt**

PRESENTING PARTNER

Woolmark (Ingrid Oomen)

WITH THANKS TO

The MoMu-team
Kaatje Claes
Robby Timmermans (FoMu)

Woolmark (Ingrid Oomen), Levis (Annick Teughels), PIVA, Hotel Les Nuits, *Weekend Knack*, *Elle Belgium*, Ludo, Wim and Trees Cousy, Swedish Embassy in Belgium, Printshop

LENDERS

Designers Giorgio Armani; Azzedine Alaïa; Benetton; Romain Brau; Chanel (Odile Babin, Cécile Goddet-Dirles); Comme des Garçons (Chigako Takeda, Maya Shiboh); Courrèges (Marguerite Christmann); Jean-Claude de Castelbajac; Ann Demeulemeester (Stefan Verresen, Iris Claessens); Mark Fast (Karen Munnis, Anni Ahnonen); Gianfranco Ferrè; Hilde Frunt & Sigi; Jean Paul Gaultier (Mylène Lajoix, Thoaï Niradeth); Marithé + François Girbaud (Sylvie Marot); Iben Höj; Kevin Kramp; Krizia; Maison Martin Margiela (Alice Leflohic); Alexander McQueen (Trino Verkade); Missoni; Peter Pilotto; Prada; Pringle (Heather Sharpe); Rodarte (Jacqueline Sheller); Sonia Rykiel (Yumiko Hayashi, Wielfried Bodelot); Irina Shaposhnikova; Walter Van Beirendonck; Vivienne Westwood (Rafael Gomes); Christian Wijnants; Yohji Yamamoto (Coralie Gauthier).

Museums and archives Breigoedmuseum Sint-Niklaas (Miet Dedecker, Walter Vermeulen); Gemeentemuseum Den Haag (Madelief Hohé); Leicestershire County Council (Sarah Nicol); Miss Deanna Archives; Musée de la Mode Gallièra (Olivier Saillard, Sophie Grossiord); Museum of London (Nickos Gogos, Beatrice Behlen); New Walk Museum Leicester (Jane May); Worthing Museum (Kate Loubser).

Private lenders Beverly Birks, Trees Cousy, Jacoba de Jonge, Emmanuelle Dirix, Isolde Pringiers, Bob Verhelst

CATALOGUE

This catalogue is published in association with the exhibition
UNRAVEL. Knitwear in Fashion (16/3–14/8/2011)

Publisher **Lannoo Publishers, Tielt**

English translation **Martin Lambert, Catherine Romanik, Mari Shields, Lyrco**
Dutch translation **Monique Nederveen, Irene Smets, Leen Van Den Broucke**

English editing **Martin Lambert**
Dutch editing **Chantal Huys**
Final editing **Karen Van Godtsenhoven, Emmanuelle Dirix, Anne Haegeman, Amy Van Loon**

Image Research **Karen Van Godtsenhoven, Suzan Rylant, Birgit Ansoms**

Authors **Hilary Alexander** (*The Daily Telegraph*), Elda Danese (Lecturer in Fashion History, Degree Course in Fashion Design, IUAV University of Venice), **Kaat Debo** (Director MoMu), **Emmanuelle Dirix** (Lecturer in Critical Issues, Winchester School of Art – University of Southampton, Fashion department, Royal Academy for Fine Arts – Artesis Hogeschool, Antwerp, and University of the Arts London), **Jonathan Faiers** (Senior Lecturer – Cultural Studies, Central St Martins College of Art & Design University of the Arts London), **Maria Luisa Frisa** (Fashion Curator and Director of Degree Course in Fashion Design, IUAV University of Venice), **Lydia Kamitsis** (Independent Fashion Curator), **Wim Mertens** (Conservator, MoMu), **Alistair O'Neill** (Senior Research Fellow, Central Saint Martins College of Art and Design), **Federico Poletti** (Freelance Editor for *vogue.it* & Independent Curator), **Frieda Sorber** (Conservator MoMu), **Dr Joanne Turney** (Senior Lecturer and Course Leader MA Investigating Fashion Design, Bath Spa University, Bath, UK), **Jane Tynan** (Senior Lecturer at Central Saint Martins College of Art and Design in London), **Karen Van Godtsenhoven** (Curator MoMu).

Graphic Design **Paul Boudens**

Cover **Tilda Swinton** in **Sandra Backlund** (S/S 2009 and A/W 2008–09) for *Another Magazine*, autumn 2009
Photography **Craig McDean**
Styling **Panos Yiapanis**

Inside Cover **Jurgi Persoons** A/W 1998–99, cotton knitted jumper with sections of non-knitted threads at the bottom
Photography **Hugo Maertens**

© Lannoo Publishers, Tielt, 2011

ISBN 978–90–209–9599–2
D/2011/45/166 – NUR 452

PRESENTING PARTNER